THE MEANING OF MARIAH CAREY

花 蝴 蝶 回 憶 錄

瑪麗亞·凱莉的真情告白

MARIAH CAREY

with MICHAELA ANGELA DAVIS

瑪麗亞 · 凱莉

& 麥卡拉 · 安琪拉 · 戴維斯

獻給　我的後代、我的孩子，瑞克與瑞伊，
　　　你們是無條件之愛的化身。

獻給　我的家族、我的歷代先祖……
　　　你們也許來自兩個經常互相鬥爭的不同世界，
　　　但你們最好的一面最終和諧地存在我心裡。

獻給　派特，我的母親。
　　　經過這一切，我相信她其實已經盡力了。
　　　我會永遠盡我所能去愛妳。

信就是所望之事的實底，
是未見之事的確據。

希伯來書 11:1

目錄

前言

　　大家都知道我拒絕承認時間。我對時間開了許多玩笑，玩了一些梗，但那都是我內心的真實想法。十八歲生日那年我哭了，我覺得自己是個失敗者，因為那時候我還沒有拿到任何一張唱片合約。畢竟那是我唯一的目標，我一直屏息等待著，直到我拿著實體專輯、一張印有「瑪麗亞·凱莉」的專輯，拿到唱片合約那一刻才鬆了口氣，我的人生從現在才開始。從那天起，我用專輯、創作經驗、音樂成就以及假期來計算我的人生，我度過一個個聖誕節、一個個節目，慶祝活動一個接著一個的辦，卻不過我的生日或計算年齡。（這點讓某些人很苦惱。）這樣生活讓我找到自己在這個世界的生存模式。何必透過觀看時鐘和歲月流逝來毀掉這趟人生之旅呢？在別人知道我的名字之前，我已經歷過太多事情，似乎無法用時間衡量或記錄。過著不以時間為基準的生活也成為一種我堅持自己的方式，讓我永遠與內心的小孩保持親密，讓內心的小孩永保活力。這也是為什麼我喜歡聖誕老人、牙仙子、小精靈這些歷久不衰的角色，他們提醒我，我們也可以不受時間限制。

　　拘泥於時間本身就是一件浪費時間的事情。時間往往黯淡無光，親愛的，那為什麼還要選擇活在時間裡呢？生活就是由我們創造和記憶的時刻所組成。我的回憶是神聖的地方，是少數完全屬於我的東西。這本回憶錄集結了我的重要時刻，這些時刻是最能夠詮釋我是誰

的故事。它會來回移動，上下移動，一個時刻接著一個時刻，全部加起來就等於現在的我。

　　但話又說回來，誰在乎呢？

第一部　格格不入的孩子

1 說出她的故事

　　我原本的目的是想保護她的安全，但也許我只是成功地把她囚禁起來了。

　　許多年來，她一直被關在我的內心裡，總是孤獨、被隱藏在眾人眼前。在我早期的作品中有很多關於她的證據：經常可以看見她望向窗外，身軀在巨大的窗框下顯得矮小，光著腳，盯著掛在樹上的空盪鞦韆在紫色薄暮的天空下搖曳。或者，她住在兩層樓高的舊式紅砂石建築裡，看著鄰居的孩子們在下面的人行道上跳舞。她穿著 OshKosh 吊帶褲出席學校舞會，在禮堂角落等待並期待被人選中。有時候，她坐在雲霄飛車上或穿著溜冰鞋展開雙臂飛奔而過，可以看到她難得快樂的時刻。然而，她總是徘徊不去，我眼底看見的是一股沉悶的渴望。她獨自害怕了這麼久，但在一片漆黑之中，她從未失去光芒，她透過我的歌讓別人知道自己——她的渴望透過廣播被人聽見或是透過螢幕被看見。上百萬人知道她，卻從未見過她。

　　她是小瑪麗亞，如她所見，接下來講的大部分是她的故事。

　　我最早的記憶多半與暴力有關，也因此我經常拿著厚重毛毯來掩蓋童年的大半記憶。這一直是個沉重的負擔，但是我再也受不了毯子的重量以及躲在毯子底下那個小女孩的沉默了。我現在是個成熟的女人，育有一兒一女。我看過、我害怕過、我傷痕累累，但最終我撐過來了，用我的歌曲與嗓音來激勵他人和解放成年後的自己。而我寫下這本書，很大程度是為了是釋放我內心那個受驚嚇的小女孩。是時候

讓她說出自己的心聲，讓她如實說出自己的親身經歷。

　　雖然你不能質疑一個人的生活經歷，但毫無疑問，本書提到的細節與我的家人、朋友和很多自以為了解我的人所敘述的不同。我有很長一段時間都生活在這種衝突與矛盾之中，也已經厭倦了。我一直用手搗住那個小女孩的嘴，試圖保全其他人，甚至保全那些從未試圖保護過我的「其他人」。儘管我努力「擺脫一切」，不要受到影響，卻還是被牽連、遭起訴、受剝削。到最後，我只是傷害她更多，這簡直讓我生不如死。

　　這本書證明了世界各地沉默的小女孩和小男孩的韌性，要堅持我們相信他們，尊重他們的經歷，並講述他們的故事。

　　讓他們自由。

2 存在的意義

Early on, you face
The realization you don't
Have a space
Where you fit in
And recognize you
Were born to exist
Standing alone

—— "Outside"

　　我在童年早期曾經有段時間認為自己不值得活在世上。當時的我還太年幼，沒有想過要怎麼結束生命，但是也已經大到足以理解自己尚未展開人生，也沒有找到自己的歸屬。在我的世界裡，沒有人長得像我這樣，也沒有人能反映我內心的感受。

　　我的母親派翠夏（Patricia）有著較白皙的膚色以及一頭直髮，而我父親艾爾弗德‧羅伊（Alfred Roy）的膚色較深，留著一頭捲髮，兩人的五官都和我的不一樣。我認為他們倆都滿懷遺憾，都是一連串殘酷環境下的人質。我的姊姊艾莉森（Alison）和哥哥摩根（Morgan）比我更像黑人，雖然他們的膚色略偏棕色，但這不只是因為皮膚色調而已，而是他們兩人有一種相似的能量，似乎可以阻擋光。他們看待世界的方式幾乎無法容忍異想天開和幻想，但那些卻是我的天性。雖

然我們血脈相連,但我覺得自己在他們之間像個陌生人,是自己家裡的不速之客。

當我還是個小女孩時,恐懼總是如影隨行,而音樂是我的出口。我的家庭令人憂鬱,因為吼叫和爭吵而格外沉重。當我低聲吟唱時,音樂能夠使我平靜,我從自己的聲音裡發現一處安靜、祥和且明亮的地方——內心能讓我感到解脫的共鳴。低聲吟唱是我對自己的祕密搖籃曲。

不過,我在唱歌方面也找到自己與母親的連結,她是受過茱莉亞音樂學院栽培的歌劇演唱者。每當我在家裡聽她進行發聲練習時,反覆的音階就像咒語一樣撫慰著我驚恐的小小心靈。她的聲音時高時低,然後越來越高亢,我內心的某種東西也隨之升起。(我也會跟著米妮·瑞妮特〔Minnie Riperton〕一起唱那首美妙如天籟般、深情的〈Lovin' You〉,隨著她的高音直衝雲霄。)我會在家裡唱些歌劇小調讓媽媽開心。她總是鼓勵我唱歌。有天,她在練習歌劇《弄臣》(Rigoletto)的詠嘆調時頻頻出錯,我用完美的義大利語唱給她聽,當時我大概三歲。她驚訝地看著我,那一刻我知道她看見我了。那時候的我對她而言不只是個小女孩,我是瑪麗亞,一個音樂家。

我父親在我開口說話前就先教我吹口哨。雖然我那時講話的聲音刺耳,但我還是喜歡我的聲音跟大多數同齡孩童聽起來不一樣。另一方面,我的歌聲平穩有力。八歲的某天,我和朋友莫琳(Maureen)走在街上,她擁有陶瓷般的肌膚、溫暖的棕色頭髮和甜美的臉蛋,就像《綠野仙蹤》裡面的桃樂絲。她是附近少數幾位獲准跟我玩在一起的白人女孩。我們一邊走路,我一邊唱歌。突然間她停下腳步,在人行道上愣住。她靜靜地站著聽了一會兒,然後轉向我,清晰且堅定地說:「妳唱歌的時候聽起來像有樂器伴奏一樣,妳的聲音裡充滿音

15

樂。」她的這段話宛如宣言，像極了禱文。

　　人們說上帝會透過人來說話，我永遠感激我朋友那天對我說的話。她從我身上看出一些特別的東西，並且說了出口，而我也相信她所說的。我相信我的聲音由樂器組成，有鋼琴、弦樂器和長笛。我相信我的聲音是音樂，我只需要有人能夠看見我、聽到我。

　　我發現我的聲音可以讓其他人感受到內在的美好、某種神奇和轉變的力量。這表示我不是個無用、空洞的人，我有價值。我擁有一些可以帶給別人的有價值的東西——一種**感受**。那種**感受**是我一生所追求的，它給了我存在的理由。

3 喚醒內心的信念

要十二名警察才能拉開我哥哥跟父親。壯漢們的身軀好似旋轉的颶風糾纏成團，他們吵吵鬧鬧地撞進客廳。剎那間，熟悉的景象消失在我的視線，沒有窗戶、沒有地板、沒有家具，沒有一絲燈光。我只看見一團混亂、扭動的肉球：黑褲子和從黑衣袖裡伸出的粗壯臂膀，大手猛抓，拳頭猛毆，四肢全扭打在一起，互相撕扯，擦得油亮的黑皮鞋頻頻發出踩腳聲。有些發亮的東西在我眼前快速閃過：警衣鈕扣、徽章和槍。至少有十幾把手槍握把從深色皮質槍套裡露出來，有幾把被握在手裡，擱在臀部周圍的黑色腰帶上。混亂吵雜的空氣裡盡是咒罵、悶哼和咆哮，吵到整間屋子似乎都在搖晃。在這場風暴中心的某處有我生命中最重要的兩個男人，他們正在摧毀彼此。

哥哥的憤怒跟天氣一樣，強大、具有破壞力、難以預測。我不知道是他個別的行徑還是某種疾病讓他如此反覆無常，但這就是我所知道的一切。

在我還是小女孩的時候，幾乎沒有什麼被大哥保護的記憶，更多時候是我覺得必須保護自己別受到他的傷害，有時候我發現自己也在保護母親別被他欺負。

然而這次他與父親的爭執比以往激烈。彼此叫囂的唇槍舌戰立即演變成拳頭互毆，房間內砰砰作響，物品被砸爛，所到之處一片狼藉。在那一刻，父親與哥哥的怒火難以平息，沒有人阻止得了，也沒有人敢去阻止他們。

　　剛學會走路時，我就練就出察覺暴力何時到來的本領。如同嗅到雨水的味道，我知道當大人們的怒罵達到某個一定的音調和速度時，就是我該躲起來的時候。當我哥在的時候，看到牆壁被打出洞或哪個物品飛起來並不稀奇。我從來不知道爭吵怎麼開始或是為了什麼而爆發，但我知道什麼時候緊張會演變成爭執、什麼時候會演變成肢體衝突。而且我知道，這次吵架將是史詩級的程度。

　　我的瑞斯奶奶當時也在。這說來奇怪，因為她跟我父親的家人都住在紐約哈林區（Harlem），很少來我們家。我們那時候住在梅威爾區（Melville），這裡是以白人為主的富裕小鎮，鄰近紐約長島的索夫克郡（Suffolk County），但長大後我仍舊搬了十三次家。十三次收拾行李，試圖找到另一個更好、更安全的住處。十三個新起點、十三條新街道、十三間新房子，每到一個新的地點都會有人想評斷妳、想知道妳的父親是誰和在哪裡。十三次被貼上不值得活和被拋棄的標籤，被當成局外人。

　　瑞斯奶奶牧師、羅斯科・瑞斯牧師（Good Reverend Roscoe Reese）和他們非裔衛理會五旬節派教會（African Methodist Pentecostal Church）是我父親的故鄉。羅伊是瑞斯奶奶的妹妹艾迪（Addie）的獨生子。我父親從未與他父親同住，總是有個巨大的隔閡矗立在他們之間，而這種神祕感難免夾雜著痛苦。這些住在哈林區的人就是他的家人。他們來自阿拉巴馬州、北卡羅萊納州和南方其他地區，帶來傳統、創傷和禮物，其中一些是古老的、非洲的、神祕的起源。

　　瑞斯奶奶和我在整個場面失控以前找到彼此。咒罵、髒話連篇、拳打腳踢的聲音淹沒了其他聲音，所以我沒有聽到警察衝進來。

　　我不知道他們是來拯救我們還是來殺我們的。畢竟那是一九七〇

年代的長島，當兩名黑人男性正在打架，警察的出現並不代表援助已抵達，他們的存在通常反而會使現有的恐怖暴行變得更加複雜且嚴重。種族對立一直沒有改善，但這是我第一次碰到這種情況。我沒有任何經驗的優勢，沒有因為種族得到任何好處。我的表親拉維尼亞（LaVinia），也就是瑞斯奶奶的女兒總是說：「你們這些孩子承受了所有身為黑人的負擔，卻沒得到任何好處。」我花了很久時間才理解她觀察到的事實。

　　當然，這次爭執並不是我父親和哥哥之間第一次的激烈打鬥。從我有記憶以來，他們的關係就像戰場。但這是第一次如此大陣仗，也是我第一次親眼目睹一個家庭成員可能慘死在我眼前，又或者我也可能會死。那時我甚至還沒滿四歲。

　　母親和父親的婚姻尚未觸礁之前，他們一起住在布魯克林高地區（Brooklyn Heights）。雖然早在一九一〇年就有大批波西米亞人到這裡定居，一九五〇年代又出現了一波城市活動份子（urban activists，討厭郊區的富裕自由派人士）；但到了一九七〇年代，這裡仍然是多元文化兼容、不拘一格的社區，主要由勞工階級和中產階級家庭所組成。這裡是一個發展出雅痞之前且尚未仕紳化的地方，如果在那個年代要找一個年輕混血家庭的容身之地，布魯克林高地可能是你找得到的最合適選擇。

　　我在整個童年時期住過許多偏僻的地方，大部分在長島地區，我覺得自己很像這個曼哈頓島外島的流浪者。我的父母都非常努力工作，好讓我們住得起這樣的社區，讓我們可以隱約看見難以捉摸的

「更好的生活」，並且感覺到「安全」。然而，傳統觀念裡的「更好」和「安全」是和白種人畫上等號的。

我們不是一個傳統家庭。為了家人們的安全，我的白人母親經常會先獨自走出前門，走在我的黑人父親和他們的混血孩子們的前面。住在這樣一個地方真的比較好嗎？對於理應成為一家之主的男人，他心裡做何感想？這樣的男人怎麼保護他家庭的安全？這樣的屈辱對於他的黑人兒子又意味著什麼？

當警隊設法把父親和哥哥拉開以後，縱使仍有許多吆喝叫罵聲，但每個人都活了下來。這場風暴的危機已經過去，可怕的斥責聲停下了。接下來我記得的是我倒在瑞斯奶奶的懷裡，哭到渾身發抖。她把我像一袋要清洗的衣物一樣抱了起來，讓我依偎著她坐在孩子們常說的「搖搖沙發」上。那是一張廉價、快壞掉的沙發，呈現泥土、鐵鏽和橄欖的顏色，還有芥末斑點。有時候我認為是那張沙發讓我後來愛上香奈兒的。我們這些孩子會叫它「搖搖沙發」是因為它缺了一個椅腳，如果前後擺動身體，它就會開始搖晃。嘗試在破碎事物中尋找幽默感是我跟哥哥姊姊共同擁有的天賦。在暴力與創傷中，我從那張悲傷的沙發上得到了極大的安慰。

瑞斯奶奶緊緊抱著我，直到我小小的身軀停止顫抖、呼吸恢復正常。我迷迷糊糊地回到房間，恢復意識。她把我的臉朝向燈光，確定我的眼睛看著她。她將她纖弱的手緊放在我的大腿上，她的觸摸立即讓我整個人安定了下來。她的凝視很特別，不是以一個阿姨、母親或醫生的目光。相反地，她似乎直視著我的本質。在那一瞬間，我們不

是受驚嚇的小女孩和撫慰人心的長輩，而是兩個沒有年齡、平等的靈魂。

她告訴我：「不要害怕眼前所有的麻煩，你的夢想和願景都將實現。要永遠記住這點。」

她說話的同時有一股暖心且充滿愛的電流從她的手傳到我的腿上，像波浪般輕輕湧入我的體內，接著流到我的頭頂然後升起。在滿目瘡痍中，有一條小路被沖刷得乾乾淨淨，我知道前面有光。不知何故，我就是知道那道光屬於我，而且永恆不變。在那之前，我沒有做過任何可以記得的夢，也沒有什麼記憶。當然，我的腦海裡還沒有聽到任何歌，也沒有看到任何幻影。

大概從四歲開始，我在父母離婚之後就很少見到我的瑞斯奶奶了。母親和父親的家族總是衝突不斷，而且自從我和母親住在一起後，基本上就與瑞斯奶奶在哈林區的治癒與聖滾（holy rolling）[1] 生活隔絕往來。後來我得知，別人稱瑞斯奶奶為「女先知」，我也得知她不是我們家族裡唯一的治癒者。除此之外，我相信那天我內心深處的信念被喚醒了。

我在靈魂的層面了解到，無論我或我周遭發生了什麼事情，我都可以從我內心深處召喚出某種東西，可以指引我度過任何風暴的某種信念。

And when the wind blows, and shadows grow close
Don't be afraid, there's nothing you can't face
And should they tell you you'll never pull through

---

1 譯註：源自於十九世紀術語，某些受到聖靈感召的基督教徒會出現諸如搖晃、在地上翻滾等激烈動作，這些狂熱的教徒又稱「Holy Roller」或「Holy Jumper」。

Don't hesitate, stand tall and say
I can make it through the rain

—— "Through the Rain"

4 活下來是個奇蹟

在我六歲的時候，母親帶著我和哥哥搬到長島北港（Northport）一棟很小、不起眼的房子裡，它座落在一堆長而曲折的水泥階梯上面。

這棟晦暗的建築物有幾個很小的房間，沿著陡峭、走起來吱吱作響的樓梯會通到更小的房間。我的母親經常晚上外出工作，所以照顧我的任務就落到摩根身上。他不會照顧小女孩，常常丟下我一人，自己跟他的青少年朋友們去瘋狂玩樂。有天晚上，我獨自在看《20/20》的特別節目，內容是關於兒童遭綁架的議題，這完全不適合六歲小孩觀看。剛好在那個時候，附近幾個孩子朝著窗戶扔石頭，他們用劃破黑夜的聲音高呼：「瑪麗亞，我們要來抓妳囉！」那些話、那些小孩、那個夜晚、那棟房子還有那股絕對的孤獨感都讓我害怕不已。

我希望哥哥可以喜歡我。他那旺盛的精力讓我印象深刻，但也讓我感到恐懼。那棟小房子不可能承受得了我們所有的痛苦與懼怕，尤其是我哥的。那段日子真的很難熬。我是飽受驚嚇的小女孩，我母親是傷透了心，而我哥——嗯，只能說他不只是脾氣暴躁、易怒的青少年，特別是他高中的時候。到了中學時期，他已經超越憤怒，進階到滿腔怒火的地步。哥哥原本是富含創造力和擁有運動前景的青少年，但小時候因為殘疾和混血兒身分遭到霸凌和毆打。膚色的明顯差異讓他總是與長島的白人男孩關係疏遠，進而成為被欺負的目標。有些孩子可能態度惡劣，但當一般的態度惡劣結合了種族主義時，他們的行

23

徑就會變得特別殘忍，這種殘忍的行徑往往被大人默許發生（或從大人那邊學來的）。而哥哥很可能也從黑人男孩那裡受到了一些折磨。我敢肯定，他與他們那種明顯的黑人民族性（那種無緣無故遭警察毆打的類型）之間的區別一定會激起他們的仇恨，然後用拳打腳踢和辱罵來宣洩他們的怨恨不滿。

　　哥哥老早就被擊垮了，他唯一能保護自己的工具就是摧毀一切。他與全世界為敵，與他的心魔和其他人對抗，尤其是與我們的父親。父子關係不但沒有幫助他重新振作，反而讓他更加陷入內心的憤慨。心碎的男人無法治癒心碎的兒子。哥哥被重重打擊傷得支離破碎，散落在風中，父親那套過時的軍事管教方式也無法幫助他重拾自我並準備好成為男人。與父親的誤解和情感上的疏離是哥哥長久以來壓垮一切的痛苦，這也是造成他性情狂暴的原因。

　　在童年的大部分時間裡，我一直被夾在哥哥的暴怒和母親的悲傷中間。憤怒與沮喪都是極具破壞力的情緒，但我認為一種是往內，一個是往外。當兩者相互碰撞時，災難就可能一觸即發。在我上幼兒園的時候，災難對我而言已經是家常便飯。住北港時，母親和哥哥每天都有小爭執。我習慣保持沉默，靜待衝突風暴過去。對於他們的爭吵的內容和背後的原因，我幾乎都當沒聽見，「為什麼」是大人的地盤。對我來說，他們的爭執不過是音量大的激烈吵雜聲音，不時穿插無情的咒罵。

　　然而，在某個特別的夜晚，我清楚知道那兩人爭吵的起因：哥哥想開母親的車出門，但她不准。當然，他們已經為那輛車吵過幾百次，但不知怎麼回事，我注意到今晚的氣氛有些不同。一般情況下，他們的吵架會以我想像中大多數青少年與父母之間的一般爭吵方式開始，但這次並非如此。兩人的口角瞬間爆發，立即演變成激烈謾罵，整個

房間都聽得到不堪入耳的下流話。傷人的話語像子彈打在牆上後彈飛，一來一往的唇槍舌戰越演越烈。在槍林彈雨下，無一倖免。尖厲叫聲從這個房間傳到那個房間，從樓上傳到樓下，整棟房子都變成戰場，沒有一處安全。當哥哥和母親面對面時，氣氛十分緊繃，距離兩人之間的衝突爆炸只剩幾英寸的距離。我嚇壞了，全身僵硬。我睜大雙眼，緊盯他們之間的縫隙，然後哭喊著：「不要吵了！不要吵了！」我不停地喊著，眼淚直流，希望也許我的哭聲能夠溜進那個縫隙，讓他們暫時解除武裝。

突然間，傳來一聲驚天巨響，就像真的槍擊聲。是哥哥用力推了母親一下，結果她的身體撞到牆面，砰地發出巨大的爆裂聲。我看到她的身體變得僵硬。有那麼一瞬間，她似乎僵在牆上，像一幅釘在牆上的畫，雙腳離地幾英寸。接下來我只知道她全身癱軟倒地，彷彿骨頭都融化了。那個瞬間也是永恆。我的眼睛仍然動也不動，只是眼前看到的是癱軟在地的母親。哥哥踩著重步離開，砰一聲關上門，房子最後震動了一下，然後他就駕著她的車飛奔而去。

我在不安的寂靜中站了一會兒。我能聽到自己的呼吸聲，但我不知道母親是否還在呼吸。一股令人毛骨悚然的清晰感朝我襲來，彷彿我童年最美好的時光已經逝去。我的眼睛沒有離開一動也不動的母親，我逼自己振作起來。拿起我們唯一的電話，我覺得那個壓在我小小耳朵上的話筒又重又冰冷。小手指依照熟悉的順序按下方型按鈕，那是母親一位友人的電話號碼，她有時會去那位朋友家玩。因為我當時只有六歲，她的電話號碼是我少數記得的幾支號碼之一。

我清了清嗓子，好讓她能從話筒裡嗡嗡的嘈雜聲中聽清楚我哽咽的聲音，我盡可能冷靜地告訴她：「我哥真的打了我媽，我現在一個人在家，拜託過來幫忙。」我不記得她說了什麼。我掛上電話後仍然

很專注，目光仍盯著母親的身軀。然後，我陷入一陣恍惚。

　　我不知道自己站在那裡多久，只知道我在聽到一聲巨大的敲門聲後立即清醒過來。我趕緊幫我母親的友人開門，接著幾名警察衝了進來，我聽不懂他們在說什麼，只看到他們匆匆走到我母親躺的位置。之後我記得的是，她動了。當我意識到她還活著的那一刻，剛剛的震驚瞬間瓦解，一陣恐懼和驚慌開始湧上心頭。我逐漸意識到實際上發生了什麼事情、差點發生什麼事情，以及有什麼未知的未來正等著我。我小小的身子縮成一團，緊緊抱著自己，悄聲地哭了起來。我聽到母親微弱的聲音，她的意識慢慢恢復。然後我聽到一個清晰的聲音在我頭頂響起，一個男人說話的聲音，一個我永遠不會忘記的聲音。

　　其中一名警察低頭看我，然後對著身邊的另一名警察說：「這個孩子如果能活下來，那真是奇蹟。」那天晚上，我不只是一個小孩，更像一個奇蹟。

5 最愛聖誕節

I don't want a lot for Christmas
There is just one thing I need
I don't care about the presents
Underneath the Christmas tree

—— "All I Want for Christmas Is You"

母親在她的小木桌加上一片延伸板，讓桌子在這一天變成差不多適合家庭使用的大小。在我們居住的破舊屋子裡臨時佈置出來的客廳，透過一些簡單裝飾，這張桌子與一棵查理布朗風格的聖誕樹便成了節日的擺設重心。儘管我們的境況如此，母親還是希望我們保有「美好的生活」。

聖誕節前的那幾天很重要。母親一直保留著一本聖誕倒數月曆，我們每天都會掀開新的一格，等我讀完印在上面的某段故事或一首詩，她就會把藏在裡頭的巧克力拿給我。她煮的熱紅酒散發出一股溫潤的辛辣香氣，掩蓋了屋內的潮濕。我很清楚家裡沒什麼錢，所以即使我從未真的期待過會收到什麼奢侈的禮物或熱門玩具，我還是喜歡我們努力樂在其中的感覺，盡我們所能打造出歡樂愉悅的氣氛。我們會打掃、裝飾擺設，當然，我們還會唱歌。母親用歌劇嗓音吟唱的聖誕頌歌，為我們擁擠的日常生活帶來寬闊感。

母親不太會做菜，但她嘗試煮過聖誕晚餐——我們兩人都試過。

我們試著把所有影響我們往後餘生的創傷和戲劇性事件擱置在旁，只為了享受一頓寧靜的聖誕大餐。這樣的要求會太多嗎？我想不會。我只是一個在充滿失望與痛苦的家裡長大、渴望童年的孩子。

這些年來，姊姊跟哥哥幾乎整年沒什麼聯絡，更別說來我跟母親住的地方探望了。所以聖誕節是個難得的機會，我們大家在搖搖欲墜的屋頂下團圓。四個人圍著桌子坐，迴避彼此的眼神，我們常常被所有難以言喻的事情噎住而講不出半句話。當時我的年紀很小，還沒有足夠的經驗打破沉默。我的兄姊和母親幾乎一年到頭都沒有聯繫，所以到了聖誕聚餐時，他們帶著傷痛與憤怒前來，渴望得到母親的關注。但到頭來，他們無可避免地爆發連珠炮似的謾罵。而我坐在一片混亂之中，不停哭泣並祈求：祈求他們別再吵了，祈求母親可以阻止他們繼續吼叫和咒罵。祈求我能待在一個安全快樂的地方，一個真的有聖誕氣氛的地方。

哥哥跟姊姊互看對方不順眼顯而易見，但他們對我的怨恨是一種不間斷、悄然無聲的威脅，潛藏在表面下醞釀著。我是家中第三個也是最小的孩子，父母在我三歲時離婚。我是他們眼裡的金童：淺色的髮絲、淺色的肌膚、淺色的靈魂。我跟媽媽住在一起，他們被逐出彼此也被逐出我們的世界。他們活在不同的痛苦中，承受著不被愛的、問題的、混血的孩童在任何鄰近社區所面臨的敵意，無論是黑人或白人。我相信他們認為我安然度過一切。因為我留有一頭金髮，跟我們的白人母親同住，而且居住在他們覺得安全的白人社區。他們唯一的共通點也許是對我的怨恨，他們似乎都被那種痛苦束縛。我其實可以理解他們為什麼對我不滿與憎恨，但那時候我不明白為什麼他們每年都要毀了聖誕節。

不過，我的願望比他們的痛苦更強大。我滿懷期待，開始創造屬

於自己的擁有迷人魔力、聖誕快樂的小世界。我專注於母親努力打造的所有事物，我只需要一大堆亮晶晶的小玩意和一整個教會詩班來支持我。我想像中的聖誕節充滿聖誕老人、拉雪橇的馴鹿、雪人和小女孩夢想擁有的所有鈴鐺和飾品。我喜歡凝視著小小嬰孩耶穌，感受這個季節真正的精神所帶來的無比喜樂。

�֍

並不是每個聖誕節都被家人毀掉。

在我小的時候，母親是個文化開明的人，有很多不同圈子的朋友。我記得我有個朋友——就稱她艾雪莉（Ashly）吧——她母親是同性戀（艾雪莉完全不知情）。母親會以就事論事的語氣說：「艾雪莉她媽是同性戀，跟她的伴侶住在一起。」沒什麼大不了的，這真的不是什麼大事。我最喜歡的兩個人是我的同志叔叔（guncles），伯特（Burt）與麥倫（Myron）。他們人很好，他們的家也很讚。他們的房子不是那種豪宅大院，而是一棟迷人的中型磚屋，座落在一片美麗的林地上。後院種植野生的覆盆子，他們還養了一隻叫史巴科（Sparkle）的黃毛拉不拉多犬。他們出外旅行時，我跟母親會去幫忙看家。我陶醉在這個乾淨且舒適的環境裡。

伯特是一名教師兼攝影師；至於麥倫，以他的話來說，是一名「家庭主婦」。麥倫相當注重外表，他留著完美的鬍型，頭髮經常吹得很有層次感，最後再噴上一層亮亮的造型噴霧。他總是將皮膚曬成古銅色，然後穿著色彩繽紛的絲質長衫在屋內晃來晃去。伯特會帶我去他們的院子裡幫我拍照（我非常喜歡在鏡頭前面展現自己），他也完全鼓勵我擺出誇張的姿勢。他全然支持並理解我的表演欲。

　　有一次的聖誕節拍照活動，我記得很清楚。我身上穿著一件有花的綠色洋裝，而且我的瀏海就如同聖誕奇蹟般看起來還不錯。我假裝在樹上掛了一件飾品，故作靦腆地回頭看，伯特按下快門拍了這張照片：充滿時尚感的節日。

　　我一年四季都喜歡伯特與麥倫溫馨且舒的小窩，尤其是聖誕節期間。他們投入非常多的心力來準備這個季節：把房子打掃得一塵不染，將漂亮的裝飾擺放得整整齊齊，壁爐裡的柴火燃燒著。整間屋子瀰漫烘培著什麼美食的香氣，他們總是有美味的小點心，供應如白蘭地亞歷山大之類的時尚調酒。我記得有次假期因為暴風雪被困在他們家裡，我多希望那場大雪永遠不要停。伯特和麥倫讓我第一次體驗到像家一樣溫馨的聖誕節。他們是家庭生活的典範。

　　我的同志叔叔支持我內心熱愛展現的本性。無論我什麼時候想舉行自己的小型展演會（次數非常頻繁），他們都會全神貫注地看我表現。他們從未試圖限制我天馬行空的想像力。我所寫的〈All I Want for Christmas Is You〉正是出自於我內心小女孩的心情和早期那些對家庭和友誼的幻想。回想看看那首歌的開頭：叮、叮、叮、叮、叮、叮、叮、叮……清脆的敲擊聲讓人聯想起小小的木琴，就像謝勒德在史努比卡通裡面的那架木製鋼琴。

　　實際上，這首歌的大部分內容都是我在一台便宜的卡西歐小電子琴上彈奏出來的。但那正是我想讓這首歌表達出來的感覺，聽起來很甜蜜、清澈、純淨。創作靈感並非源自於基督精神，儘管我確實從靈性與精神的角度來歌唱和創作，但這首歌的靈感其實是源自於孩童天真浪漫的幻想世界。我在二十二歲時寫了這首歌，那時才脫離童年時期沒多久。我冒險錄製了一整張聖誕專輯，那時候在 MTV 頻道上也還看不到什麼聖誕歌曲 MV。事實上，幾乎沒人寫過並錄製原創的聖

誕歌曲，這前所未聞，更何況是一個剛出道沒多久的年輕歌手；而這首歌後來成為了膾炙人口的暢銷歌曲。

雖然我在這首歌中進入童年的個人夢想世界，但我寫這首歌的時候並不是在最快樂的地方。我的生活瞬息萬變，但我依然感到迷惘，徘徊在童年與成年之間的曠野邊緣。我跟湯米・莫托拉（Tommy Mottola）的關係已經越來越奇怪，那時候我們甚至還沒結婚，他最後成為我的第一任丈夫（以及等等角色）。但值得稱讚的是，作為我唱片公司的負責人，他鼓勵我製作我的第一張聖誕專輯《*Merry Christmas*》。

我也覺得感傷。我一直是多愁善感的人，而聖誕節之於我正是這種感覺。我想寫一首歌讓自己開心，讓我覺得自己像是一個被愛、無憂無慮的小女孩在過聖誕節。我也希望像自己從小仰慕的偶像納京高（Nat King Cole）和傑克森五人組（Jackson Five）那樣來詮釋這首歌，他們都有自己的經典聖誕歌曲。我想用一種能為每個人帶來快樂的方式來唱，並讓快樂清晰可見。沒錯，我想追求復刻版的聖誕快樂。我也相信，在內心深處我知道已經來不及讓哥哥姊姊和平共處、來不及給母親她想要的美好生活，但或許我可以給世界一個聖誕經典。

6 父親與太陽

Thank you for embracing a flaxen-haired baby
Although I'm aware you had your doubts
I guess anybody'd have had doubts
—— "Sunflowers for Alfred Roy"

　　我的父親總是讓我想到向日葵：高挺、驕傲、堅忍不拔，而且聰明、強壯、英俊、鎮靜。他賣力地往上爬，頑強地從他扎根的磽薄土壤裡長出來，一心想突破父母、兄弟姊妹和他們那一代人所面臨的限制。他是父親羅伯特（Robert）與母親艾迪的獨生子。他對於艾迪只有讀過三年小學感到難為情。艾迪對兒子很嚴厲，所以他逐漸學會尊重與依賴秩序和邏輯。後來，他憑一己之力將自己從暴力、壓抑的環境中拉出來，那種環境曾迫使他叔叔殺害了另一位叔叔。我父親渴望紀律、文化和自由，所以他加入軍隊——對於一個無法選擇出生時間與膚色的人而言，這樣的選擇很合理。

　　軍隊也許帶我父親走出紐約布朗克斯區（Bronx）[2]，但這點並沒有讓他遠離在美國身為黑人的危險。參軍期間，他駐紮的基地裡有位白人女性說她被強姦，而且是一名黑人男子幹的。除了他不是白人之外，沒有其他證據，但我父親仍遭指控犯罪，然後被關進軍事基地的

2　譯註：非裔和拉美裔居民占多數。

父親與太陽

監獄。為了增加額外的痛楚，並達到殺雞儆猴之效，負責此事的白人軍官特別指派一名黑人軍官來監督我的父親，刻意暗示連美國軍服都掩飾不了他們的種族。就像在殖民地種植園內指派一位黑人監督者一樣，這是一種有效的恐怖手段。

我父親感到屈辱，但最主要的是他很害怕。如同許多黑人一樣，他生活在對蠻橫暴行、綁架和死亡的恐懼之中。然而，也許最重要的是他害怕表現出恐懼，因為他知道這種犯行的必然懲罰是死刑。我父親最終獲釋了，卻沒有得到任何的道歉、支持或諮詢服務。軍方的唯一解釋是他們已經逮捕了真正的罪犯。他手裡拿著政府發的槍，直接走出監獄，來到一座山頂。內心被創傷與憤怒吞噬，他曾想過扣下板機，但並不是打算自殺。

❦

父親做的每一件事都經過精密規劃，他過著清苦克己的生活方式：某部分像軍營，某部分像少林寺。他的廚房小巧而整潔，食物櫃裡的物品都按照大小分門別類擺好。家裡沒有任何奢侈浪費的跡象，沒有任何多餘的東西：一台電視、一台收音機。衣櫃裡只掛足夠一週所需的襯衫，沒有其他選擇。他認為若沒把床單鋪得整整齊齊、服貼到可以讓硬幣落到床單上再反彈起來，都不算及格。

父親處理大多數事情的態度講求效率和軍事主義。他認為吃零食是沒有意義的行為。如果我在等開飯前肚子餓了，他會給我一片麗滋餅乾。就那麼一片。那個鮮紅色外盒的誘惑、金色向日葵形狀的餅乾從蠟紙袋跑出一圈餅乾的經典設計，令人食指大動。他會拿出一串餅乾袋，解開仔細折好的封口，從那疊餅乾裡拿出一片，小心翼翼遞給

33

我，彷彿那是一顆珍貴的寶石。然後再小心翼翼地把袋子封口折好，將那串餅乾放回盒子，再擺回架子的原處。

我會把這片散發奶油香、鹹甜味、鬆脆可口的餅乾拿到鼻子前，閉上眼睛，然後盡情深吸一口香氣。接著精準地沿著荷葉邊緣咬下小小一口，咀嚼得非常緩慢，想讓美味的感覺在我舌尖縈繞。輕輕轉動這片黃金餅乾，繼續沿著邊邊咬下，品嘗每一粒鹽和餅乾碎屑，盡量讓這塊餅乾能享受得越久越好。（而且很諷刺，餅乾外盒的廣告標語是「獨一無二的麗滋」。對我而言，確實如此！）

按照現今標準，我父親會被視為文青。退伍後，他搬到布魯克林高地區，開著一輛經典款的保時捷敞篷跑車（Porsche Speedster），在廚房裡準備正宗的義大利料理。噢，我是多麼喜歡父親的好手藝！他煮的香腸和甜椒很好吃，巴西里肉丸也非常美味，但最令人讚不絕口的還是他的蛤蠣白醬義大利麵。熱橄欖油淋上蒜末飄出的香氣，煮好的義大利麵以及新鮮的海味是我心目中最棒的週日風味。我愛星期天，因為那是我跟父親見面的日子，一起吃飯是我最期待的事情。

某個週日，父親的母親艾迪也在那裡，這種情況很罕見。我想我當時還不到五歲吧。起初只是一個典型的週日，父親花了一整天的時間精心為他的招牌菜備料。將每顆蛤蠣去殼並清洗，大蒜切成薄片，然後剁碎氣味芳香的義大利巴西里葉。就是這樣一個過程，更準確來說，是一種儀式感。我按慣例又整天沒吃東西，頂多吃了一片麗滋餅乾（有時候前一天也沒吃飽，週六晚上在母親家可能吃得有點隨便）。我一邊看書、塗鴉，肚子餓得咕嚕叫，一邊打量著食物儲藏櫃。空氣中瀰漫著父親料理新鮮食材的香味。我等了整整一個星期、等了整整一天，我只需要再堅持到晚餐時間，很快就可以享受到我最愛的菜餚。

　　我聞到義大利麵在沸水中變軟的味道，知道快煮好了。當父親終於說：「晚餐時間到了！」我跳了起來，衝到廚房的富美家小餐桌前坐下。艾迪戴著一頂漂亮的紅色假髮，搭配一件紅印花長衫，她突然轉換話題講了一些只有大人才感興趣的事情。我幾乎沒有抬頭，可能已經興奮到頭昏眼花，口水直流，等待美味即將出現在我面前。我看著父親把義大利麵夾進我盤子裡，然後舀起濃郁醬汁，精準淋在細扁麵周圍。我眼巴巴地望著他的一舉一動，看他把熱騰騰的白盤子拿到我面前。開動了！然後，就在我拿起叉子的同時，艾迪（仍滔滔不絕講著她的故事）突然拿出一罐綠色的帕馬森乾酪粉，把裡面難聞的粉狀物撒在我那盤精緻可口的細扁麵上。

　　不！！！！！！我嚇得尖叫起來，但已經太不及了。我的盤子裡都是乾酪粉。父親從來不在蛤蜊白醬裡放起司的！怎麼會有這罐東西？難道她放在手提包裡？我無法克制自己的震驚與反感，跑到浴室碰地一聲關上門，放聲大哭。「羅伊，你最好叫她把那盤義大利麵吃完，別讓她浪費食物！」我聽到艾迪這樣罔顧我的感受跟父親說。那是我印象中唯一一次父親完美的義大利麵被搞砸，我想那也是艾迪最後一次跟我們共進週日晚餐。

　　父親告訴我，每句話都有其含意，所以具有力量。有一次，在某個愉快的夏日星期天，我聽到冰淇淋車從父親家門外街道上駛來的微弱叮噹聲。我一認出這個帶給人無比快樂的神祕旋律，就興奮地大叫：「啊！賣冰淇淋的人！」旋律現在變得更大聲且清楚，所以冰淇淋車應該已停在附近某處。耳邊傳來啪踏啪踏的跑步聲和快樂的叫聲證實我心中的推測，賣冰淇淋的人就在我們家門外。千頭萬緒湧進腦袋，我該去了！我心想，他快開走了！

　　「可以借我五角嗎？求求你，求求你了！」我幾乎是衝著父親大

叫，差點喘不過氣來。

「妳是想借五角？還是想要五角？」他語氣冷靜平淡地回我。

內心越來越慌，「呃，」我結結巴巴，不知道該怎麼表達，我只知道要拿錢才能買冰淇淋。「我不知道！」

我沒有搞懂。父親再一次用耐心、平和的態度說話，但只是令我更焦躁。

「借錢跟要錢不同。妳是要我給妳五角嗎？」

我當時很焦急，沒辦法區分它們的差別，於是脫口而出：「我只是想借五角。我會還的！求求你！」

他把手伸進口袋，掏出兩枚發光的二十五分美元銀幣，扔在我焦急的小掌心裡。兩枚硬幣就像偶爾出現的麗滋餅乾，好似珍貴的珠寶。我衝出屋子大門，幾乎連階梯都沒踩，像隻被獅子追逐的羚羊跑向冰淇淋車。

我終於買到我的冰淇淋，但父親明確表示我必須償還跟他借的錢。七歲的我還沒賺到一毛錢，於是我跟母親要了兩枚二十五分硬幣。她無法理解為什麼父親會跟小女兒進行這種交易，但還是拿錢給我。他們的教養模式一直都不同。我信守承諾，在下個星期天把錢還給他。冰淇淋事件不僅教會我重視每句話的意義，也教會我誠信與金錢管理。我父親是個會將他賺到的第一筆錢存起來的人。

在那個年代當單親爸爸還是屬於比較新鮮的概念，所以他沒有規劃女孩子的玩樂日，或者好玩、以孩子為主的活動。在大部分時間裡，我不過是個孩子，陪襯他成年人的日常生活——自己找事情做，別妨礙他煮飯、打掃、邊修理汽車邊聽收音機裡的足球比賽。他很喜歡自己的那輛保時捷，那是他唯一真正的奢侈品。他一輩子買過兩輛保時捷，一輛在有孩子之前，一輛在有孩子之後，都是二手車。他的敞篷

跑車顯然常常需要維修，所以總在上面花很多時間。

那輛車永遠處於「準備」全面整頓的狀態。外觀黯淡沒有光澤，因為車身塗了一層灰色底漆。有次我問他為什麼車子顏色這麼暗沉，他解釋那是底漆，原本是蘋果糖紅色烤漆。「喔，那麼有天你會把它變成蘋果糖紅色嗎？」我問。

「他們不再生產那種顏色了。」他平淡地說。我很困惑，為什麼不換個顏色就好？但如果不是原本的顏色，他寧願什麼顏色都不要。

他對這輛保時捷極度有耐心，經常耗費幾個小時在它身上，對它的異國情調之美和高性能深深著迷。它外觀又酷又時髦，是輛雙人座的軟頂敞篷車。他喜歡車頂可以自由收納和只容得下一名乘客的親密感。我們會開很久的車，但沿途很少聊天。如果打開廣播，就是轉到新聞頻道（「1010 Wins——你給我們十分鐘，我們給你全世界」）。我們時不時會唱些有趣的童謠，唱個不停，例如〈There's a Hole in the Bottom of the Sea〉。

There's a wart on the frog, on the bump, on the log,
in the hole in the bottom of the sea

他也喜歡唱〈John Henry〉，這是一首關於黑人「鐵路英雄」的民謠。

John Henry was a little baby, sitting on his Daddy's knee

當他唱到「knee」的時候，聲音會壓得特別低，總是逗得我大笑。我喜歡唱這些歌，因為可以消磨漫長的時間和路程。那時候我覺得光

是開車多無聊啊。但是現在，啊，如果時間重來一遍，我什麼事也不會做，就是待在他旁邊，坐在汽車皮椅上，行駛在寬闊的公路，只讓引擎的轟隆聲與風吹的颼颼聲作為我們的伴奏。聲樂家母親教我音階，父親則教我那些讓我笑開懷的歌曲。

Thank you for the mountains
The Lake of the Clouds
I'm picturing you and me there right now
As the crystal cascades showered down

—— "Sunflowers for Alfred Roy"

偶爾我們會去位於康乃狄克州的萊姆羅克賽車場（Lime Rock Park），那是比經典的美國改裝房車系列賽（NASCAR）更有魅力的體驗。保羅・紐曼（Paul Newman）在那裡有一支車隊，像瑪利歐・安德列提（Mario Andretti）這樣的世界級賽車手也是那裡的常客。我當時覺得賽車場很無趣，但看賽車是艾爾弗德・羅伊最喜歡的活動，他會拖著自己小孩加入觀賽行列。難得我們三個孩子一致認同：車子在同個圈子繞來繞去不是什麼趣味十足的事情。

當我們開車在路上或在賽車場時，他從事成年人的興趣活動，而我常常只是待在一旁。他聽或看他的足球賽事（他很喜歡，但我覺得非常無聊），我就在身邊靜靜地看書或畫畫，然後觀察大人的一舉一動。

我父親家裡確實有幾本專門為我準備的書。我記得最清楚的一本是關於失明的黑人小男孩故事。封面是白色書皮，上面有紅黃橙的大圈圈。這是色彩繽紛的故事，內容講述一個男孩透過觸摸和感受形狀

來認識世界，而不是透過顏色。

　　每當想到那本書的時候，我就會想起史提夫‧汪達（Stevie Wonder）。看著這本書的時候，我在想，這個是不是史提夫‧汪達能夠透過他的歌曲創造如此生動的世界與情感的原因：他不是透過眼睛看世界，而是透過靈魂。史提夫‧汪達是迄今我最尊敬且最喜愛的詞曲創作人，他不只是創作天才，我相信他是在一個聖潔之地進行創作。我想這本關於黑人盲眼男孩的書是父親試圖向我說明種族歧視概念與認知的方式，因為我們沒有真正討論過這方面的事情。我們從未聊過**我們的**陰霾與想法。

　　對父親來說，認知也很重要。有一次，在一個安靜的星期天下午，我跟他一起畫畫，畫了一幅我自以為高明的漫畫。那是一張有我們全家福的圖畫，標題寫著：「他們很奇怪，但他們人很好。」可是我拿給父親看時，他感到非常沮喪。

　　「妳為什麼說我們很奇怪？」他問道。我被他嚴肅的語氣嚇到了，我不知道為什麼這個想法會讓他生氣。

　　「我不知道，可能我從別的地方聽來的，」我回答。我在我的漫畫裡還加了一句，「但他們人很好。」我以為這句話是正面說法。有點半開玩笑的意味。

　　他用一種令人不寒而慄的嚴厲態度對我說：「不准再那樣說。」

　　我從來沒有想要激怒他，事實上，我是想討好他。那天我的心情奇差無比。但他所背負的重擔，那種想被外界以一個完整的人接納的迫切渴望，我到很久以後才理解，也是我至今仍努力釋懷的事情。

　　那時候，我不知道怎麼告訴他，那個奇怪是我的感覺。我不知道該怎麼說，我覺得其他人都認為我們很**奇怪**。我覺得所有事情都很奇怪。我的髮型很奇怪，我的衣服很奇怪，我的哥哥姊姊和他們的朋友

都很奇怪，我媽媽還有我們入住的破舊屋子——全部都很**怪**。

我以為一神普救派團契（Unitarian Universalist Fellowship）教會是個奇怪的教會。我們剛開始參加時，全家人還在一起。我們五個人會去這個中古世紀風格、有著厚實城牆和高高塔樓的城堡，裡面坐滿了長島上看起來奇怪的人。對我這個小女孩來說，這裡就像是在文藝復興博覽會上錯位玩具島[3]的教堂。以前是猶太人的牧師已經將自己名字從雷夫（Ralph）改成拉奇（Lucky）。「幸運牧師？」好吧。十幾歲的孩子會爬上高塔，做些十幾歲孩子會做的怪事。還是小女孩的我知道這裡不是屬於我的地方。但我父親，儘管他是唯一的黑人，卻覺得自己在這裡獲得接納，所以他就永遠留在團契教會。

我想父親不明白，我們與母親所居住社區裡的每個人有多麼不同。別人都住在整棟房子裡，我們卻住在速食店樓上的簡陋公寓。我們住在長島北港的小型商業區，那裡有一條街都是維多利亞式房屋，一樓是商店。這些都是小鎮店家：腳踏車店、雜貨店，然後是速食店。沿著速食店門口旁的樓梯通往一間小而昏暗的鐵路型公寓[4]，我跟母親、摩根就住在那裡。

我的房間在走廊盡頭，沒有比一般的步入式更衣間大多少。公寓空間很小，地板鋪著豆綠色地毯，牆壁和門板都很單薄，講話和笑聲常常讓我晚上睡不著覺。在那個小房間裡，幾乎沒有什麼能讓我感到安慰的物品。也許最寶貝的是父親送的禮物：一個陶瓷小兔子和一隻名叫「抱抱」（Cuddles）的焦糖色泰迪熊，我一直保存著他們，直到很多年後，在曼哈頓一家酒吧和夜店頂樓的公寓裡被洪水沖走（顯

3　譯註：引自兒童讀物《*Island of Misfit Toys*》，內容是所有奇怪不被接受的玩具都會被流放到這座島，但島上玩具自認非常特別。

4　譯註：屋內格局屬於長條型，像鐵路車廂一樣。

然生活在建築物頂樓也有等級之分，我全都經歷過了）。

I remember when you used to tuck me in at night
with the teddy bear you gave to me that I held so tight
—— "Bye Bye"

即使有抱抱在我身邊，我也經常做惡夢，我的睡眠問題就是從那間陰暗的公寓開始的。

我不記得還有誰住在那裡，至少幾英里內肯定沒有其他黑人，摩根是附近唯一看得見的阿福羅頭（Afro）。有次他惹上麻煩，母親溫和地告誡他待在自己的房間裡。過沒多久，樓下速食店老闆就打電話上來，跟母親說他見到她兒子準備從屋頂跳到其他店家的屋頂。摩根已經從窗戶爬上屋頂，正在冒險逃家。他最後有段時間把頭剃光，穿著空手道褲子，脖子上隨意掛條項鍊。他看起來像龐克忍者一樣在鎮上走來走去，滿腔怒火想要引戰。即使沒頭髮，他走在路上也讓人難以忽視。

我父親也許不喜歡我說凱莉一家很奇怪，但我們確實發生一些奇怪的事。艾莉森時不時會像隕石一樣闖進公寓，跟摩根的朋友們徹夜狂歡。

某天晚上，艾莉森請我去表演餘興節目。那天稍早，她教我唱傑佛遜飛船合唱團（Jefferson Airplane）的〈White Rabbit〉。她會挑這首歌是很奇怪的事，但我想或許她喜歡吧，因為副歌的「Go ask Alice」聽起來跟她的名字很像。後來我被帶到客廳表演，所有的燈都關了，我的四周是燃燒的蠟燭和一群青少年（還有我母親）。我看了一下艾莉森的臉確認開始，接著吟唱出第一段：

One pill makes you larger, and one pill makes you small
And the ones that Mother gives you, don't do anything at all
Go ask Alice, when she's ten feet tall

　　選唱一首內容與吸毒和精神錯亂有關的歌，對小女孩來說並不正常（或不適合），我會唱是因為姊姊教的。我最喜歡學唱歌了，但這首歌盡是可怕的畫面（「the White Knight is talking backward/and the Red Queen's off with her head」，還有令人毛骨悚然的胡說八道「the hookah-smoking caterpillar」──什麼跟什麼啊？）。

　　當然，我想知道這首歌是關於什麼內容，也想知道為什麼要在漆黑之中唱它。當時已經過了午夜十二點，其他與我同齡的孩童老早舒服睡在他們的床上，我卻得在燭光下為一群想當嬉皮的青少年們大聲唱著「Feed your head!」，進行一場假的降靈會。你說這樣還不奇怪嗎？

✤

　　「下週日見！」那是我們的約定。每星期要離開父親家回到母親身邊時，我和父親都會揮揮手，對彼此許下這個小小承諾。但隨著年齡增長，我開始認真從事創作型歌手，整個心思都放在上面。我從十二歲踏入這一行，父親沒有來看過表演或支持，主要是因為他不理解。

　　把音樂當成職業不符合他的思維邏輯。只要我提到寫詩和唱歌，他就把話題轉到成績和家庭作業上面。他沒有看到我當一名藝術家所培養的專注與自律；他沒有看到我是怎麼掌握這門技藝，母親帶著我

和才華洋溢的爵士樂手一起參加即興演奏會,從中學習到擬聲唱法和即興表演的技巧。他從未見過我是怎麼花時間寫作、豐富我的聽覺經驗、研究廣播裡的流行音樂趨勢。最重要的是,我們兩人的信念完全不同:我順從自己的內心,而他卻受到害怕不被接納的心態所支配。從那個可怕又幸運的一天開始,當瑞斯奶奶把手放在我身上,並且對我的內心說話,我真的相信我想要的都可能會實現。對我來說這是真的。但我父親不相信凡事皆有可能。相反地,他覺得全世界會強烈否定他的渴望,尤其是尊嚴。

由於身分的關係,艾爾弗德·羅伊這輩子都活在羞辱和不人道的威脅之下。他將所有希望都寄託在這樣的觀念:只要透過自律、勤奮並在學術、為國服務和體面職業等,在傳統體制道路上表現得出類拔萃,就能贏得社會對他的尊重。他的另外兩個小孩具備成為優秀學生的所有條件,我父親從小就要求他們的成績單全部得拿到 A,而且他們大部分都有達成(即使如此,他偶爾還是會問為什麼沒有拿到 A$^+$)。我唯一擅長的科目是創意寫作,我在這門課總是名列前茅,但在數學科目的表現慘不忍睹,實在無法跟大多數其他學科相提並論。

但這兩位擁有學術潛能的人才在十幾歲的時候經歷了可怕的轉變,應驗了一位黑人父親最大的恐懼。那個男孩被「送進收容機構」,安置在這個國家不安的「照顧」之中,這是成為一個統計數字的危險捷徑上的第一站;那個未滿十六歲就懷孕的女孩已經抵達其中一站。而我,這個並不叛逆的孩子卻拒絕傳統、「安全」的職業路線,開始追求他眼中不大可能發生、難以理解且危險的道路。我父親對我的哥哥姊姊極為嚴格,他們經常向母親抱怨或取笑他嚴格古怪的管教方式。然而,為了不讓我受到他們惡劣批評所影響,我經常無意間聽到

母親對他們說：「別在瑪麗亞面前講這些。」

　　父親也有讓我失望的時候。艾莉森沒有跟他同住以後，他從一個離婚的單親爸爸變成一個真正的單身漢。有好幾次，他都沒有出席我們的約會。

As a child, there were them times
I didn't get it, but you kept me in line
I didn't know why
You didn't show up sometimes
On Sunday mornings
And I missed you

—— "Bye Bye"

　　於是，我們的週日例行之約漸漸變得斷斷續續。那時候音樂佔據了我大半的時間和精力，我無時無刻都朝這方面努力著，下定決心突破我的先天條件、超越所有不相信我會成功的人、擺脫我姊姊曾陷入的窘境、克服我哥哥失控的憤怒。我將戰勝這一切——就連我的父親，家庭裡唯一穩定的成員也無法左右我的想法。父親支付完一期表演藝術夏令營的費用後，對於我的職業生涯沒有其他干涉，只是告誡我娛樂圈可能充滿諸多不確定性和風險。

　　多年以後，我打電話給父親，在錄音室播放〈Vision of Love〉，然後將話筒對著 YAMAHA 揚聲器。

　　「哇，」他說：「妳的聲音聽起來像指針姊妹合唱團（Pointer Sisters）！」他不是什麼偉大的音樂人，所以從他嘴裡說出這種比喻已經是評價頗高的讚賞。這表示除了鮮明的主旋律之外，他還注意到

背景和聲的層次。他真的有在聽我的歌。我可以說，他對我和這首歌都很滿意。過了這麼多年，事實也確實如此。

然而，即使我達到了這麼多的成就，還是無法倖免於他投射到其他孩子身上的完美主義。在我踏入這個行業的第一年就獲得兩座葛萊美獎之後，他的回應是：「或許你當製作人可以贏得更多獎項，就像昆西・瓊斯（Quincy Jones）那樣。」同一年，美國傳奇唱片製作人昆西・瓊斯憑藉史詩鉅作《*Back on the Block*》抱回七項葛萊美大獎，整張專輯橫跨美國黑人音樂的整個歷史，並號召了艾拉・費茲傑羅（Ella Fitzgerald）、邁爾士・戴維斯（Miles Davis）和路德・范德魯斯（Luther Vandross）等樂壇巨星參與。

以一個新人歌手（撰寫自己的暢銷歌曲）而言，我表現得可圈可點；但我父親卻拿我跟業內公認重量級的音樂大師相提並論，他可是擁有幾十年的經驗、拿過無數榮譽成就的大人物！我的思緒立刻被拉回到童年時期，好像那兩座葛萊美獎只是我成績單上面的兩個 A，而他正問我為什麼沒有拿到 A⁺。我想我在音樂方面的成功嚇到他了，因為他根本不知道我是怎麼做到的，而且似乎對我沒有任何影響。他沒有問，我也沒有說。

漸漸地，我們的「下週日見」變成一個月一次。我不得不放棄我們的星期天約會，這樣我才能在陽光下證明自己的人生。

7 打破規則

It's hard to explain
Inherently it's just always been strange
Neither here nor there
Always somewhat out of place everywhere
Ambiguous without a sense of belonging to touch

—— "Outside"

　　我與種族歧視的第一次接觸就像是一個失敗的初吻：每遭遇一次，就有一塊純真從我身上剝落。那留下一個暈開的污漬，深深地滲進我的內心，時至今日我都無法完全擦拭乾淨。既無法靠時間淡化，也無法藉由名氣或財富掩蓋，連愛都無法將它抹去。最早碰到種族問題是在我四歲左右，還在上幼兒園的階段。那天的學校活動是畫一幅全家福。桌上擺放一疊厚厚的蛋殼白圖畫紙，還有幾組蠟筆提供我們挑選使用。雖然比起塗鴉，我更喜歡唱歌和講故事，但我對這個主題很興奮，決定盡最大努力認真畫。我想，如果我畫得很棒，老師可能就會拿燙金的星星貼紙來裝飾我的畫作。

　　我小心翼翼地挑選自己要用的紙筆，然後找個安靜的角落開始忙著完成作業。那時候我們一家五口還沒分崩離析，我曾經短暫擁有父親、母親、姊姊和哥哥，全家人都在我看來相對平靜的環境裡一起生活。我想創作一幅令我自豪的全家福肖像。我想畫出每個人不同的獨

特之處，包含他們的衣服、身高和比例、臉部特徵，所有小細節都能使我的畫作栩栩如生。父親的身材高大，母親留著一頭長長的深褐頭髮，哥哥很壯碩，姊姊有漂亮的捲髮。我想把這些都畫下來。蠟筆在厚厚圖畫紙上磨擦產生出一種沉悶的沙沙聲，教室裡飄盪著輕淡而不刺鼻的蠟筆氣味。

我正埋頭修改我的傑作，蜷縮著身軀，頭低低的，鼻子都快碰到紙張。此時我感覺到一個高大影子落在我安靜的角落，我憑直覺知道是一位年輕的實習老師朝我而來。四歲的我已經培養出一種「注意背後」的敏銳直覺，所以我立刻停止手的動作。緊張感油然而生，讓我的小小身軀變得僵硬。不知道為什麼，我感到有危險，警戒心突然升起。我一動也不動，直到她先開口說話。

「瑪麗亞，妳在那邊畫得怎樣？讓我看看吧。」她說。

我稍微放鬆了一下，把紙舉到她面前，驕傲地向她展示我的全家福畫作。實習老師看完立刻大笑起來。很快，另一位年輕的女老師也加入她的行列，開始大笑。接著第三位大人也過來湊熱鬧。孩子們拿著蠟筆作畫的歡樂沙沙聲停了下來。整間教室的人都轉過身來，注視我的小角落發生了什麼事。一股害羞和尷尬的情緒從我的腳下沸騰到臉上，全班都在看。我忍著喉嚨裡令人窒息的悶熱開口說話。

「你們在笑什麼？」我問。

其中一位咯咯笑著回答：「喔，瑪麗亞，妳用錯蠟筆了！妳不是故意的！」她指著我畫父親的位置。

她們笑個不停的同時，我低著頭看我畫的全家福，這是我用心努力創作出來的作品。我用蜜桃色的蠟筆畫自己、母親、姊姊和哥哥的皮膚，畫父親則用了棕色蠟筆。我知道我的膚色應該更接近動物餅乾的顏色，哥哥姊姊的膚色應該跟花生醬餅乾比較接近，而我父親的膚

色比較類似全麥餅乾。但他們沒有餅乾顏色的蠟筆，所以我只好即興發揮！但他們表現得好像我用了綠色蠟筆之類的。我感到羞愧與困惑。我做錯了什麼？

老師們仍歇斯底里地咯咯大笑，堅持說：「妳用錯蠟筆了！」每當其中一人說出這句話，那幫人就會大笑、一笑再笑、笑個不停。一種讓人無力的恥辱壓在我身上，但我還是努力振作起來，眼睛發燙，淚水盈眶。

我盡量冷靜地告訴老師，「沒有，我沒有用錯蠟筆。」

其中一個人甚至不願給我直接與我對話的尊嚴，而是跟另一個人嘲諷地說：「她甚至不知道自己用錯蠟筆！」笑聲和譏諷似乎沒有結束的跡象。我站起來瞪著他們，努力不讓自己難堪到想吐。儘管我感到噁心，但我沒有停止對他們的怒視。

最後，笑聲逐漸平息下來，她們一個個從畫作和我身邊退開。我看到她們在教室另一邊，擠成一團竊竊私語。我們家有五個人，她們只見過每天送我上學的母親。她是蜜桃色蠟筆的肌膚。她們不知道、也想像不到我的皮膚像淺淺的烤吐司顏色、比鈕扣大的鼻頭以及波浪捲髮都出自於我父親的基因，我英俊的父親擁有溫暖的楓糖漿膚色。她們沒有可以畫出他膚色的蠟筆，棕色是我能拿到最接近的顏色。搞錯的是老師們。但是，儘管攻擊如此惡毒且毫無事實根據，她們卻從來沒有為當眾羞辱而道歉，為她們的無知與不成熟而道歉，或是因在塗鴉時間重挫一位四歲女孩的信心而道歉。

到我上小學一年級的時候，我們五人家庭已經像碎掉的餅乾四分五裂。我的父母離婚了，雖然他們都住在長島，距離彼此只有一小段車程，但他們的社區在種族上卻有著天壤之別。

一年級時，我有個最好的朋友名叫貝琪（Becky）。她可愛又甜

美，我覺得她像卡通《草莓樂園》（*Strawberry Shortcake*）裡的女孩。她擁有一對藍色大眼和一頭草莓香檳金的柔順髮絲，自然的日光棕髮色如厚重的布簾一樣筆直垂落，奶油色的臉頰上點綴著淡紅色的雀斑。在我心中，她的外表就像一般小女孩應有的樣子。她看起來就像那些倍受寵愛與保護的小女孩，就像我母親與一個她母親肯定會認同的男人所生下來的小女孩。

某個星期天，我們倆的母親安排貝琪來我家玩。我很高興，因為跟貝琪一起玩真的很開心。終於到了星期天，我母親開著她當時使用的那輛破車去接貝琪，然後前往我父親的家。我們的車子停在一間磚砌的連棟房屋前面，我和貝琪跳下車。我抓著她的手，興奮地跳上台階。奇怪的是，這次母親躊躇不前，待在我們後面觀望，通常她是車子開了就走。就在我們的腳踩到門前階梯的最上面時，我那位身高一百八十八公分的瀟灑父親從門口走了出來，面帶燦爛的笑容。他看起來像個電影明星。

「嗨，瑪麗亞！」他大喊著，如往常一樣迎接我。當他走近我們的時候，貝琪突然放開我的手，她的身體僵住，然後像一團突然出現的烏雲，整個大哭起來。我感到困惑，然後看向父親尋求幫忙，但我發現他也愣住，而且呼吸急促，窘迫的神情讓他英俊的臉龐都扭曲了。我的腦袋處於震驚的狀態，一片混亂，試著理解這個突如其來而痛苦的轉折。貝琪整個人歇斯底里，父親則是默默承受痛苦。我們怎麼會一瞬間變成現在這樣？

我不知道該怎麼辦。我進退兩難，無法動彈，感覺好像過了幾個小時，但實際上可能只是一下子。最後我母親從我們身後的階梯走過來解救貝琪，甚至沒有朝我的方向看一眼。她溫柔地用手臂環抱這位極度不安的小女孩，然後靜靜引導她走下階梯，坐進汽車後座。母親

載著那位草莓香檳金髮色的女孩飛快離去，甚至沒有試圖弄清楚發生什麼事情。沒有任何安慰、協調，也沒有承認這件事對我或父親造成的傷害。在貝琪風暴之後，我和父親靜靜地站在門廊上，等待痛苦過去。在那之後沒有人提起這件事，但我們再也沒有一起玩過，那一刻永遠留在我的心裡。無論你信不信，她的名字真的叫貝琪。

　　我跟母親獨處時，從來沒有人公然質疑我的種族背景。他們不敢開口問，或者無法察覺我們的膚色和肌理的差異。貝琪也許只是以為我父親同樣是白人或外國人，她的母親很可能也是這麼想，但她們肯定沒想到是黑人。那天在門廊上我清楚了解到，我和那些跟我一起上學的人或住在我家附近的人不一樣。我父親與他們完全不同，他們害怕他。但他是我的家人，我是他的孩子。那天，我親眼目睹旁人的恐懼對他造成多大的傷害，他受到的傷害也深深傷到我的心。但也許那天下午最痛苦的是，他看到我目睹了旁人對他的恐懼。他知道那件事會影響我一輩子，他知道我再也回不去所有孩子應有的純真了。

8 霍黛爾

　　唱歌是我逃避現實的方式，詞曲創作則是加工過程。雖然我樂在其中，但主要是為了生存（至今仍然如此）。我的聲音不僅獲得母親的認可，也被老師評為是渾然天成的才華。母親有一位朋友是我的音樂老師，她非常優秀。我小時候參加過幾次學校表演，偶爾興起也會為朋友唱歌。在舞台上（或任何地方）唱歌，想像自己是另一個人，這是我感覺最像自己的時候；一個人走來走去，邊唱邊想旋律，這最讓我感覺自己完整。時至今日，我還是會躲進我的私人錄音間，將所有生活要求都拋諸腦後，在自己的空間裡感受自我、獨自歌唱。

　　小學五年級時，我第一次有機會參加一個特別的表演藝術夏令營。這是一次突破！我終於可以和其他有抱負的年輕藝術家在一起磨練我的技藝，不會被家裡的紛擾混亂干擾。我在營隊的戲劇演出拿到霍黛爾（Hodel）角色，霍黛爾是《屋頂上的提琴手》（*Fiddler on the Roof*）中的五個女兒之一。我享受排練的日子，那是我最喜歡的時光和地方。我的信心滿滿，很快就學會了這些歌曲並理解它們的含意。表演排練對我來說很自然，我喜歡反覆做同樣的事，熱愛這種看著自己的表現隨著每次嘗試變得越來越好、找到更好的新方式來演唱歌曲的感覺。

　　母親很早就注意到我練習音樂的動力，並鼓勵我這麼做。她會在家裡跟我一起排練《屋頂上的提琴手》的歌曲，彈她的 YAMAHA 鋼琴來伴奏。我從小就對研究一首好歌如何構成的細節很感興趣。這個

音樂劇裡的故事情節也讓我十分著迷。我甚至在這個以猶太人為主、大部分是富家子弟的團體中成功結識了一位「營隊朋友」。我們因為對歌唱的喜愛和認真態度而成為朋友，我們甚至長得有點像。她是以色列人，一頭濃密的捲髮幾乎是螺旋糾纏的捲度，所以我們都有容易打結的髮質。我們盡量穿得一樣，我們有一樣的粉紅色連身裙。當大家看到我們在一起時，除了看到外貌的相似之處，我想他們從各方面來看都會以為我是金髮的猶太女孩。

我喜歡霍黛爾這個角色是因為她愛上一個具有革命精神的男孩，為了順從自己內心的熱情，願意走遍天涯海角。我最重要的演出在第二幕，演唱曲目是〈Far from the Home I Love〉。這首歌非常適合我的氣音唱腔，印象中我完全放感情下去唱。開頭是這幾句扣人心弦、令人難忘的歌詞：

> *How can I hope to make you understand*
> *Why I do what I do?*
> *Why I must travel to a distant land*
> *Far from the home I love.*

聽到父親要來夏令營觀看該劇的首演，我簡直欣喜若狂。因為他是個講求務實的人，對於我的藝術熱忱沒什麼感覺，但那年他勉強為我支付了一半夏令營的高昂學費。因此，雖然他一定是來支持我的，但也是來確認他的投資情形。我無法跟身邊的同學一樣（比方說這個夏令營的同學），我沒有機會去嘗試各種不同嗜好，也沒有失敗的權利。所以我知道自己必須從中獲得我能學到的一切，不可能一會兒上網球課、一會兒上吉他課、一會兒又去學跳舞。即使我們負擔得起，

我也不會踏進舞蹈教室。我小時候就對跳舞有陰影。

有一次艾迪待在我父親家，她望著我那一頭凌亂的棕色頭髮和蜜桃色蠟筆的肌膚，然後說：「羅伊，那不是你的孩子。」接著，彷彿是為了證實自己的觀點，她對我說：「女孩，跳個舞來看看。」雖然我的生活被音樂環繞，但我的童年並沒有什麼機會跳舞。我母親不跳舞，我也從未見過哥哥姊姊跳舞，我父親到八〇年代末期上了一門哈娑舞蹈課程才開始跳舞。

在我看來，跳舞成了一種是否為合格的黑人、是否歸屬於某個地方和某個人——是不是我父親小孩的標準。那天我並沒有跳舞給艾迪看，而且從那以後我就不常跳舞了，我無法走出那個不能為父親跳好舞的恐懼。當時我站在那裡嚇到動彈不得，害怕如果我跳得不夠好或跳錯方向，就會印證了我的父親不是我的父親。

在夏令營演出的當天，我扮演霍黛爾，面帶笑容唱著歌，在舞台上蹦蹦跳跳，還唱了一些其他的歌。我以非常獨特的搖籃曲風格來唱，我唱得很棒，大家都知道。下台鞠躬時，我耳邊響起熱烈的掌聲，那就像另一種宏偉的音樂，給予我能量，給予我希望。當我抬起頭時，我看到父親臉上露出最燦爛的笑容，他的笑如同陽光般。他走到舞台邊緣，懷裡抱著一大束用薰衣草紫緞帶綁著的陽光雛菊。他臉上洋溢著自豪的笑容，把花遞給我，彷彿在頒發什麼極具聲望的獎項。起初我們都興奮過頭了，沒注意到旁人正盯著我們看，而且眼神讓人感覺不舒服，並不是因為當晚我表現得太出色。他們目不轉晴地看著，因為父親是眼前唯一的黑人，而我是他的孩子。那天晚上，老師、家長和所有營隊的成員都知道我父親是個黑人，我也因此付出了代價。我雖然得到雷鳴般的掌聲和鮮花，但我再也沒有在那個夏令營的演出中拿到另一個重要角色。

Please be at peace father
I'm at peace with you
Bitterness isn't worth clinging to
After all the anguish we've all been through

—— "Sunflowers for Alfred Roy"

9 我生命中的光芒

Letting go ain't easy
Oh, it's just exceedingly hurtful
'Cause somebody you used to know
Is flinging your world around
And they watch, as you're falling down, down, down,
Falling down, baby
—— "The Art of Letting Go"

「妳一直是我生命中的光芒。」

在我還小的時候，母親經常跟我說這句話。我想成為她的光芒，我想讓她感到驕傲。我敬佩她身兼歌手與職業媽媽的角色。我深愛過她，像大多數孩子一樣希望她成為我的避風港。最重要的是，我拼了命想要相信她。

但我們的故事充滿了背叛與美麗、愛與遺棄、犧牲與生存。我曾經數度將自己從束縛中解放出來，但那片不信任的烏雲將永遠籠罩著我，不只是因為我的母親，也是因為我們共同走過的曲折複雜之旅。那些歲月給我帶來太多痛苦與困惑。時間已經證明試圖保護那些從未試著保護過我的人沒有什麼好處，時間和身為人母之後終於讓我有勇氣去誠實面對我母親對我的意義。

對我來說，這就像是站在最陡峭的懸崖邊緣，如果我能走到真相

的另一邊，我知道那裡將會有巨大的解脫等著我。那些曾經一次又一次傷害我的人、我已經逃離或拒絕往來的人，雖然在我的故事中留下深刻印記，但他們不是我存在的意義。

遠離那些我所愛的有害之人雖然痛苦難受，但我一找到勇氣（當然也藉助禱告的力量和專業的協助）就完全放下，交給上帝接管。（我還是要強調，單純放下和容易之間有很大的區別。放下並不容易，寶貝。）然而，沒有什麼「巧妙的」方法讓我放下我的母親，我們的關係一點也不容易。如同我生活的許多方面，我和母親的相處也充滿矛盾和爭鋒相對的事實，這些向來不是非黑即白，而是一道情感詭譎多變的彩虹。

我們的關係是一條由驕傲、痛苦、羞愧、感激、忌妒、欽佩和失望所構成的帶刺繩索，複雜的愛將我和母親的心綑綁在一塊。當了瑞克和瑞伊的媽媽以後，我的心成長了兩倍；當無條件去愛人的能力變強時，會逐漸不再被過去沉重的痛苦拖著走。健全、強大的愛為我照亮陰暗面，挖掘出埋藏心底的傷痛。從我孩子們的愛裡散發出來的清澈光芒，現在迅速流過我生命的每一條動脈、每一個細胞、每一個陰暗的角落和縫隙。

即便過了這麼久，某部分的我還是會幻想母親某天突然變成我小時候在電視上看到的那種慈祥的媽媽，例如凱洛‧布雷迪（Carol Brady）[5] 或者是克萊兒‧哈克斯塔伯（Clair Huxtable）[6]；幻想她會在跟我分享她的狗或貓發生什麼事之前，或是要我付錢或幹嘛之前，突然問我：「親愛的，妳今天過得如何？」她會發自內心且持續地關心我、我正在做的事以及我的感受。我總幻想有一天她會懂我，總有

5　譯註：六〇年代美劇《脫線家族》（The Brady Bunch）裡面的媽媽角色
6　譯註：八〇年代美劇《天才老爹》（The Cosby Show）裡面的媽媽角色

一天我的母親會**理解**我。

　　某種程度來說，我大概知道母親是怎麼變成現在這個樣子的。她的母親肯定不理解她，她的父親也從來沒有機會去認識她，因為父親在母親懷她時就過世了。信奉愛爾蘭天主教的女人在喪偶後養育三個孩子長大，我母親是其中一個孩子。我母親是「黑髮白種人」，因為她的頭髮不是金色，眼珠子是棕綠色的，不像她的哥哥姊姊那樣擁有藍色瞳孔。藍眼睛是純種白人的象徵，而她母親非常強調百分之百的純正愛爾蘭血統。

　　一九四〇年代到五〇年代，我母親在伊利諾州春田市（Springfield）長大。伊利諾州位於美國的中心地帶，而核心中的核心春田市則是伊利諾州的首都，但這裡也是潛藏制度性種族歧視的中心。據說一九〇八年有位白人女性遭一名黑人男子強姦（我父親和其他眾多無辜的黑人男性也被這樣指控過），引發白人群眾暴動三天，其中兩名黑人男子遭私刑處死，幾位經商的黑人男子為保護自身財產而槍殺四名白人男子。一九二〇年代，在我母親的母親成長的時代背景中，三 K 黨對整個城市和市政府握有強大的影響力，佔據了幾個重要職位，替這個社會設立所謂的道德規範。春田市是一座公然披著仇恨外衣的城市。

　　母親很少講她的童年往事，少有的其中一段是她在幼兒園午睡時間與一位黑人小男孩分享睡墊的經歷，天主教學校的修女因此當眾羞辱她。母親在年輕時當然聽過許多侮辱黑人的惡毒字眼，但她告訴我，沒有外人在場時，他們也會以輕蔑或貶低的口吻稱呼義大利人、猶太人以及所有「其他人」。她讓我了解到他們白人族群的種族歧視階級。諷刺的是，即使在她敬愛的愛爾蘭人當中，也有區分「富裕愛爾蘭人」與「貧窮愛爾蘭人」的社會階級制度。富裕的愛爾蘭人「血

統純正」、生活寬裕、受人尊敬、擁有體面的社會地位（想看看甘迺迪家族）；而貧窮的愛爾蘭人常被描繪成骯髒、窮困與無知。這樣的階級制度有個關鍵又可悲的條件，就是要有一大票被瞧不起的人。對我母親的母親而言，所有「其他人」都不如愛爾蘭人。那麼黑人呢？黑人總是處於社會的最底層，沒有比黑人地位更低的了。

我母親不僅無視她家鄉的道德規範，而且忤逆抵抗，後來還積極參與民權運動。以她的成長背景和家庭標準來看，她是個自由主義派的怪咖。他們狹隘、緊密的白人圈以外的生活讓她很感興趣，她的求知欲旺盛，深受文化的吸引，尤其是古典音樂。她回憶說，某天她在收聽古典音樂電台時聽到一段詠嘆調。那是她聽過最美妙的聲音，於是她決心要去追求夢想，聽從自己內心並走到外面的世界。她選擇從紐約展開她的探索之旅，紐約市距離她的家人、距離他們居住的心胸狹隘之地約莫一百六十萬公里遠。

年輕的派翠夏懷抱著許多遠大的夢想，有不少項她都實現了。她極具天賦也很執著。她贏得了享譽盛名的茱莉亞音樂學院獎學金，後來到紐約市歌劇院（New York City Opera）演唱，並在林肯表演藝術中心（Lincoln Center）首次登台演出。我母親在紐約過著刺激好玩、充滿文藝氣息、波西米亞風格放蕩不羈的生活。當時她在市中心跟形形色色的男人約會，跟那些讓她母親蒙羞的男人來往。她那個純正愛爾蘭裔天主教徒母親肯定不會答應她跟任何非「純白」的人約會。（當然，反過來說，伊利諾州白人至上主義者也不怎麼喜歡愛爾蘭人或天主教徒，也就是所謂的白人盎格魯─撒克遜新教徒〔White Anglo-Saxon Protestants, WASPs〕，如同他們當時說的，總是需要地位低階的新鮮勞力來供應他們所需。）跟義大利人交往是個麻煩，跟猶太人交往是場災難。如果外婆知道母親曾與一位名叫佛朗索瓦（François）

的多金黎巴嫩老翁有過曖昧的風流韻事，在她愛上並嫁給她母親根本無法想像的男人之前，我外婆肯定會先崩潰瘋掉。而我父親，一個外貌俊美、背景複雜的黑人。對我外婆（和她的族群）來說，這是她女兒對她和整個家族做過最糟糕的事情。跟黑人男性聊天被視為是種恥辱，結交黑人朋友是種冒犯，與黑人交往是重大醜聞，那麼與黑人結婚呢？

那可是件令人憎惡痛恨的大事。

那是莫大的恥辱。我母親嫁給我父親已經不只是背叛她母親而已，更是犯下了違背她的白人血統、應該開除教籍的嚴重罪過。

她母親生長在一個三K黨公開舉行大規模集會、活躍於政壇的時代背景，所以嫁給黑人是她母親無法理解的恥辱。她母親從小被教導不要跟黑人共用一台飲水機、不要跟黑人坐在一起或在同一個泳池游泳。她所接受的教育讓她相信黑人骯髒污穢，以為黑人的膚色可以抹去。畢竟美國是「一滴血原則」的發源地，這種界定種族的制度主張，任何人的祖先只要有一滴黑人血統就算是黑人。

在我外婆看來，我母親愛上我父親而掉到社會底層，與低階族群繁衍後代，生出黑白混血的雜種：我和我的哥哥姊姊。連說都不必，我外婆跟她女兒完全斷絕了母女關係。她沒有告訴家裡的其他人，自己的女兒跟黑人結婚（還懷了一個兒子）。除了幾通零星的祕密電話，我母親跟她母親幾乎完全沒有聯絡。在往後好幾年時間，她都沒有再回到家鄉。

即使是天資最聰穎、最具憐憫心和思想最開明的人，也承受不了這種被母親徹底拋棄的痛苦。擁有母親的愛是非常原始的需求。我母親原本可以落腳的溫暖之處，都因為她母親的無知、恐懼的家庭和教養而變得像混凝土一樣冷酷。即使她和我父親結婚並生下三名漂亮的

孩子，也無法治癒她被母親拒絕的深刻創傷，任何事情都無法。我也不相信愛上黑人並生下混血兒是能夠改變世代都沉浸於白人優越主義信仰的萬靈丹，我母親與她家人的白人思維早已根深蒂固。

我時常納悶，我的母親為什麼違抗自己的母親、家庭和傳統，毅然決然嫁給我父親。她的所有動機是什麼？一切都是基於無條件的愛嗎？他們從來沒有說過「我們要我們在一起」。她從來沒跟我聊過他們過去的戀愛史，也沒有任何物證：沒有合照、沒有情詩、沒有情書、沒有美好愛情走過的痕跡。（不過，他們生了三個孩子。）也許我母親不想公開她的過去以及與我父親的私人回憶，但我不禁猜想，她的婚姻是不是有幾分出自於她對母親的反抗。她結婚是為了引起注意嗎？過去幾十年來，我不只一次聽到我母親點咖啡時說：「來杯黑咖啡，像我的男人一樣。」她經常當著我和她的黑人小孫子面前這麼說，真的讓人尷尬到不行。

坦白說，我不確定母親是否真的想這麼年輕就結婚生子。我能理解她想建立安全網、打造屬於她自己的新家庭，然後繼續開拓創新，遺忘她思想落伍的家庭和家人；但我無法理解她為此放棄自己前途無量的聲樂生涯。我很早就決定自己不要步上相同的後塵，我不能因為一個男人或意外懷孕而偏離我的人生道路。目睹我母親和姊姊走上歪路是個令人悲傷而沉痛的警告，眼睜睜看著她們的夢想化為烏有，在我心中烙印了一個警世故事。

一九七七年，我的母親錄製了一張名為《To Start Again》的專輯。但那時候她已經有過一段麻煩重重的跨種族婚姻、三個孩子，離婚後還有一個孩子跟她住在一起，也就是我。她以為唱片公司會突然挖掘她嗎？我小時候看過我母親做過許多判斷錯誤的事，而這只是擺在「不該做」的資料夾內的其中一件。

�֍

父母離婚後，時間一天天過去，最後外婆准許我母親帶著孫女返鄉探望，但只能帶她最小的孫女回家。我當時還是個十二歲的小女孩，不太明白為什麼她只邀請我。現在回想起來，大概因為我是金髮碧眼、皮膚白皙的混血兒。在不知情的人眼裡，我並不會引起太大的懷疑。我還太小，不知道我母親跟她母親之間怎麼互動，也永遠不會知道當時她們之間發生了什麼：派特的母親有沒有因為跟女兒斷絕關係、阻止女兒和家裡人聯絡而道歉呢？她反省過自己的種族歧視嗎？她請求女兒的原諒了嗎？我不知道。我只記得她的個性拘謹且嚴肅。她把白花花的頭髮梳得乾淨俐落，前面留個大波浪，嚴肅的臉上掛著一副黑色貓眼眼鏡。她的屋子沒有溫暖的感覺，也沒有瀰漫什麼氣味。回想起她走進我在那裡睡覺的房間，那間寂靜無聲、一塵不染的臥室，然後哄我入眠。房間一片漆黑，她坐在床邊，低聲教我唸主禱文。

> 我們日用的飲食，今日賜給我們
> 免我們所欠的債，如同我們免了人的債
>
> 馬太福音 6:11-12

這些就是我那次去探望外婆的全部記憶。然而，無常的命運急轉直下，後來她在二月十五日即我母親生日那天過世。說也奇怪，我母親在那之後幾乎把她奉為聖人。母親在成年後一直都不是虔誠的天主教徒，但多年以後，她每年都會在那一天為她的母親點上蠟燭。真奇怪，死亡怎麼能讓人原諒那些冒犯他們和他們子女的人？

✿

　　我童年早期的大部分時間裡只有我跟母親，我們過著不斷搬家的生活。經過徹底搜尋，母親為我們倆找到一處靠海的地方。她想住在一個比較寧靜的環境，可以帶狗散步，沿路走到海灘。我們兩人搬進她所謂「古樸雅致的別墅」，但後來我才得知整個社區都稱它為「小屋」。我發現鄰居的形容更準確。

　　那是一間很小而且結構搖搖晃晃的建築物，外圍波浪狀的人造石牆在風吹雨淋下已經變形。屋內的地板和牆壁則是透出一層陰冷的悲傷，廉價的「仿木紋」建材裝潢搭配著滿是跳蚤的骯髒地毯。無論何時，屋內總是暗不見光。在我們搬進來以前，這間房子已經荒廢多時，成了青少年抽菸、喝酒、鬧事的地方。走出屋外有一條高低不平、沒有鋪砌的車道，上面都是瓦礫和石塊，對面則是一棟維多利亞風格的白色豪宅，相形之下格格不入。這間房子很顯眼，我們也是。母親和我是住在那間「小屋」裡的怪女人和她的小女兒。還真是……古樸雅致啊。

✿

　　瑪麗蓮・夢露（Marilyn Monroe）自傳《我的故事》（*My Story*）的第一章標題為：「搶救白色鋼琴大作戰」。她在書中寫道，她的任務是尋找她母親的一九三七年出品的小平臺鋼琴。

　　瑪麗蓮・夢露（本名為諾瑪・珍・莫藤森〔Norma Jeane Mortenson〕）的母親，葛萊絲・夢露・貝克（Gladys Monroe Baker）一生都在精神治療機構進進出出。根據資料記載，她罹患妄想型思覺

失調症,這是一種無法痊癒的疾病,它會與大腦進行激烈的舞動,讓人短暫清醒,然後在毫無預警之下再次陷入地獄般的幻覺。由於母親的神智無法保持清晰,所以瑪麗蓮童年的大部分時光都在孤兒院中度過,接著又去了一連串的寄養家庭。葛萊絲難得恢復正常的時候,她和小諾瑪‧珍在好萊塢露天劇場(Hollywood Bowl)附近的白色小屋一起生活了幾個月。在她們簡陋的住處裡,最珍貴的財產是一架小型三角琴。後來她母親的病情再度發作,將她母親拖回黑暗之中,拉進另一所療養院,僅有的幾件家具和鋼琴都被變賣。

諾瑪‧珍變成電影明星瑪麗蓮‧夢露之後,鮮少談起自己的童年、患有精神疾病的母親以及未知的父親。儘管瑪麗蓮讓自己成為耀眼的巨星,但我想一部分的她仍在尋找一個完整的童年,渴望一個完整的母親。我明白為什麼那架鋼琴會是她和母親相對平靜與和睦生活時期的象徵。鋼琴散發出優雅、神祕、讓人感到舒服的氣息,輕快的曲調和莊嚴的樂曲都可以透過鋼琴彈奏出來,讓沉悶的客廳、陰冷的酒吧、音樂廳、甚至是簡陋的木屋充滿歡樂與榮耀。

瑪麗蓮肩負尋找她母親鋼琴的使命。據說當她還是努力討生活的模特兒兼演員時,她在某次拍賣會上發現這架鋼琴並買下來,然後一直存放在倉庫到她能夠把鋼琴搬進自己家。這架鋼琴跟著她搬到各個住處,它的最後一個家是瑪麗蓮與她第三任也是最後一任丈夫、知名劇作家亞瑟‧米勒(Arthur Miller)在曼哈頓共同持有的豪華公寓。她為這架鋼琴特別訂製飽和有光澤的白色亮漆,搭配公寓室內令人嚮往、如天堂般的裝潢,如她同父異母的妹妹貝尼斯‧米拉克(Berniece Miracle)所形容的,像是「一個白色世界」。

「我小時候最快樂的時光就是在那架鋼琴旁度過的。」瑪麗蓮說。我想,當你的童年像瑪麗蓮和我一樣充滿不安與恐懼時,那些逝

去的美好時光真的極為珍貴。我完全明白她為什麼尋找、購買、存放以及保養這架鋼琴，所以我在一九九九年佳士得拍賣會上救出這架鋼琴。它是瑰寶也是我最昂貴的藝術品。如今，瑪麗蓮‧夢露的白色小三角琴是主要擺設，成為我迷人曼哈頓頂樓公寓的亮點。瑪麗蓮‧夢露是我第一個在精神層面有所共鳴的超級巨星。

我小時候家裡沒有什麼東西，但我母親沒有鋼琴就活不下去，所以我們家總是有一架鋼琴，我和母親在鋼琴旁度過許多開心與成長的時光。母親會跟我一起彈奏歌曲和音階，自然而然我也會聽到她練習歌劇情緒激昂的音階。我就坐在鋼琴前面，自己編一些簡單的曲子。

母親雖然沒什麼錢，但她對我成長最大的一個貢獻就是讓我接觸各式各樣的人，尤其是音樂人。藉由在我們家裡進行聲樂指導，她賺了一點錢。她的練習持續不間斷，但我最喜歡的還是即興演奏。那些很有造詣的音樂家會來母親「在海灣」的波西米亞風住所逗留、玩音樂，我也會和他們一起即興哼唱。跟母親住在一起最棒的事就是享受現場音樂。我身邊圍繞許多熱愛音樂的人，但更重要的是被熱愛音樂素養的人所圍繞，他們喜歡唱歌技巧，喜歡創作過程。母親帶著還是小女孩的我踏進與音樂人坐在一起的世界：即興創作、享受音樂與歌唱。

我對她唱卡莉‧賽門（Carly Simon）歌集的記憶特別清楚，她會一直彈奏裡面的歌曲。如果請她彈一首歌讓我來唱，她也會欣然答應。她從不逼我唱歌或練習，而是鼓勵我。母親很早就知道我具備她在音樂方面的鑑賞力。五歲時，她曾安排我上了一段時間的鋼琴課。但比起視譜，我更喜歡邊聽邊彈「瑪莉有隻小綿羊」。「不要光靠妳的耳朵，別只用耳朵聽！」我的鋼琴老師這樣哀求我。但我實在不知道怎樣才能不用我的耳朵，因為在我匱乏的世界裡，音樂是一份自由

的禮物，是唯一讓我感到無拘無束的天地，所以我抵制如何學會視譜和彈奏鋼琴所需的重複性與紀律。聆聽與模仿對我來說太簡單了，有那麼幾次真希望母親當時可以督促我，讓我坐下來繼續堅持下去。

母親和她的吉他手友人也會唱一九四〇年代的流行歌曲（毫無疑問，我愛的那個年代不僅曲風迷人，音樂的節奏感也很強烈）。她特別喜歡比莉·哈樂黛（Billie Holiday），經常唱她的歌。印象中我母親唱過〈I can't give you anything but love〉。我把這首歌學起來，然後兩人一起唱，我會出於本能的擬聲哼唱，我也喜歡這樣唱歌。這感覺就像我內心的小女孩得到聖靈的澆灌一般。

我從母親和她的音樂友人那邊學到了幾首爵士經典名曲，他們有些人注意到我的音感和天分。大概在十二歲左右，我坐在她和鋼琴手克林特（Clint）的旁邊。克林特像一隻超大的泰迪熊，而且鋼琴彈得很好。他會坐下來跟我一起工作，把我當成真正的音樂家一樣對待。我和他坐下來唱歌的時候，我們就是兩個一起工作的音樂人。他教我古典爵士樂，我記得學到的第一首歌是爵士名伶艾拉·費茲傑羅創作的〈Lullaby of Birdland〉。我永遠欽佩費茲傑羅女士和所有爵士樂傳奇人物，他們為所有流派的音樂家奠定豐富多元的基礎。這首歌對任何年齡來說都不太好唱，對十二歲的我而言更是超越了進階程度。旋律錯綜複雜，有大量的聲音轉換與變化，這首歌是為了史上最靈活多變的爵士歌手創作而來的。學習歌唱技巧與聆聽現場爵士樂有助於培養我的音感、塑造我的創造靈感。我正在學習去感受何時應該轉調、何時該用擬聲唱法。認識爵士經典名曲和爵士這門學問之後，我開始欣賞一首歌裡面複雜的轉調，並了解如何運用轉調技巧傳遞情感。（史提夫·汪達在這方面是不折不扣的大師。）

對我來說，每首歌都跟情感有關。我母親也許不會帶我上教堂，

但與爵士音樂人一起即興玩音樂近似於靈性體驗。室內有一股創作能量在流動，你得學著坐下來聽聽其他音樂人在做什麼，然後你會從吉他的重複樂句（riff）或鋼琴手的彈奏中得到靈感啟發。等到你進入狀態後，會是一個驚人的狂熱境界。對我來說，那是逃避現實的絕佳管道，也是我迫切需要和一直找尋的方法。

在我十一、十二歲的時候，母親帶我去一家在長島的私廚俱樂部加入她與其他音樂人的聚會。一樓是供應正餐的餐廳，樓上有爵士現場演奏。升上六年級後，我一天到晚都待在那裡，跟資深音樂人坐在一起。我不確定我母親只是希望晚上能夠出去玩跟唱歌，不要跟孩子困在簡陋小屋（我是指「別墅」），還是她有意栽培我成為藝人？又或者她想讓朋友們看看她的小小得意門生？但我清楚記得她在我唱歌的時候鼓勵我。我覺得晚上跟俱樂部的爵士樂手在一起比白天跟同學相處更受歡迎（也更自在），那些不斷問「妳誰啊？」的小孩用長相來評斷我，他們根本不知道我的生活到底是什麼樣子。我一直都知道長島郊區不是我的世界。我像一條離開水的魚，雖然我活過來了，但我知道那裡沒有人真的關心我，我也確實知道我不會留下來。

我母親並不只是一個普通支持我的母親，她是經過茱莉亞音樂學院專業訓練的音樂人。音樂是真正連結我們之間的事物，她沒有強迫我，也沒有變成盛氣凌人的舞台媽媽或媽媽經紀人，她灌輸我要相信自己的力量。每次我在思考「如果我成功的話」會做什麼的時候，她總會打斷我說：「不要講什麼『如果我成功的話』，要講『當我成功的時候』，相信妳能辦得到，妳就會辦到。」

我相信自己可以成為成功的藝人，這個信念就是我的優勢之一。差不多在同個時期，母親讓我參加全市才藝競賽，我唱了一首我最喜歡的歌：艾琳‧卡拉（Irene Cara）的〈Out Here On My Own〉。

　　我覺得〈Out Here On My Own〉這首歌描繪了我整個人生，我喜歡這樣唱歌，用歌聲唱出我靈魂的一部分。後來我贏了比賽。在那個年紀，我以電影《名揚四海》（*Fame*）為生活目標，艾琳·卡拉是我的一切。她的多元文化外表（波多黎各與古巴的後裔）、她的髮質蓬鬆捲曲，以及最重要的，她的抱負與成就都讓我產生共鳴。她憑藉〈Flashdance . . . What a Feeling〉拿下奧斯卡最佳原創歌曲獎（她與人合寫的），使她成為第一位在表演類別以外獲獎的黑人女性（她也因為這首歌贏得葛萊美獎、金球獎以及全美音樂獎）。但〈Out Here On My Own〉是如此純粹的一首歌，觸動了我的心。我不敢相信我因為唱了一首自己喜歡的歌而獲獎，這是我第一次以歌手身分得到認可。多棒的感覺啊！

　　母親帶我接觸的不只有音樂，還有她那群待我如家人般的朋友們，他們彌補了我們的寒酸住處和我經常衣衫不整的窘境。

　　我母親有位朋友叫做桑夏恩（Sunshine），她是個個頭不高、身形較寬的女人，擁有一顆溫暖且慷慨的心。她會把頭髮梳成兩條長長的馬尾辮，就像《魔法花園》（*The Magic Garden*）裡的卡羅爾（Carole）和寶拉（Paula）。（《魔法花園》是一檔我很喜歡的兒童節目，在地方上頗受歡迎，由兩位嬉皮風的年輕女子和一隻粉紅色的松鼠搭檔共同主持，她們在七〇年代和八〇年代早期唱民謠和講故事。）桑夏恩只有幾個較年長的兒子，沒有女兒，所以她很喜歡我，特別關心我那蓬頭垢面和疏於打理的外表。她經常帶自己製作的可愛女孩衣服來給我。在我六歲生日那天，她幫我穿上刺繡花紋的白襯衫，下半身搭配藍色裙子、純白褲襪跟瑪莉珍鞋。她還幫我把頭髮編成辮子（也許身為猶太女子看不下去，自然捲的髮質給她了一些靈感），讓我的生日皇冠可以完美地戴在頭上。她甚至買了一個小羊造

型的生日蛋糕給我！是小羊耶！在我記憶裡，這是我小時候少數幾次感到幸福的時刻，桑夏恩的精心打扮讓我看起來體面可愛。她對我向來都是關懷備至、體貼入微。幾年後我升上國中，她帶了一些衣服給我，但我覺得風格太幼稚，便無禮地回絕這些衣服，用焦躁青少年的殘忍方式對待她。直到今天，我仍後悔自己曾經對如此體貼的照顧人這麼苛薄，她是我這輩子少數幾個關心我的照顧人之一。

我已經盡了最大的努力去接受所有母親在挑男人時的糟糕選擇，甚至試圖給他們留下深刻印象。（為了保護那些混蛋，修改了某些人的名字。）我們經常在家裡聽到母親在遇見父親之前，生命中某個男人的故事。他的名字叫佛朗索瓦，我們知道他是黎巴嫩人，知道他很有錢。儘管母親才華洋溢，但她跟她那個年代的女性一樣，篤信男人才是她最可靠的安全感來源。她跟佛朗索瓦交往和跟我父親交往的間隔時間並不長，甚至偶爾被認為時間上可能重疊，以至於有人懷疑摩根可能不是我父親的孩子。真是誇張透頂。

與父親離婚後，母親重新跟佛朗索瓦聯繫上，她準備與「落跑富豪」來個史詩般燦爛的重逢。母親講得讓我跟摩根都興奮不已，幻想有個多金的異國男人會將我們從破爛屋子解救出來，從此過上好日子——只要我們給他留下好印象。我想我做得到。也許我可以跟母親在鋼琴前唱歌？到了他們倆重要的約會之夜，趁母親跟佛朗索瓦外出的時候，我穿上了我能想到的最好衣服打算去迎接他。我內心忐忑不安，因為母親很想獲救，我也想去一個有安全感的地方。成敗事關重大。

當母親和佛朗索瓦回來的時候，我正一個人待在家（我小時候經常獨自看家）。我決定盡自己的一份力，讓母親的這段感情進展順利，於是我跑到門口。佛朗索瓦走在母親前面。他是個身材高大、氣勢威

嚴的老男人，穿著深色西裝，五官輪廓鮮明深邃。「您好！」我先開朗地打招呼，也許為了更引起注目，還行一個屈膝禮。「閉嘴！」他咆哮道：「我兒子在哪？」

他脫口而出的話徹底擊垮我的每一分熱情。太可怕了。我當時只是個孩子，這個陌生人闖進我家，把我趕走，還對我大吼大叫。我哭著跑去母親房間。她試著讓我冷靜下來，但我傷心欲絕。我不確定佛朗索瓦有沒有見過摩根（他全身上下都有父親的黑人特徵）。但不用說，那天沒有多金、英勇的男子解救我們。沒有任何人「拯救」我們。

我不喜歡或不信任大多數與母親交往的男人。她交往過一個年紀較大的黑人男友勒羅伊（Leroy）。在摩根發生諸多暴力事件的某次，他試圖「保護」我們不受摩根的傷害，說：「讓我拿出我的槍。」然後把槍掏了出來。想想看，妳母親的男朋友拿著槍，揚言要用它對付她十幾歲的兒子，也就是妳的哥哥，那會是什麼樣的情況？但可悲的是，這樣的做法確實讓我感到更安全，因為那時摩根已經成為一個讓我害怕的存在了。

然而我母親交往的男人也不全是混蛋。沒有永遠的壞事，也沒有永遠的壞人。我母親的生命中出現過一個名叫亨利（Henry）的好男人，我特別喜歡他。他比我母親小十歲左右，是位園藝師。他開著一輛老舊的紅色皮卡車，上面裝備齊全，可以看到他的許多園藝工具、樹枝剪、覆蓋物及其他用具從車後露出來。他很內行，受過相當專業的訓練，而且栽種的植物非常奇特，長得比我還高（主要是一些當時不合法的植物種類）。此外，他還留了一顆令人印象深刻的阿福羅頭，彷彿在他頭上飄來飄去。我和母親跟亨利住過幾個不同的地方，但有一陣子我們住在某個豪華莊園裡的小房屋，他擔任那裡的園丁。這個地方讓我有殖民地種植園的感覺，而我們就住在現代版的傭人宿舍

裡。儘管如此，亨利的房子還是比我們住過的大多數房子還要好，也給了我短暫的安定感。

我們住在那裡時，我正讀小學三年級。亨利在一棵高大的老樹上做了鞦韆給我，老樹的附近有一座我看起來像垃圾堆成的小山。某天，他帶回來兩隻流浪幼貓，一隻給我，一隻給他。我比較喜歡他的那隻橘貓，牠具有特別的靈性。最後那隻變成我的貓，牠長得很大隻，摸起來軟綿綿的，名字是莫里斯（Morris），像偶像一樣。我把牠放在我膝上，跟我一起坐著盪鞦韆。我們真的彼此相愛。每次在學校過得不好，我就會向牠傾訴，而那種糟糕的情況經常發生。我根本無法融入同儕，他們都是白人小孩，大部分都住在附近的豪宅，他們總是在我面前一直提起我是雇工女友的小孩。我把內心的煩惱都告訴莫里斯。即便我結交任何朋友，我都不想讓他們看到我住在垃圾場旁邊。某次，我和母親大吵一架，心情非常低落，於是從家裡奔出去，抓起我的貓往我的基地前進。抱著坐在我腿上的莫里斯，我們在垃圾堆小山盪來盪去，腐爛食物的味道飄過我的臉龐，我向自己保證，無論如何絕對不要忘記童年的感覺。多年後，我在〈Vision of Love〉的 MV 中重現了那時候的場景。（沒有垃圾，我是想要表現出一往情深的感覺，而不是淒涼。）

我真的很喜歡亨利，他跟我一樣都是牡羊座。我們會跳舞，他會把我抱起來，帶著我旋轉。他讓我知道一個無憂無慮的小女孩會過著什麼樣的生活。亨利人很好，我第二年參加表演藝術夏令營的費用是他出的。我還記得他的母親，她曾在雅詩蘭黛工作，也是一位傑出的廚師。某天，她準備了整桌美味的靈魂料理，最後一道是德國巧克力蛋糕，我以前從未吃過。那是一桌充滿美味、溫熱、綿密、家裡自製的幸福。但所有的愛也伴隨著黑暗。亨利是越戰退役的黑人軍人，兩

種身分都嚴重破壞了他的生活。我懷疑他患有創傷後壓力症候群（PTSD），甚至在小時候就知道他偶爾會吸食迷幻藥。我認為他的戰爭經歷和種族歧視的連帶影響是造成他和母親分手的根本原因。

在三年級接近期末的時候，有天我回到家，母親正在生氣。她說：「我們不能再待在這裡了，現在就必須離開。」

她已經把我們的行李都打包好放進她的車裡。亨利坐在廚房中間的椅子上。燈關著，但我能看到他明顯的爆炸頭輪廓，一手拿著雙管長獵槍。他目光緊盯油氈地板，異常平靜地說：「妳不能離開我。我不會讓妳們走的。」他沒有抬起頭或提高聲量，好像處於恍神狀態。

「我不會讓妳們走的，」他接著說：「我要把妳們剁碎，放進冰箱，讓妳們留在這裡。」聽他說完這些，我趕緊鑽進車裡。母親發動引擎。

「莫里斯！」我大叫：「我必須找到莫里斯，牠還在裡面！」我慌慌張張跳下車，非得找到我的貓不可，那隻貓對我來說太重要了，牠無條件地愛我。

母親說：「小心點。」因為她讓我再度回到武裝男子佔領的房屋，那人剛剛才威脅要剁掉我們。（亨利從未傷害過我，所以母親相信即使是目前這種情況，他也不會。）我不得不走過有亨利和獵槍在的廚房，到其他房間找莫里斯。終於找到牠時，我將牠一把抱在懷裡，跑出屋內，跳上汽車。等到我們疾馳離去，我的心還蹦蹦跳個不停。「哈利路亞感謝主，我找到莫里斯了！」我慶幸地說。

我從不知道她和亨利之間發生什麼事，自那天起我就再也沒有見過他。我聽說，許多年後他在路上開著原本那輛老舊的紅色皮卡車，舊收音機裡傳出瑪麗亞‧凱莉的〈Vision of Love〉。有人告訴我，他當時搖下車窗，對著新鮮空氣大喊：「她成功了！她成功了！」我

真心期盼亨利也能成功。

我母親偶爾也會讓我們有獨處的時刻。她會存點錢，這樣我們就可以一起做些什麼，比方說去紐約市區吃飯。這些短程旅途讓我培養出「追求更好事物」的品味。我清楚記得，有天晚上我們搭車從城裡回來，我望著後車窗外的紐約市天際線，然後對自己說，這是我長大要住的地方，我想擁有這樣的景色。

我一直都知道我們住在一個爛地方，周圍都是別人的郊區豪宅。我作夢也沒想到自己會結婚，婚後住進維多利亞風格的白色大宅，或是擁有一間跟我的同志叔叔家一樣舒適的小窩。但我的確想像了一些美好的事情。我記得看過電影《親愛的媽咪》（*Mommie Dearest*），看到瓊‧克勞馥（Joan Crawford）的故居莊園時，我心想：這就是我想要的。

我甚至相信我能夠超越它的輝煌。即使在那時候，我仍想像自己住在豪宅或更好的房子裡，因為我**知道**我會實現自己的夢想。我看著紐約的天際線，彷彿巨大的銀色水晶裡鑲著五顏六色的珠寶，想像自己將住在一個能看到這番景色的地方。我真的辦到了。我看得一清二楚。從我位於曼哈頓市中心的頂樓公寓屋頂，我看到了整座城市。經過一番艱苦奮鬥，我從在垃圾推盪鞦韆變成在空中豪宅唱歌。

沒錯，我母親讓我接觸美麗的事物與文化，鼓勵我、給予我一生的課題，這些都有助於我的音樂造詣與優勢。但她帶來持續的混亂，造成我內心的創傷和深切的悲哀。我用盡一輩子時間找尋勇氣，去面對母親赤裸裸的雙重性格——美與惡集於一身的人——並發現我們每個人都有的美好，但要花多久才能領悟到這些，都取決於**誰**愛你跟他們**如何**愛你。

現在回頭看，我發現自己小時候經常被疏於照顧。一來是我母親

任由某些人待在我身邊，尤其是動不動暴力相向的哥哥、問題重重的姊姊以及他們那些狐群狗黨；二來是我經常看起來衣衫不整，但我相信這可能是我母親落拓不羈、不拘小節的結果（以放浪形骸的文化人為名義），並非出於惡意。然而，大約在十四歲的時候，我注意到我們的母女關係出現變化。有天晚上，我們坐在「道奇刀疤車」（她這樣稱呼她的車）裡，收音機傳來洛克威爾（Rockwell）的〈Somebody's Watching Me〉。這是當時摩城唱片（Motown Records）發行的熱門歌，在國際引起巨大迴響，我也喜歡這首歌，主要是因為麥可‧傑克森跨刀獻唱了該首最精華的鉤子（hook）[7]部分。我們一邊開車，一邊跟著曲子律動，這時候我母親突然唱到麥可的招牌副歌段落。「I always feel like / Somebody's watching me.」

她用歌劇的花式唱腔來詮釋這個段落，我忍不住把臉轉向窗戶偷笑。我的意思是，這是首非常八〇年代 R&B 風格的歌，加上麥可‧傑克森曾以完美流暢的招牌風格演唱鉤子，所以聽到像貝佛莉‧席爾絲（Beverly Sills，出生於紐約布魯克林的知名女高音，活躍於一九五〇年代到一九七〇年代）那樣唱這首歌，在我這個十幾歲的人耳裡聽來相當滑稽。

可是母親大人並不覺得有趣。她迅速將音量鍵調小聲，瞇起褐綠色的眼睛瞪著我，神情變得冷酷。

「有什麼好笑的？」她厲聲說道。那嚴肅的態度立即吞沒當下的愚蠢。我結結巴巴地回應，「呃……，我不是那個意思。」她一直盯著我看，愉快的氣氛全部消失。她幾乎是咆哮地說出：「妳只能期望有一天能成為有我一半功力的歌手。」我的心一沉。

---

7 譯註：嘻哈音樂術語，類似副歌，指一首歌裡面最精華、有記憶點的段落。

時至今日，她說的話仍縈繞在我心頭，令我痛苦。我不知道她是故意貶低我，或者只是她受傷的自尊心在說話；我只知道，從她嘴裡吐出來的那些話刺穿我的胸膛，埋在我的心底。

到了一九九九年，我的歌聲與作品獲得史上最偉大的兩位歌劇天才的認可與重視，但那番話還放在我心上。那年我應邀參加盧奇亞諾・帕華洛帝（Luciano Pavarotti）在他故鄉義大利摩地納舉辦的《帕華洛帝與流行群星演唱會》（Pavarotti & Friends），這是一年一度為戰亂國家兒童募款的著名慈善演唱會，由世紀男高音、大音樂家所主持。（而且該演唱會的紀錄由史派克・李〔Spike Lee〕執導，你明白這個意思嗎？）摩地納是一座古城，以生產像法拉利或藍寶堅尼之類的豪華跑車和巴薩米克醋聞名；我敢肯定，這位音樂大師想要的任何奢侈品都是進口的。我帶著母親和可愛的小外甥麥克（Mike）一起參加。我感到自豪也很開心能夠帶她來一趟充滿魅力的旅行，介紹她給她的偶像認識。我母親穿上一件淡粉色的平口緞面窄版禮服，看著我和史上最偉大且舉世聞名的歌劇演唱家共同站上盛大的戶外舞台，在五萬人面前演出。我們不僅一起唱歌，他還唱了我的歌：帕華洛帝和我一起唱義大利版的〈Hero〉，讓全世界看見。讓我母親看見。

接著，二〇〇五年五月，我見到了傑出女高音萊恩泰妮・普萊絲（Leontyne Price，第一位成為紐約大都會歌劇院首席女高音的黑人女性，亦是屢獲殊榮的聲樂家），當時她在歐普拉・溫芙蕾（Oprah Winfrey）享負盛名的傳奇舞會（Legends Ball）接受表揚，該舞會已表揚了二十五位在藝術、娛樂和人權領域的非裔美國女性。這項具歷史意義的活動從歐普拉週五在蒙特斯托（Montecito）自宅舉行的私人午宴開始，「傳奇前輩們」在那裡受到「晚輩們」迎接，有艾莉西亞・凱斯（Alicia Keys）、安琪拉・貝瑟（Angela Bassett）、荷莉・

貝瑞（Halle Berry）、瑪麗·珍·布萊姬（Mary J. Blige）、娜歐蜜·坎貝爾（Naomi Campbell）、蜜西·艾莉特（Missy Elliott）、泰拉·班克斯（Tyra Banks）、伊曼（Iman）、珍娜·傑克森（Janet Jackson）、費莉西亞·拉夏德（Phylicia Rashad）、黛比·艾倫（Debbie Allen），還有我本人以及其他很多人。

在這個特別的週末，我們這些晚輩向傳奇前輩們的偉大貢獻致敬。我母親常跟我吹噓：「是啊，普萊絲跟我是同一個聲樂教練。」而現在我和她在一起（居然還是在歐普拉的家）！普萊絲女士記得我母親，也肯定了我的天賦。

那年聖誕節後的第二天，我收到一封她寄來的信，在無比精緻、厚實、蛋殼色的信紙上面寫道：

「在表演藝術這個艱難嚴格的產業中，妳有如皇冠上的寶石。要達到妳成功的程度，成為多元化藝人是衡量妳藝術才華的絕佳指標。」內容接著說，

非常高興能與妳共度傳奇週末（Legends Weekend），並親自告訴妳我多麼欣賞妳和妳的藝術才華。妳的創造力和表演相當出色，用了一種鮮少見到或聽到的深厚情感來詮釋妳的作品。看到妳將面臨的所有阻礙都化作成功的墊腳石真是令人欣喜。妳對於藝術與事業的貢獻值得稱道，這些會為妳帶來觀眾的起立鼓掌與響亮的喝采聲，好極了！太棒了！精彩！

我高興到不行！

我想對我母親而言，也許我還不及她一半的唱功，但我完全擁有

我自己的歌喉和藝術才能。

　　這是我第一次了解到母親的話語會如何影響孩子。只要她一笑帶過，事情就會有截然不同的結局。不管之前將我們聯繫起來的是什麼，脆弱的母女關係都在那一刻被打破了。如今關係明顯發生轉變：她讓我覺得自己像是競爭對手，像是個威脅。我們從前的羈絆被另一種的束縛所取代，一條透過同樣生物血緣和社會義務將我們綁住的繩索。母親那天說的話沒有粉碎我想成功的夢想，因為那時候我的信念已經相當堅定。

　　讓你愛的人在專業上嫉妒你是個成功的關鍵，但是當這個人是你的母親，而且在你年紀這麼小時就流露嫉妒之心，那會令人特別痛苦。當時我正經歷一些沉重的事情，而她用這種方式向我暴露她的不安感只會對兩人造成傷害。我已經惶恐不安這麼多年了。雖然只是隱約而短暫的時刻，卻是我第一次感到打擊如此深，長久以來我身邊的人都會試圖貶低我、挫我銳氣、輕視我或利用我，但她的話語特別具破壞力，因為她是最重要的人。因為她是我的母親。

10 蒲公英茶

A flower taught me how to pray
But as I grew, that flower changed
She started flailing in the wind
Like golden petals scattering

—— "Petals"

　　她說自己是蒲公英。一種朝氣蓬勃的亮黃色野花，上面有小小齒狀的花瓣，為人們帶來春天將至的信號。花期結束後，花瓣會乾枯，頭部變成一團夾帶種子的絨毛球。傳說如果你閉上眼睛許個願，將蒲公英的絨毛吹向空中，願望就會散落到世界各地並實現。英國人有時稱它們為愛爾蘭雛菊。人們普遍認為蒲公英的根和葉製成的茶具有治療疾病的功效；但這些野花也可能構成威脅，它們會危害珍貴的花朵和正在養護的草皮，所以這些雜草應該連根拔起並丟棄。

　　在我還是小女孩的時候，我姊姊似乎過著風一般的生活，總是在遙遠的地方。童年時期對她的記憶有如閃電和雷鳴般存在我的腦海裡，跟她相處很刺激卻又難以捉摸，她的猛烈狂風總是伴隨著逃不掉的毀滅。

　　我父母與他們兩個女兒的關係並不緊密。跟姊姊不同的是，在成長過程中，我從來沒有以完整跨種族家庭一份子的身分度過任何重要時光。我的大部分經歷都是和父母其中一人相處：不是跟著母親，就

是跟著父親。我沒有他們婚姻幸福美滿的印象。他們居然會結婚也讓我感到奇怪，因為種族不同之外，他們的個性也迥異。但在我出生以前，凱莉一家的成員有黑人父親、白人母親、一對混血兒女。他們四個人走在街上，大家一眼就能看出來。遺憾的是社會不願接納或包容他們，讓違抗傳統的凱莉四重奏遭受極度無知與憤怒的傷害。最高法院在洛文夫婦訴維吉尼亞州案（Loving v. Virginia）的判決推翻了美國禁止跨種族婚姻的法律，但這項判決直到我父母結婚三年後才成立。由於社區與國家的不友善，我父母規定摩根和艾莉森必須稱他們為「母親」和「父親」，我想，他們希望這樣的禮節能讓他們的社會地位提升到得到尊重的程度。我父母似乎認為，如果鄰居或其他旁人聽到他們的孩子說：「母親早」或「父親好」，就不會對他們反感。

摩根和艾莉森都是漂亮可愛的孩子，他們小時候感情很好。艾莉森的膚色像英式奶油糖布丁，留著一頭濃密的深色捲髮，眼睛也很好看。她非常聰明而且充滿好奇心，喜歡學習新事物。我聽說她的成績優異，考進了好學校，也喜歡音樂。但她親身經歷了外界對於她和她非傳統的黑白種族家族的不友善和仇恨，親眼見到鄰居把摻入碎玻璃的生肉扔給他們養的狗、見到他們的汽車被炸毀。她也目睹家庭的內部問題，那些永遠不該讓小孩知道、我永遠不會知道的事情。我只知道，她所經歷的事情對她青少女時期的發展造成傷害與阻礙。

當我們的家庭瓦解、父母反目成仇的時候，她完全清楚發生什麼事情，自己默默承受家庭破碎的全部痛苦。她也看到另一個女兒出生、加入這個家庭，打破原有的對稱性，並改變她原本是家中唯一么女的地位。我就是那個新來的小女兒。後來我們的父母明白已經不能一起生活，情感上不再折磨彼此，為了各自生存下去而選擇分開。我們三個孩子一生將受到痛苦、怨恨和猜忌的折磨。

　　艾莉森跟摩根都覺得我過得比他們好。父親對他們十分嚴厲，對我卻沒有那麼要求，因為我們還住在一起的時候，我頂多三、四歲。在父母無數次的爭吵之中，我依稀記得母親對著父親大喊：「這個小孩是我的！你不能打這個小孩。」我是她的小女兒。母親經常說，她在我兄姊的成長期間「無力」去反抗父親的攻擊行為。

　　關於我們大家一起吃晚餐的印象，我只有一個。那頓飯像是某種「修護感情的家庭聚餐」。我父母想再試一次，看看我們能不能同心協力成為一家人。我們圍坐在桌子旁，然後我開始唱歌。

　　父親開口：「大人說話，小孩別插嘴。」

　　我內心的表演細胞將這句話當成一種暗示，於是我起身離開餐桌，走到幾英尺外的客廳區域（這裡一目了然，也聽得夠清楚），站到茶几上，繼續扯著喉嚨大聲唱歌。艾莉森跟摩根頭低下來，閃避父親的憤怒，他們確定父親一定會氣到波及旁人。但母親看了他一眼，他什麼話也沒說。我的兄姊驚訝得目瞪口呆，因為我沒有挨揍、沒有挨罵、沒有被處罰，甚至沒有阻止我繼續唱歌。他們從來沒有、也不敢違抗我們的父親。難怪他們會討厭我。

　　不用多說，那頓晚餐也挽救不了我們的關係。離婚是必然的結局。父母做出最後決定，在一切走向毀滅之前選擇分手。我記得我被帶到鄰居家，他們拿了爆米花給我，我的家人則在隔壁商討離婚分家事宜。因為父親和哥哥過去有幾次鬧到警局的家暴衝突，法院下令他們不能同住。摩根一度被送到薩加莫爾兒童精神治療中心（Sagamore Children's Psychiatric Center），專門為嚴重情緒障礙的孩童和處於危機的家庭提供協助的機構。摩根的病情很嚴重。我聽說精神科醫師的診斷指出，造成摩根行為偏差的一個重要原因是艾莉森，因為她有教唆和操控摩根瀕臨崩潰的本事。艾莉森非常聰明。就這樣，摩根必

須跟著母親住，母親也已經向我父親表明他拿不到我的監護權。這樣的結果讓艾莉森被拆散了。

我曾聽艾莉森說過，她覺得母親拋棄了她，因為母親愛摩根和我勝過她。我也聽母親說過，艾莉森之所以選擇跟父親住，是因為她捨不得留下父親獨自一人。她們兩人的說法可能都有點道理，但當時我還太小無法真的明白。

我真的不曉得跟著父親住的姊姊過著什麼樣的生活，只有他們兩人，既心碎又憤怒。那肯定是極度令人窒息的生活。在同一屋簷下，被拋棄的感覺和對母親的怨恨讓他們爭執不休。他們沒有真正的空間去解決，也沒有癒合的機會，秩序與服從就是我父親試圖從社會的混亂和他支離破碎的家庭結構找出意義的方式。

現在由他獨自照料的孩子是一個痛苦、受傷的青少女，但他完全不知道怎麼解決她的情緒失常和心理創傷。最後父親和艾莉森確實建立了一種連結，他們聯合起來鄙視母親。我想，他們也因為必然可見的黑人特質而站在同一陣線。

可想而知，艾莉森後來開始跟男孩子發生關係，試圖填補內心被拒絕的巨大缺口。十五歲時，她遇見一位英俊、年僅十九歲的黑人軍人，而且懷孕了。母親希望她去墮胎，父親則告訴她，想生下來的話就要結婚。那位年輕人派駐在菲律賓，得到了父親的允許，艾莉森便跟著男方到菲律賓並在那裡結婚。我記得她離開前，我和她坐在父親家裡她房間的床上。我對她房間的印象是，牆上有一層書架和一層華麗洋娃娃（那種穿著大大的蕾絲蓬蓬裙、宴會禮服的人形玩偶）。我抬頭看著那些我搆不到的洋娃娃，它們是用來展示不是拿來玩的。我盯著洋娃娃，她則指著自己肚子說：「這裡面有個寶寶喔。」寶寶在哪裡？在她的胃裡面？我還太小，根本不明白她的意思。那時候我不

太了解艾莉森。

我永遠忘不了她在母親家裡舉辦迎接新生兒兼準新娘的古怪派對。她們在蛋糕上放了一隻小女孩娃娃，不是成年女子的造型，而是跟姊姊一樣有深棕色頭髮的小娃娃。整件事都令我困惑不已。我還是個小女孩，心裡納悶：這到底是迎接新生兒的派對？還是女孩告別單身的派對？我分不清楚這是歡樂還是傷感的場合，只知道母親氣得踱來踱去。十幾歲的姊姊肚子隆起來，她一直指著肚子對我說：「這裡有寶寶。妳看，寶寶在裡面。」還有一顆上面放隻小娃娃的詭異蛋糕。一個小女孩怎麼有辦法理解這些？

所以後來很長一段時間，我總是在想：「好吧，我想十五歲就是人們要生小孩跟結婚的年紀了。」

這件事扭曲了我的現實，但同時也讓我更專注於自己。我向自己保證，我絕對不會那樣。我的自我價值感，或者更確切地說，我的自我保護意識在那場盛大的送行／婚前／新生兒派對上產生了。我發誓自己永遠不會濫交，誓言要過不同人生的承諾讓我變得非常謹慎。在那時候我就知道（突然發現自己還沒八歲就當阿姨），我不會步上艾莉森走過的路。當最後一塊新生兒與準新娘蛋糕吃完，姊姊也離開了好幾年。

我永遠不會知道她在菲律賓發生了什麼。但我知道她離開我父親房子的時候，她所剩不多的脆弱童年被留在原地。

在菲律賓待了幾年後，艾莉森回到長島。當時我大概十二歲，她二十歲。無論她在那裡、在長島或在某處的密室裡經歷過什麼，那些事情都已對她造成傷害。原本我姊姊是聰明過人、留著黑色長髮的漂亮女孩，現在已經完全變成另一個模樣。她肯定發生過什麼事或經歷很多事，導致她開始用身體換取金錢和毒品，並持續好幾年。那時候

有太多我不知道的事，但也有太多我不該知道的事，尤其是不該在那麼小就知道的事。我們相差的年歲可能有幾世紀那麼久遠。

艾莉森回來後，四處飄泊，遊蕩在不同男人之間，隨意與她收集來的男人交往然後甩掉，偶爾會到母親家裡和我們一起過夜。她交往過一個比她年長的男人，我猜那男的大概六十歲。他的頭髮稀疏，滿頭灰白。對母親很有禮貌，有時候會幫我們把冰箱食物補滿，所以我猜她信任他？在小屋的某個晚上，艾莉森跟母親又吵得不可開交，然後不知怎麼回事，艾莉森突然把我帶到這位老先生的家裡。我幾乎想不起來他的房子長怎樣或那晚的情況，因為我們抵達時，艾莉森讓我坐在淺棕色的沙發上，遞給我一粒中間有一字刻痕的冰藍色小藥丸和一杯水。

「來，吞下去。」她說。

我照做了。幾分鐘內（我想），我就陷入巨大而可怕的黑暗之中，進入沉睡狀態，無法清醒過來。我不知道我昏迷了多久，感覺自己被吞進沙發裡面（所以才會記得沙發是什麼顏色）。令人痛苦的經歷。

十二歲時，我大概三十六公斤，渾身濕透，姊姊給我整整一顆的煩寧（Valium）。我不知道姊姊為什麼對我下藥。我也不知道母親為什麼會任由我跟著她還有這個男人走。也許她們都希望我那天晚上別打擾她們，可是我的性命在她手裡岌岌可危。那年可能是她第一次嚴重傷害到我，但肯定不是最後一次。

雖然艾莉森到二十幾歲已經歷了結婚、生子、離婚、飛到幾千里遠、做過一些可怕的事情，她的個性依然鬼靈精怪又率直。我們之間

最糟糕的事情還沒發生，所以我真心因為她偶爾流浪到母親家而感到開心。在她心情好的時候，她是我們經常黯淡無光的陋室裡一股明亮的活力來源。她看起來很成熟，有種空靈的魅力。她對我產生新的興趣，因為我現在進入青春期階段，不再是小女孩了。她注意到我明顯疏於照顧的外表，會突然衝過來糾正我慘不忍睹的打扮，這些事對一個十二歲的孩子來說意義非凡。在我不小心把頭髮染成各種難看的橘色之後，她帶我去買瓶調色劑，把頭髮弄回同種顏色。帶我去一個地方，讓我眉毛變漂亮。帶我去買我的第一件胸罩。我和她試著認真過正常的生活，我們試著當姊妹——至少我是這麼想的。

雖然我還小，但我知道姊姊在做一些不好的事情。我指的是，她有台呼叫器（俗稱 BB Call），但那時候只有毒販、饒舌歌手和醫生才會有。她修了一手漂亮的指甲，塗上亮粉色的指甲油，有時會貼上水鑽。某次她載我到母親家門前時，用鋒利的粉紅色指尖沾了一點白色水晶粉，拿在我面前說：「試試看嘛！就試一點點，管他的。」

我知道那是古柯鹼，快把我嚇死了。感謝主，我沒有去聞。我隨口敷衍了一下，故作鎮定回說：「不用，謝了！拜拜，下次見。」真不敢想像，如果我掉入她的陷阱走進屋內會發生什麼事。如果我在見到母親之前吸了一口古柯鹼會怎樣，或者我的整個人生會有什麼改變。

一切都只是陷阱。艾莉森開始帶我去見她的朋友，我也開始期待我們的祕密出遊；儘管最初感覺新鮮且興奮，但那是我人生中最可怕的一段時間。即使這都是很久以前發生的事情，我還是會做惡夢。艾莉森沒有辦法選擇自己的人生怎麼開始，我也知道她經歷過創傷。但她似乎已經完全不想走向光明了。

有一天她說，是時候讓我見見她的超棒男友約翰（John），還有

她身邊的其他女孩子，她一直在告訴我關於他們的事。約翰個子高大，擁有一對綠色眼睛，留著蓬鬆濃密的黑人頭，很有魅力；克麗斯汀（Christine），一個十七歲離家出走的白人女孩；一位叫丹妮絲（Denise）的熟女（「熟」是指她可能二十八歲），還有我姊姊，當時大概二十出頭，她們都跟約翰住在同棟房子裡。我抬頭望著克麗斯汀，她有一種老於世故的氣質，但看起來又像個小女孩。蒼白的肌膚布滿褐色雀斑，淺亞麻色的髮絲輕柔垂落至肩，跟她身體的其他部位一樣纖瘦而單薄。她原本可以出現在青春校園電影裡，但她卻出現在那裡，在那棟房子裡。因為她受傷了。

約翰的房子比我住的地方更漂亮、更明亮、也更乾淨。他們有一張全新的沙發。還有電視，我可以看任何想看的節目。他們有我想吃的所有零食，還有 Juicy Juice 果汁。這些我們家都買不起。有幾回，姊姊來我住的地方，在冰箱裡裝滿我喜歡的東西。這就是我對我們關係感到困惑的部分，有時候感覺和看起來她好像很關心我，但她的動機總是不清不楚。她到底是在當個好姊姊，還是故意吊我胃口，讓我對約翰家裡可以無盡享用的東西產生渴望？那是行愛之名的操縱術。

姊姊叫我別跟任何人講我要去她和約翰住的房子，尤其是我哥。她告訴我，哥哥不喜歡約翰，因為約翰玩雙陸棋贏他。那時多麼年幼無知，我真以為他們仇視彼此是因為下棋的關係，而不是賣淫和毒品交易。所以沒有人知道，沒有人會保護我。不健全的家庭是施暴者的理想獵物，暴露在外的孩子很容易被抓走。當然，現在我很清楚那間好玩的房子就是妓院。我想我姊是有點類似皮條客、物色新人的角色。但那個時候我完全不知道，畢竟我只是一個年僅十二歲的女孩。收買我的心有多麼簡單，就像給孩子糖果一樣，只不過把糖果換成潤絲精、胸罩和 Juicy Juice 果汁。

　　約翰、姊姊和我會一起開車進城。我記得有次我們要去某個地方，收音機正播到他喜歡的歌。他大聲唱出歌詞，姊姊和我被他哽咽的歌聲逗得咯咯笑。他們讓我在汽車後座抽菸，我覺得自己很酷而且無拘無束。

　　我們去 IHOP 買鬆餅吃。他們帶我去探險世界遊樂場（Adventureland），我玩著小精靈遊戲（Pac-Man）。在那些時候，我幾乎覺得自己真的是某人的寶貝妹妹。當時我正經歷這一切有趣好玩的冒險，心想我終於知道擁有一個永遠在生命中的姊姊是什麼感覺了。而且我喜歡這個隨和開朗的傢伙，約翰。這些就是我一直缺少的體驗。我開始感受到類似於穩定的氛圍，好像我有個正常的家庭，而且即將找到歸屬。

　　但很快就發生令人困惑和納悶的事情了。

　　跟姊姊走得越近，就越能清楚看到她殘破的部分。她偷偷弄來一支電話專線給我，只有她會打來。有時候藥物引起的歇斯底里症狀發作，讓她感覺走投無路，她就會在深夜、在發作過程中打給我。我會勸她從窗台下來，然後試著回去睡覺，上午照常早起，繼續完成七年級的課業。學校沒人知道，幾個小時前我一直在安撫有自殺傾向的姊姊。在我走去校車站牌前的凌晨，自殺變成我跟她時常共同面對的威脅。後來這類電話停了一陣子。終於有一天，艾莉森打電話來，說她和約翰要來接我。想到我們三個又能在一起，開車兜風、大笑、抽菸、唱歌、玩樂，我就覺得很興奮。但約翰是一個人來的。

　　我們開著車，但車上沒有廣播，沒有交談。一點也不好玩，我開始感覺有些地方不對勁。

　　最後我問：「我姊在哪裡？我們什麼時候去接她？」

　　約翰眼睛直視著前方，向我保證，「喔，她等下就到了。」我當

時坐在前排副駕駛座，可以清楚看到手槍擱在他腿上。

約翰帶著他的槍和我去了兩個地方：玩牌場所跟露天汽車戲院。成年男子在漆黑的房間裡玩牌，那裡有一種外觀、一種感覺和一種氣味。既潮濕又雜亂，空氣瀰漫著廉價酒水、過期薄荷香菸的煙霧和無以名狀的墮落感。沒有任何漂亮的東西。我看不清楚，呼吸也很困難。

我不知道裡面到底有多少人，我也不知道桌上擺了多少支槍、放了多少錢，或者有多少邪惡的想法在上面兜轉；我只知道裡面全是男人，再加上我。我窩在一個黏膩地板的角落，可以隨時看得到門，然後抱緊自己。當成年男子的笑話、咒罵、飢渴、恐懼和幻想在頭頂飛舞，我一動也不動，眼睛直往下看。我不時瞥見有人色瞇瞇地看我，或者聽到他們談話中對我說了一些下流的話。

我忘記後來是怎麼從那個玩牌場所回到他車子的副駕駛座，只記得黏膩的地板和男人的齷齪話讓我覺得很髒，但我知道姊姊這次不會來幫我梳洗打理了。突然一陣恐慌從我的喉嚨湧出來。我要去哪裡？為什麼我會單獨跟姊姊的男友在一起？他為什麼帶我去見那些噁心的男人？我們為什麼不能直接去 IHOP ？我姊姊在哪裡？她在哪裡？我開始祈禱。

我們的下一站是露天汽車戲院，一到那裡約翰幾乎立刻用手臂摟住我。我的身體僵硬，眼睛緊盯著他的槍。約翰湊過來，用力強吻了我。我感到噁心和害怕，但全身動彈不得。我從眼角餘光看去，一位上了年紀的白人男子把車子停在我們旁邊，正注視著約翰的車子。

那位白人男子的表情夾雜著反感和認同。他清楚看見車上有一個頂著圓圓黑人頭的成年男子約翰，還有一個金色捲髮的小女孩。他看到粉藍色的汽車和約翰的淺棕色肌膚。他注意到細節，即使他沒有察覺出我的苦惱，他也能看出這裡並不是小女孩想來的地方。約翰慢慢

把車開出汽車戲院，默默送我回家。

我牢牢記住那個男人的臉。他的臉依然清晰，鮮明且定格在那段可怕的時刻。我相信他就是回應我祈禱而出現的人。

回到房間幾天後，電話再度響起，但這回我沒有接起來。我繼續假裝自己過著正常的七年級生活，我想重新當回孩子。有時候，我們家附近的所有小孩晚上會玩捉迷藏（鬼抓人）。他們大多與父母住在漂亮的房子裡，不會有個自殺傾向的姊姊來加重他們的負擔，也不會跟皮條客聯手來陷害他們。我渴望融入長島社區的日常生活，度過一個典型的夏日夜晚，跟其他普通孩子一起玩耍打鬧。我只是想透過追逐遊戲來逃脫我的鬧劇。

我們經常在離海灘不遠的一個圓環空地玩耍，在那裡閒晃，有時生火、發出有趣的聲音、唱唱歌。某天晚上，我們一群人捉迷藏玩得正起勁，孩子四處亂竄、跑來跑去，此時我看到一輛汽車從對向車道駛來。我立刻認出那是約翰的車。車子緩慢行進，開得很慢，好像車主在尋找什麼東西或人。情急之下，我本能地躲在房子後面，假裝是躲著「鬼」的人。我不可能告訴我朋友，我在躲避的鬼是一個拿著槍的皮條客。

約翰終於開走了。雖然我又一次驚險逃過他的掌心，但對人的恐懼卻伴隨我很長時間。我回到家後，拔掉牆上的電話，從此不再信任我的姊姊。

我沒有告訴任何人發生什麼事。我不能告訴母親，也沒有真正親密的朋友。我從來沒有真正融入的朋友圈。即使有，我又怎麼跟一個來自普通家庭的孩子說明這些呢？他們是那種六點吃晚餐，九點半睡覺，不刷牙就麻煩大了的孩子。他們永遠無法理解。大姊姊應該保護妳，而不是拉妳下海。所以我沒有告訴任何人或相信任何人。

❀

　　但身為女孩，妳仍然會想要妳的大姊姊，蒲公英剛綻放時還是朵花。

　　在所有造訪的次數和回憶裡，姊姊有次來訪讓我印象最深刻。

　　我們想喝茶。喝茶在母親家裡是一件風尚的事情，但一點也不適合。這裡沒有輕便、水滾時會鳴笛的水壺；我們在狹小、乏味、骯髒、陰暗的廚房裡，用破爛的小燉鍋在舊爐灶上煮水。當然也不會有成套的杯碟組；我們用不搭的飲料杯和馬克杯，就是在長島庭院拍賣活動上標示「免費」的箱子裡會找到的那種。茶的口味以英式早餐茶為主，我們人手一杯，裡面浸泡著茶包。我拿的是厚實褐色釉面陶瓷馬克杯，杯緣有個缺口。我雙手捧著熱氣騰騰、香氣四溢的紅茶時，電話鈴聲響起。

　　「喂，艾爾。」我們聽到母親的回應。是父親打來的。

　　我們都有點震驚。因為父親很少打電話來母親家，如果打來，幾乎是為了時麼事責罵我們。艾莉森和我迅速互看對方一眼，誰又幹了什麼好事？母親突然往我這邊看過來，我看得出他們在討論我。我拼命搖頭表示「不要」，作勢拒絕。艾莉森和我正準備喝茶，說不定還是個難得輕鬆的時刻，我知道和父親講話就必須認真起來，而且誰知道艾莉森可能做了什麼我非聽不可的事情。

　　但母親沒有掩護我們。「對，她在這裡，等一下。」母親說完，拿起電話對著我晃一晃。艾莉森和我試圖醞釀的「正常姊妹時光」完全被毀了。我板起臉，不情願地起身接過電話。然後我搖了一下聽筒，把電話線伸向艾莉森，示意她接過去。

　　「不不不，妳接啦。」她回。我們無聊地一來一往推託許久，玩

起誰來負責跟父親講話的遊戲。很好玩。

　　最後我把聽筒放在耳邊。「嗨，父親，我很好。」我說，忍住想笑出聲的衝動。當我在聊些機械式應答的話，姊姊開始狂比手勢、搖頭、以手劃過喉嚨，示意我別洩露她人在哪裡。我一邊盡量跟父親繼續聊，一邊對她做鬼臉，努力不讓自己放聲大笑。姊姊反應可能太誇張，那一刻我覺得她特別搞笑。我以為我們在鬧著玩。最後我想該輪到她跟父親認真講話了，但我想逗逗她，於是我說，「你猜怎麼樣，艾莉森在這裡！想跟她聊聊嗎？」我笑著示意她接起電話。

　　但她沒有看我。她低頭看著手裡那杯還在冒煙的熱茶，當她抬起頭時，一收先前的嬉鬧，目露凶光。還沒意識到發生什麼事，她就大喊「不要！」，然後滾燙的熱茶瞬間潑到我身上。

　　我記得的下一件事就是衣服被拉到腰際，醫生正拿大鑷子把埋進我肩膀肉裡、白色與青綠色斜紋上衣的殘餘部分夾出來。醫生不得不動用器具劃開衣物，因為有些布料纖維已經跟我的皮膚融在一起。（我真的很愛那件上衣，那是我僅有的幾件可愛衣服，但現在化為烏有黏在我背上。）

　　我的背被燙成三度灼傷。我認不出那是我的背，因為被我姊手中的滾燙熱茶燙成深淺不一的栗子色。可怕的生理感覺太過強烈，所以我昏了過去。後來，我的背部麻痺，但每次觸摸都讓我極度疼痛。過了許多年，我才能接受輕輕地拍背，因為大部分皮膚都需要重新再生和自我修復。

　　不過，最深的傷害來自情感創傷。感情不像肌膚，沒有新的細胞取代損壞的細胞。那些傷疤沒人看到，沒有受重視，也沒能癒合。真正對我造成無法挽回的傷害的並不是熱茶，而是我姊姊。是她的故意縱火，燒掉我的背和我的信任。我曾經抱持著擁有一個姊姊的微弱希

望，如今都變成焦土。

我知道姊姊傷得很重，她是我認識的人當中最優秀也是最傷心的人。我可能永遠不明白到底是什麼傷得她這麼重，讓她回頭來傷害那麼多人，但對我而言，她是她自己最大的受害者。在我看來，她選擇永遠定居在「受害者園地」。她人生的希望都揮霍在一連串可悲的廉價交易，而不是透過辛苦、終生的療癒與重建來獲得救贖。

艾莉森的火已經不只一次燒到我，次數多到我都數不清。我一次次試圖當她的救火部隊，資助她的醫療所需，支付她在優質戒毒中心的住宿費用。但即使資源再充裕，也無力拯救一個沒有意識到自己正引火自焚的人。姊姊留給我的傷疤不僅是一種提醒，更是一種教訓。這些傷疤讓我明白，也許我們根本是兩個完全不同的世界，永遠不會有交集，她的世界由火構成，我的世界是由光構成。

我一直希望並祈求艾莉森好起來，這樣我們的關係也會好起來。我理解她在感情上受到嚴重傷害，不得不把她長期以來的疼痛發洩到別人身上。她選擇發洩在我身上。這些年來，哥哥和姊姊都把我放上砧板，兜售謊言給那些願意收買或聽信的八卦雜誌或垃圾網站。他們已經攻擊我十幾年了。但早在我十二歲的時候，姊姊就對我下藥、用一隻粉色指尖沾滿古柯鹼粉末給我、把我燙成三級灼傷，還試圖把我賣給皮條客。我內心的某些東西已經被這些創傷軟禁起來。這就是為什麼我經常說：「我永遠十二歲。」我仍然在那段歲月裡苦苦掙扎。

And I miss you, dandelion
And even love you
And I wish there was a way
For me to trust you

But it hurts me every time

I try to touch you

—— "Petals"

11 梳開髮絲與心結

照片裡，明媚的陽光如聚光燈般照在我身上，手中的熱狗被我開心地咬了一大口。我的頭髮在光線照射下呈現出許多金黃色澤，生赭黃、小麥金、甜檸檬黃。風吹開我臉上一層層柔軟、濃密的波浪捲髮，幾撮捲曲髮絲散落在肩膀。我的凝視裡有一種溫柔，眼角略帶嚴肅的神情。

這是我最喜歡的一張童年照片。在照片裡，我看起來像是典型放暑假的小一生，像是來自某個充滿關愛的家庭，似乎受到完善的照顧。但我不是。

我在童年時期經常被忽視。很多關於我的部分，我母親不曉得怎麼去養育或照顧，最明顯、最具象徵意義、最顯而易見的例子就是我的頭髮。

我的頭髮跟誰都不像。沒人碰過我的頭髮，沒人知道怎麼整理我的頭髮。我們家沒有護髮乳（或是以前所說的「潤絲精」），也沒有髮蠟、寬齒梳或硬毛梳。星期天沒有固定洗頭或編辮子的習慣，當然也沒有頭皮抹油的保養。我的頭髮雜亂無章，從未體驗過整理好頭髮的整齊與安心感。

結果就是我的頭髮經常打結、亂成一團。周圍的人都無法理解頭髮凌亂的非白人小女孩遭受到的那種屈辱，我不知道怎麼形容，但我背負了那種感受的重擔。我那頭疏於照顧的頭髮就像一個警報，提醒著我與所有白人小女孩不同，也不同於所有的黑人小女孩。亂糟糟的

捲髮讓我感到自卑，不值得獲得應有的關注。

　　親愛的，我們沒有要去美容院。我不記得母親去過美容院。她完全贊同一九五〇年代和六〇年代那種放蕩不羈、簡單不做作的美容哲學。對她來說，完整的妝容就是上個眼線（如果想華麗一點，頂多眼尾拉長化成小貓眼）、刷點睫毛膏、淡淡的腮紅、塗上口紅，瞧！完美無瑕的臉。她的頭髮很美，無論是綁起來或垂下來。即使她願意去或帶我去專業美容服務，我們也負擔不起，而且在長島那一帶沒有什麼美容院能夠理解我自然捲髮質的矛盾、理解我頭髮的複雜需求。那時候還沒有會處理混合髮質的專家，真的，也沒有專門的產品。我的髮質介於黑人阿福羅頭與白人女孩之間。

　　母親和電視廣告是我每天看到的兩種女性秀髮代表。我非常羨慕和渴望母親那一頭烏黑、柔順且完美的濃密長髮。母親早上醒來時的頭髮跟我的頭髮形成強烈對比。她只要甩甩頭，濃密的直髮就會像厚重的綢緞披散下來，優雅地垂在肩膀。而我的頭髮則是散亂、毛躁、因為汗水凝結成團，不和諧的結、波浪和捲曲都在我頭上爆炸。

　　接著是我在電視上看到的頭髮，那樣美麗動人、光彩耀眼，當你赤腳在花叢裡奔跑的時候，髮絲會以慢動作在風中舞動。我被那些廣告迷住了，尤其是可麗柔綠野香波洗髮精的廣告。彷彿夏娃自己在伊甸園裡，把用人間的草本植物和野花製成的濃稠、翠綠色花蜜裝在瓶子裡。我曾經深信這款洗髮精能讓我擁有被風吹拂的美麗秀髮，就像我在廣告裡看到的那樣。我太想要那款洗髮精，太想要那種天使般隨風飄揚的頭髮了。（因為那些廣告、奧莉薇亞・紐頓強〔Olivia Newton-John〕以及天后黛安娜・羅絲〔Diana Ross〕的影響，我至今仍愛那種飛舞的頭髮，從我幾乎每張照片都動用特效風扇就看得出來。）

　　由於年紀尚小，在文化上又處於孤立狀態，我不知道怎麼打理自己的頭髮，也不知道怎麼面對抬不起頭的感覺。我常想，母親有沒有看到我頭髮所透露的粗心疏忽？她是不是太專注在自己的重擔而沒有注意到呢？難道她沒有感覺到我乾燥、一球一球糾結成團的頭髮？為什麼她不能讓我坐下來，花個兩小時幫我梳頭，如同《脫線家族》（*The Brady Bunch*）裡瑪西雅‧布萊迪（Marcia Brady）所做的那樣？或許在她的波西米亞風、熱愛六〇年代的觀念裡，她認為我看起來很自由，像個可愛的花派嬉皮。也許她不知道我感覺自己很髒。

　　父母一方是黑人一方是白人的情況很複雜，當妳是跟著白人母親的小女孩，基本上沒有跟其他黑人女性和女孩子往來時，妳會感到極度孤獨。而且，毫無疑問，我身邊沒有任何可以參考的混血範例。我後來明白為什麼母親不懂怎麼整理我的頭髮。在我還是嬰兒的時候，我的頭髮大部分是均勻、柔軟的捲髮。隨著年齡增長，我的頭髮越長越複雜，似乎突然冒出各式各樣的髮質。她不知道這是怎麼回事。她很困惑，所以隨意幫我剪了一個超悲劇的瀏海（以為混血兒的瀏海會乖乖聽話，還真是勇敢的想法）。

　　這簡直是一場災難，我感到無能為力。七歲的時候，我真以為如果她用綠野香波洗我的頭，晚上髮仙子就會來，隔天一覺醒來，噗！我就會像母親或廣告中的女孩一樣，擁有完美的秀髮。

　　我在美容學校接受了五百個小時的培訓之後，才知道即使是瑪西雅‧布萊迪的頭髮也無法只靠洗髮精而隨風飄揚。那樣的頭髮需要專業人員、器具和產品，包含大量的護髮乳、烘罩、精細的剪髮技術、特殊的梳子、夾式髮片、相機，當然還要有特效風扇。需要投入很多心力才能完成輕盈飄逸的頭髮。

　　我真正需要的是任何一位黑人女性，或者任何一位有點文化、有

護髮乳和梳子的人！即便如此，想要擁有美麗的秀髮也沒那麼簡單。

有一次，我父親同父異母的姊妹們採取了某種行動，決定出手「對那孩子的頭髮做點什麼」。這將會是件大事。二年級的時候，父親帶我去爺爺和露比奶奶位於皇后區的家。

幽默是我用來應對進退、緩和場面以及防禦自我的工具。在無法掌控的局面，我也會以幽默來表達自己的觀點。我從很小就開始磨練自己善用這項工具，時至今日仍經常應用在生活上。在去探望父親家人的長途車程中，我坐在後座，無意間聽到坐在前面的艾莉森正向父親抱怨，我是怎麼吸收母親的怪癖和不尋常的行徑（尤其是那些與白人特權有關的）。我想她以為我在外面已經和白人母親「融入」白人的世界（說得一副小孩能分辨那種區別的樣子）。

然後，她彷彿我不在場似地開始長篇大論起來。我繼續默默凝視窗外，看著車子從長島開往皇后區的牙買加區，沿途所行經的殘破街道。最後，我再也忍不下去了。我模仿母親的樣子成功讓人留下深刻印象（我想），尤其是以一個六歲孩子來說，我用她獨特的緩慢、低沉、歌劇女伶的語氣諷刺地說：「我看我們走的是景色優美的路線！」聽到這番話，艾莉森猛然轉向父親，被激怒的「看吧！」表情寫在她臉上。他愣住了，方向盤抓得更緊，眼睛直視前方。我繼續無所事事地凝視窗外。沒人被我的小模仿逗樂，我試過了。

可愛的露比奶奶是我爺爺的第二任妻子，她們生下許多孩子，後來我的這些叔叔阿姨又生下一群堂表兄弟姊妹，其中幾個與我年紀相仿。我父親和他父親鮑伯・凱莉（Bob Carey）的關係錯綜複雜。鮑伯的母親來自委內瑞拉，據說他的父親是黑人，混到一些沒有紀錄的白種人基因，因為他當時也屬於較靠近「黑人光譜」的那一邊。

直到我六歲左右，父親已經很多年沒有和他父親說話。他是獨生

子，與爺爺的其他孩子不是同一個母親生的，而且即使露比奶奶和她家一樣溫暖好客（從我看到的情況，她給予我父親滿滿的愛），但她始終不是他母親，也許我父親覺得自己在他們面前有點像外人。我認為他會努力與他父親和解是為了自己的孩子，也是為了自己。他一定是意識到我有多麼孤立無援，和母親住在對我敵意越來越深的全白人社區。我需要去認識一些家人。

我永遠對此心存感激，因為那是個溫馨的地方，充滿家庭生活。我喜歡那裡。整個社區都喜歡我爺爺，他是個親切可靠、個性風趣的人，經常開懷大笑，穿著水手襪和涼拖鞋。他在皇后區的自家後院有個小小的城市葡萄園，他栽種酸葡萄，用這些葡萄來釀製甜酒，存放在地下室。露比奶奶和我的阿姨們經常在小廚房裡煮東西，如雞肉、蔬菜，但最受歡迎的主食是米飯和豆子，我可以吃掉一整盤。屋內有各種令人欣慰的喧鬧聲：鍋碗瓢盆鏗鏗鏘鏘、背景播著爵士靈魂樂、電視的嗡嗡聲、講話、嬉笑、門開了又關、在樓梯跑上跑下的腳步聲。這裡是輕鬆愉快的地方，大家只是待在一起消磨時間、彼此交談聊天。我在那裡感覺像是擁有一個大家庭、一個正常的家庭、一個真正的家。

跟我最要好的堂表兄弟姊妹會從布朗克斯區來，大家玩得很開心！我們是一群很有創意又調皮搗蛋的人。有時候我們會探出二樓窗外，朝下面經過的人扔水球炸彈。丟完我們就躲到不見人影，壓抑狂笑的衝動渾身顫抖。當然，我喜歡任何與表演有關的事物。我最喜歡重現《千面女郎》（*The Carol Burnett Show*）裡「威金斯太太」單元的幽默短劇。想當然我堅持演主角。我學她的招牌走路姿勢有模有樣。我在我的小屁股塞了顆枕頭，黏著它走路，裝出好像穿著合身鉛筆裙的樣子。我踮起腳尖蹦蹦跳跳（也許這就是為什麼我現在走路還

踮著腳），踩著小碎步。嘴裡嚼著想像的口香糖，假裝在磨指甲，然後用傻乎乎的語氣、維妙維肖的鼻音說話。我從小就擅長模仿人物聲音。

「喔，威金斯太太！」其中一位親戚會用搞笑、怪裡怪氣的瑞典口音說話。一聽到我馬上進入角色，然後我們就即興表演起來。我最喜歡和堂表親喧鬧的笑聲。我喜歡我和其他跟我差不多的孩子異口同聲大笑的聲音。

在家裡跟堂表兄弟姊妹在一起時，我可能會覺得自己是一份子；但在外面和鄰居孩子們在一起時，情況就不同了。我的情況總是跟別人不同。雖然我的堂表兄弟姊妹並不住在以黑人和西班牙裔為大宗的皇后區，但我們的爺爺是這一代的「名人」。在外面玩的時候，他們會把我介紹給其他小孩，說我是他們的親戚，但有些孩子會說，「她才不是，她是白人。」

「她是，她就是我們的親戚！」他們會立即反駁。關於我的母親是誰、我的父親是誰、我是誰的小孩，這些問題經常被拿出來討論。但和我的堂表兄弟姊妹們一起玩時，這種感覺就不會那麼沉重。我是團體的一份子。我是他們的一份子，他們為我辯護。沒錯，她就是。就是這麼簡單的一句話，卻是如此的重要。我小時候只認識父親這邊的堂表兄弟姊妹，因為母親那邊的白人家族已經跟她斷絕往來，所以小時候無法跟他們有什麼真正的交集。

我的堂表兄弟姊妹之所以穿搭合宜得體，是因為他們的母親也很會打扮。尤其其中一位比較年輕的阿姨更是婀娜多姿、美若天仙，看起來隨時準備在電視音樂綜藝《靈魂列車》（*Soul Train*）上舞動身軀。她的妝容始終無懈可擊，雙唇如玻璃般透亮。一身時尚新潮的裝扮，加上頭髮總是梳得很光滑、往後紮的乾淨利落，以便凸顯她的臉型。

給人一種時髦、性感、協調的感覺，幾乎與影集《好時光》（*Good Times*）中的主角席瑪（Thelma）一樣美好（只是比較豐腴點）。這位性感的阿姨在百貨公司專櫃銷售化妝品，對我而言簡直是棒呆了。有一次，她幫我和跟我最要好的堂妹進行假的臉部評測。她在檢視我們的小臉蛋時，對希希（Cee Cee）說：「妳的唇形很好。」然後轉向我，面帶困惑的表情不發一語。我既想知道又擔心知道答案，我的臉怎麼了嗎？我怎麼了？

她嘆了一口氣說：「瑪麗亞，妳的嘴唇不夠飽滿。」

我不知道什麼叫做不夠飽滿，但我完全將她的分析當真了。幾年後，我大概十二歲，跟一位白人女生朋友在長島某家百貨公司閒逛，其中一個專櫃提供免費彩妝示範。按照當地標準，我朋友是個美人胚子：大大的藍眼睛、尖挺的鼻子和非常薄的嘴唇。當然，那天我也是隨便穿個衣服就出門，誰知道頭髮又在搞什麼鬼。我們坐下來體驗彩妝，一看就看得出我們的年紀。也許那位專櫃小姐以為我們有錢買化粧品，或者她覺得反正無聊沒事，又或者只是同情我們。不管怎樣，她開始進行整個流程。

跟我阿姨一樣，她研究我們兩人的臉部輪廓和角度，然後對我說：「妳的上唇太厚了。」等等，我想想。我覺得我的上唇薄，但沒有我的白人朋友那麼薄，她的唇形大小符合當時的「審美標準」。我本來想說，「其實我真希望我的嘴唇再大一點。」從我阿姨評估完後那天起就那麼想，但我沒說出口。因此，關於一個女孩的嘴唇，我就得到兩種極端相反的專業意見。以白人審美觀來看，我的嘴唇太厚；但以黑人審美觀來看又不夠飽滿。我該相信誰？就好像我自卑的情結裡還有情結。沒人告訴我，「瑪麗亞，妳很好。」就這樣。

而如今，我們活在白人與黑人女性都要像灌水球一樣填充屁股和

嘴唇的世界。我想我早該去注射豐唇，但為時已晚，現在全世界都知道我真正的嘴唇長怎樣，何必自找麻煩？而且，親愛的，現在我可以用唇線筆來加強唇部飽滿度，何必大費周章呢？

抱歉我扯遠了。七歲那年，我去爺爺和露比奶奶家的那天，是我堂表親的大好日子。我的姑姑們決定是時候好好打扮我一番。他們一群人聚集在樓上露比奶奶的臥室，然後把我叫上去。我和其他堂表兄弟姊妹上樓走向臥室，就在浴室的右手邊。我花了很多時間探索那間小浴室，裡面所有瓶瓶罐罐、塗塗抹抹的產品讓我看得目眩神迷，有一大堆肌膚專用的乳霜和潤膚液，還有頭髮專用的造型劑和髮蠟。想想看，是護膚水跟護髮油耶！這個浴室裡的每個櫥櫃和可用空間都充滿了神祕的魔法藥水和產品。

我很少進去主臥室，雖說是主臥，但那裡空間也小、擁擠，不過很舒適。因為潮濕，聞起來像悶熱的糖果店。一張大床佔據房內的大部分空間，床上鋪著亮面、繡有白色搭栗色變形蟲圖騰的床罩，下擺採用皺褶花邊。門後掛一面全身鏡，還有一個矮的梳妝台兼收納櫃，姑姑嬸嬸們把所有東西都擺在上頭。那裡有台啟動中的烤盤，發出滋滋聲的表面放了一個類似園藝工具的外來物，有著如鐵鎚的深色木製握柄，上面是金屬齒排梳。雖然金屬部分已經燒黑，仍可看出底下原有的金色。這個又像鐵鎚又像叉子的神祕物品放在烤盤的表面，越燒越燙。當我跨過臥室的門檻，我覺得自己彷彿進入另一個宇宙，一個讓黑人女孩變美麗的密室。

姑姑示意我坐在床邊。我不知道接下來要進行什麼儀式，但整個人興奮不已。等到我在床的一側坐好，雙腳垂落床沿，我感覺到很多隻手正在摸索我頭上打結、有捲、有直的亂髮。我的心跳加速，感覺自己像失散已久的公主坐在她的房間，期望這就是加冕時刻，當我的

頭髮終於完成，我將獲得改變，以全新的力量和優雅呈現在世人面前。

終於，我想，也許新髮型會適合我。也許會變成滑順又充滿光澤的捲捲頭，讓我看起來像我可愛的黑人堂表姊妹和聚集在皇后區的朋友們。或者那些在長島長大的白人小女孩一樣，頭髮變得筆直服貼而不毛躁。但無論哪種髮型，我都開心到不行，因為終於有知道該怎麼做的人來整理我的頭髮了。

整髮行動從我的後腦杓開始，經過幾番拉扯和拆解，因為打結快要梳開而感到有點鋒利。接下來是我畢生難忘的感受。我的脖子附近先是有股強烈的拉力和灼熱感，緊接著是可怕的灼痛和燒焦的滋滋聲，還有一種陌生的惡臭傳來，像是髒兮兮的絨毛玩具著火似的。隨著明顯的煙霧，微弱的驚慌感在房內瀰漫開來。我聽不清楚她們在說什麼，但我確定聽到她們講「喔，糟了」和「別動！住手！」好幾次。然後，對話聲停止了。興奮感、儀式感和改造行動倏然中斷。我動也不動，不發一語，頸背處的一小片頭髮還在冒煙。

姑姑們充滿歉意的解釋，「對不起，親愛的，加熱梳對妳的頭髮來說太燙了。」對不起，親愛的，整件事就到此為止。那天不會有融入黑人女子時尚社交圈的通過儀式，我並沒有變成一個在哈林區、皇后區或長島看起來體面漂亮的小女孩。我仍然是古怪、跟別人格格不入的小女孩，頭上戴著一頂不聽話的皇冠，只是現在後面有一小片粗糙、燒焦、參差不齊（明顯更短）的頭髮。比沒做頭髮還糟糕。

在難得罕見的時候，母親、哥哥和我會一家人開車到瓊斯海灘

（靠近海邊是困在長島的少數幾個好處）。一個夏日早晨，我們三個孩子，連我哥的好友也算在內，擠進母親那輛破車，踏上通往海灘的路程。那是個晴朗無雲、陽光燦爛的日子，你可以看到天空中的海洋。這天正是去海灘的好天氣。母親開著車，身穿一件淺藍色帶有綠色細條紋的夏季棉質罩衫。搖下所有的車窗，讓人有種好像坐敞篷車的氣氛，母親的喇叭袖隨著微風輕飄。她戴上標誌性的大墨鏡，頭髮一如往常慵懶隨興。哥哥打赤膊坐在她旁邊，蓬鬆的阿福羅頭輕柔彈動。

我坐在後座，靜靜望著敞開的窗外，任由溫暖、鹹鹹的空氣吹拂過我的臉，旁邊是哥哥的朋友。我試著裝作若無其事的樣子，不想讓人看出我瘋狂迷戀上這位看起來像明星的男孩。他柔順如絲的頭髮是草莓香檳金色，呈現出完美自然的挑染，細緻的羽毛層次從中線分開。每一縷迷人的秀髮都停留在恰到好處的位置。車內安靜無聲，我們都在享受這個難得幸福的片刻。

但漸漸地，我發現我的頭髮開始竄動。不是因為風吹，好像是因為手指，感覺有指頭在我茂密且糾結的蓬亂髮堆裡翻找。我不敢動，也不敢說話。是那位男孩，他正在輕柔地撥弄我的頭髮！用他一直藏在後面口袋的黑色塑膠扁梳，仔細地梳理那些較小、較緊、在末梢打結的毛髮。他拿來梳整我凌亂毛髮的扁梳，跟他梳理過自己完美金髮的是同一把！他將頭髮分成幾個小區塊，用梳子從髮根處梳到髮尾。每當一部分毛髮掙脫從前糾結成團的重量，就會變得輕盈一點。

整趟車程，我們一句話都沒說，他就默默梳開我頭上所有的糾結與凌亂。等到我們抵達海灘，我的頭髮不再是負擔。我的頭髮被解放了。我直奔到水裡——喔，我多麼熱愛大海，這是母親送給我的禮物。當我奔跑時，第一次感覺到我的頭髮輕盈地在風中飛舞。哈利路亞！我的頭髮真的像廣告一樣隨風飄揚！

　　我撲向我看到的第一道海浪，然後再乘著浪回到岸邊。我站起來撫摸自己的頭髮，它摸起來不再是往常亂糟糟的質地，而是整齊、一圈圈、細長的捲髮！這是我第一次覺得自己的頭髮很漂亮，我覺得很美。我感到柔軟且輕盈，好像一直以來背負的羞恥感已經從我身上拔除、被海水沖走了。

　　當我站在水深及腰的海中，陶醉於解放捲髮後帶來的自信時，彷彿一道牆的大浪突然襲來，轟然倒落，重擊我的背。我的腳被捲離沙地，越過頭頂。我的小小身軀像布娃娃，在突然掀起的巨浪中翻騰顛簸。我頓失平衡感與方向感，但我知道自己被捲進海中，在洶湧黑水裡翻滾，夾雜砂礫的白色泡沫像砂紙製的拳擊手套，不斷拍打我的身體。即使我能分辨哪個方向是海面，知道怎麼過去，但我不夠強壯，擋不住強大的水勢，於是我鬆開身體，隨波逐流。我投降了。

　　我相信是上帝的恩典，海洋決定把我歸還給地球。我一動也不動躺在濕漉漉的沙灘，氣喘吁吁，渾身鹹膩。當我意識到自己還活著，便站起來尋找母親蹤影。我看見她和哥哥躺在遠處的橄欖色墊子上，戴著墨鏡，漫不經心曬著日光浴。他們渾然不知。我發出大聲的哀號，最後演變成歇斯底里地大哭，終於引起母親的注意。又是一次與死亡的親密接觸。

　　為了讓七歲的我冷靜下來，有人帶我到木棧道的熱狗攤。我的情緒崩潰了，但我的頭髮沒有，它還維持波浪狀的捲髮。我已經擁有了完美的沙灘造型，那天我差點死掉，但我的頭髮卻做好了。

12 一個女孩最好的朋友

打從見到她的那一刻起，我便深感敬畏與認同。我很崇拜她。她就像活生生的洋娃娃，既不是嬰孩也不是芭比；雖然她已經是十足的大人，舉止優雅的女子，但她看起來純潔無瑕，彷彿是用嬌貴的釉瓷製成的。我從未見過像她這樣如此光彩耀眼、魅力四射、柔弱而又強大的人。她是超自然的。我站在螢幕前，目不轉睛地盯著電視機裡面的她。

一天傍晚，我在我們某個住處的走廊漫無目的地閒逛，經過母親那間陰暗的小臥室時，我想也沒想走了進去。我忘記是先看到她還是先聽到她的聲音，反正有什麼東西把我吸引到那個房間。臥室裡只有對著床的舊電視螢幕褪色畫面透出來的光，母親躺在床上正在收看瑪麗蓮‧夢露生平事蹟的特別節目。

我輕輕推開臥室的門，走進去就看到《紳士愛美人》（*Gentlemen Prefer Blondes*）裡的電影經典畫面，瑪麗蓮‧夢露在唱〈Diamonds Are a Girl's Best Friend〉。她是我見過最美的人。

她的活力如小精靈般旺盛，看起來卻宛如女神，一襲奢華的桃紅色綢緞禮服，搭配同款的歌劇手套，大大小小的鑽石飾品垂墜在耳際、纏繞在頸部和手腕。雖然裸露在外的肌膚只有她的臉、肩膀和半截胳膊，但我記得她的肌膚看起來是那麼豐潤滑順，像自製冰淇淋一樣晶瑩透亮。她的髮色稍淺一些，耀眼得如精紡的金絲。她擁有穠纖合度的性感身材，渾圓的翹臀、小巧玲瓏的腰身、堅挺傲人的上圍，

以及可以舒展開來然後緊緊擁抱的雙臂。她像個舞者姿態優雅，但她的腳似乎沒動過，反而許多人圍著她跳舞：對她諂媚、對她奉承、拜倒在她的裙下、把她像埃及豔后那樣抬到頭上。我想，也許她是女王，電影明星中閃耀的女王。

在那之前我從未聽過瑪麗蓮・夢露這號人物，但我很快就迷上了她。也許這不是典型小學三年級學生會有的情況，但我本來就沒有什麼典型的童年生活。母親非常支持我對瑪麗蓮的崇拜。當大多數同齡女孩拿荷莉・霍比（Holly Hobbie，頭戴草莓印花軟帽、面帶雀斑、金髮麻花辮的鄉村布娃娃）的圖片裝飾她們的牆面時，我貼的是瑪麗蓮・夢露的海報，她扮成性感歌舞女郎，身上穿著黑色珠飾無肩帶馬甲、網襪以及黑色漆皮高跟鞋。我睡覺前和醒來的第一件事就是抬頭望著瑪麗蓮。

後來母親買了諾曼・梅勒（Norman Mailer）寫的《瑪麗蓮・夢露傳記》（*Marilyn: A Biography*）給我。雖然我年紀太小還不適合看這些內容，但我和瑪麗蓮一樣熱愛閱讀，如飢若渴看下去。翻看她那幾張亮面照片，研究著她的各種心境與表情。她千變萬化，有些照片中的她美到難以置信，耀眼動人；而有些照片中的她似乎心碎崩潰，萬念俱灰。她的頭髮也有各種造型，髮夾捲、雙髮辮、大旁分盤髮以及各種波浪捲度的鮑伯頭。我甚至在她那完美、幾乎全是淺金色的捲髮底下，發現不規則的捲曲和熟悉的細毛。而且在我看來，她的體型特徵與她的身材也有某部分並非典型的高加索白人。她不僅曲線優美，而且有種非常特別的性感，近乎靈魂上的。

我讀了很多關於瑪麗蓮的故事，關於她逝世的陰謀論，關於她的成長。我讀得越多，越能與她產生連結，也就越明白自己為什麼受她吸引。她的童年過得很辛苦，輾轉於不同的寄養家庭。這些跟我的經

歷很像：流離失所、沒有人保護、感覺像外人。我非常能夠體會她在貧窮與家庭中苦苦掙扎的感受。最後，我喜歡瑪麗蓮的是她從無到有──沒有任何歸屬──到後來蛻變成國際巨星的能力。我能夠理解這點，也抱持同樣的信念。

我聽說瑪麗蓮可能還是母親替我取名的靈感來源，前面四個字母都是「M-A-R-I」。然而，父親聲稱我的名字源自於「黑瑪麗」（Black Maria/Mariah），在英國指的是把人拖進監獄的囚車。又有一說，我的名字出自於一九五〇年代百老匯音樂劇《長征萬寶山》（*Paint Your Wagon*）裡的著名歌曲〈They Call the Wind Maria〉，《長征萬寶山》是講述加州淘金熱的故事。（上述兩個出處都使用軟性發音，第二音節發「rye」的音。）也許我的名字跟三者都有關係：一九五〇年代的小明星、音樂劇名曲以及囚車。

無論名字由來為何，我小時候並不喜歡自己的名字。沒有人叫這個名字，而且當你還是小孩時，這個名字根本不酷。我總是希望自己有個常見的名字，例如珍妮佛（Jennifer）或海瑟（Heather）。沒有可愛的名字貼紙、鑰匙圈或印有我名字的迷你車牌。更糟糕的是，幾乎沒人會念我的名字。我總是害怕看到代課老師，因為點名簡直是災難，常被念成「瑪莉亞」（Maria）或「瑪雅」（Maya）。直到十八歲左右，我才遇到另一位跟我同名（Mariah）的人；她是個很酷的黑人女孩，我們對彼此名字常被念錯的童年經歷感到惺惺相惜。我無法想像短短幾年以後，許多人會以我的名字來幫他們的孩子命名。

所有關於我名字的可能靈感來源，其中與瑪麗蓮‧夢露的關聯最能引起我的共鳴──自我創造與掌控、自信與脆弱、女人味與童心未泯、迷人而謙遜、受人愛戴又孤獨。瑪麗蓮‧夢露是我的靈感泉源，上帝讓我需要她。

✳

我升上八年級時，鎮上有一群漂亮的女孩，大部分是愛爾蘭裔，我非常想和她們交朋友。那個時候在鎮上，這些女孩大多達到人們眼中完美身材的極致：乳白色的肌膚、柔順的頭髮和藍色的眼睛。她們曾經高呼口號：「藍眼睛是王道！」她們並不是群友善的女孩。

在她們身邊我極度自卑。與她們相比（八年級時，比較是唯一的測量方法），我的膚色混濁，頭髮雜亂無章。因為頭髮總是亂糟糟，所以她們叫我福滋熊（Fozzie Bear，《布偶歷險記》〔*Muppets*〕裡面的角色），即使我盡了全力，還是無法讓頭髮變得跟她們一樣完全服貼，而且我的眼珠絕對不可能是藍色。（我喜歡自己的黑眼珠，可是他們呼喊詭異的口號時，我從未替自己辯護。）我站在她們之間顯得很突兀，但她們讓我跟他們玩在一起。也許是因為我是班上的小丑，總是能迅速地開個玩笑或嗆某人，逗得眾人哈哈大笑。即使我在那裡只是娛樂他人，我也樂於表演。

那個小團體裡面有一位我最親近的朋友（我使用這個字眼算很厚道了），她也是裡面最漂亮的女孩。但我猜人們現在會稱她「假閨蜜」。我跟她說我對校內某位男孩有好感，她明明清楚我從來沒有對自己喜歡的人採取過行動，但她還是用那雙藍眼睛去追求對方，而且幾乎總是能得手。我覺得她這麼做只是為了擊倒我，讓我知道她擁有一切力量。但她不知道的是，我從不追求男孩，因為我想避免逃不掉的羞辱感，一旦他們知道我有一半的黑人血統，而且全家都很窮，那種感覺就會出現。她也並不知道，我才不希望因為跟哪個傻小子交往而毀掉自己夢想，或甚至更慘，像我姊那樣懷孕。她根本不懂我。她們都不了解我。

不過，有些女孩的父母確實認識我母親，而且對她亦有幾分敬意，因為母親同樣是愛爾蘭裔，而且是名職業聲樂家，歌劇可是上流的活動。雖然大人的八卦小劇場與青少年之間的運作方式不同，但兩者經常相互交錯。有消息指出，那位最漂亮女孩的母親遭到她愛爾蘭裔的父親家暴。我母親是那種只要她想的話，就會變成真正見義勇為的人。母親決定主動寫封信給那位家暴的父親。在那封信裡面，我非常確定她一定透露了自己曾與黑人結婚並生子的事情。（當然，我是在很久以後才得知這封信的。）

如我所說，這些女孩都不是友善的人，但我最終還是受邀參加她們的活動，跟她們一群人包括那位最漂亮的女孩前往南安普敦[8]參加睡衣派對。其中一人的姑媽很有錢，名叫芭芭拉（Barbara），在海灘附近有棟漂亮的豪宅。時髦奢華的南安普敦？跟受歡迎的女孩們一起參加睡衣派對？我當然想去。我擠進她們的大車子裡，沿著長島大西洋沿岸的美景驅車兩個小時，來到富豪們「避暑」的小村莊。（對我來說，夏天是季節，不是動詞。）

這棟豪宅很大，通風良好，而且井然有序。裡面甚至有個純白色系的房間，不准任何人踏進一步。當我們抵達目的地時，我為眼前的景象震驚不已，心裡忙著比較與嚮往，完全沒注意到女孩們都已經聚集在門邊。

她們朝我喊道：「來吧瑪麗亞，回到這裡。」

不疑有他，我跟上人群腳步。她們領我到一個我以為是遊戲室或休閒室的地方（我知道有錢人家都有休閒室），那是在豪宅後面的一個小房間，或許是客房之類的。進去後，其中一人喀嚓一聲關上門，

---

8 譯註：位於長島東岸的高級地段。

氣氛忽然變得凝重。我以為是她們偷偷帶了酒或什麼進來，但現場沒有一絲興奮、雀躍或少女的活力感，反而所有女孩都瞪著我。突然間，最漂亮女孩的姊姊打破一片沉默，脫口說出她邪惡的祕密，讓大家都聽到：

「妳這個**黑鬼**！」

當我意識到她說的是我時，我的頭開始暈眩。她指著我。這是我的祕密、我的恥辱。我當時呆住了。

其他人很快加入她的行列。「妳這個黑鬼！」她們尖聲叫嚷，全部人異口同聲喊道：「妳這個黑鬼！」一遍又一遍地吶喊。我以為這一刻永遠不會結束。

這些女孩們嘴裡不斷吐出的新口號，帶有如此強烈的惡意與仇恨，簡直令我快要窒息。我不知道該怎麼結束這一切。她們所有人都針對我。她們老早就計劃好。她們欺騙我，讓我以為她們真的喜歡我。她們引誘我來到離家幾小時遠的地方。她們孤立我，讓我掉入陷阱，然後出賣我。我歇斯底里地大哭起來。我感到徬徨無主，驚恐萬分，以為只要我撐著一直哭下去，一定會有大人來阻止這場霸凌。但終究還是沒有人來救我。

最後，我聽到人群中傳來嗚咽聲。

「妳為什麼要這樣？」那個小而勇敢的聲音問道。講話的人是年紀稍長的金髮女孩。

最漂亮女孩的醜陋姊姊回嘴：「因為她是黑鬼啊！」

那天發生的其他事情我都不記得了，我不記得怎麼回到家的。回到家也沒有告訴我母親。怎麼說得出口？妳要怎麼告訴妳的純白人母親，妳的純白人「朋友」把妳拖到純白人的南安普敦鎮的純白人豪宅裡，經過一個不准觸摸的純白色系房間，只為了把妳逼到角落，罵妳

是她們純白世界裡最骯髒的東西？黑鬼。

我也害怕母親可能會到公共場合大吵大鬧，讓我在學校的日子變得更困難。那時我還不太會說話，也沒有應變能力。當然，那不是我第一次遭到同學的羞辱。我曾經在校車上被孤立、被吐口水，也發生過肢體衝突。後來我通常會反擊回去，我講話很犀利，可以罵人不帶髒字。有時候甚至開始打架。但打架部分，我毫無招架之力。因為我不僅寡不敵眾、孤立無援，而且還遭到慘痛的背叛。這裡說的可不是那種普通校園心機女生的扭打，而是那些我稱之為朋友的女孩，她們所進行的狡猾且預謀性的暴力霸凌。我從未提起這件事。我把這件事塞進心底。我必須想辦法在那些女孩、那個城鎮、我的家庭和痛苦中生存下去。

She smiles through a thousand tears

And harbors adolescent fears

She dreams of all

That she can never be

She wades in insecurity

And hides herself inside of me

Don't say she takes it all for granted

I'm well aware of all I have

Don't think that I am disenchanted

Please understand

It seems as though I've always been

Somebody outside looking in

Well here I am for all of them to bleed

But they can't take my heart from me
And they can't bring me to my knees
They'll never know the real me

—— "Looking In"

✻

「瑪麗亞只有三件襯衫，每天輪流穿！」

這句惡毒傷人的話就像一枚臭氣炸彈，砸在七年級教室外人來人往喧鬧不休的走廊上。所有的腳步聲、儲物櫃的鏗鏘聲、嘰喳的講話聲和笑聲都瞬間化身成一個孩子們合體的狂笑巨獸，坐在走廊中央指著我大笑。我的胃在翻騰，滿臉漲紅，感覺可能當場嘔吐在磁磚地上。

中學校園是一種接觸運動，而我非常擅長講話犀利的技能。許多孩子因為外表或某些尷尬事件，不得不忍受同齡人替自己取一些惡毒或「搞笑」的綽號，但因為貧窮而被取笑則是另一種殘酷。

雖然深受打擊，但我沒有表現出來。我沒有在大家面前嘔吐，沒有讓任何人看到我受傷而得意。我沒有表現出任何情緒，只是耐心地等待這個怪物消失，畢竟人來人往的走廊總是會恢復正常，孩子們終究要回去上課。從那以後，我就明白這裡沒有挽回的餘地，也沒有找到歸屬的可能。我得靠著三件襯衫在外生存，沒有任何朋友，然後內心期盼自己一定會再次搬家。

在我們這個中產階級社區裡，居住在破舊小屋、衣櫃寒酸讓我感到非常難為情；不過當我進入高中時，我已經發展出一些新的生存技能。雖然那個年紀的我無法決定自己要住哪裡，但我可以改變自己的

穿著。搬家過那麼多次的幾個好處之一，就是我可以試著融入一群新
的朋友圈。有一回，我成功找來幾個女生朋友，說服她們我們應該建
立時尚交換機制，可以相互交換彼此最流行的單品，然後用不同方式
來穿搭。如此一來會讓人產生錯覺，以為我擁有比實際上更多且更流
行的衣物。

　　我擁有過最酷的單品是一件超大號的紅色羊毛料搭黑色皮革的校
隊夾克，背後印有大大的 AVIREX 字樣。那時候擁有名牌衣服對我
來說至關重要，所以我確保自己有件能夠搭配各種造型的代表性單
品。為了融入其他所有長島女孩的世界，我盡力扮演出典型漂亮的郊
區青少年模樣。

✼

　　到了十年級，我開始和鎮上塊頭最大、最可怕的男人「約會」。
他身高約一百九十五公分，二頭肌比我兩條大腿還粗。二十歲出頭，
有輛車，沒人敢惹他。這也是我和他在一起的主要原因。他是個保護
者，是個力場防護罩。先前和我約會的那個男生個性陰晴不定，我們
甚至曾在一群圍觀的女生面前爆發肢體衝突。我們分手後，他還持續
跟蹤和騷擾我，真是纏人。某次一九五先生發現他在言語攻擊我，於
是把他從地上扛起來，朝著五輛停在路邊的車扔過去。砰！除了蠻力
之外，他其實還挺酷的。只是高中校園危機四伏，尤其對於像我這樣
的外人來說更是，所以擁有鎮上最厲害的人當我男友在那時候是有利
的。

　　當時有一幫女孩喜歡上六〇年代死之華樂團（Grateful Dead）的

紮染風格（tie-dye），我一直不理解為什麼。那時是八〇年代末期，街頭時尚如此新潮，我真不明白她們在幹嘛。為什麼她們要回到這種隨興的復古造型？而且她們挑釁好鬥、作風強硬，根本不是什麼嬉皮、死之華歌迷或和平愛好者。自作聰明的我替她們取名為「和平人士」。結果我嘲笑她們的消息走漏，她們得知後非常生氣。大家開始傳言我準備要挨揍了。但一九五先生很有名，人人都怕他，所以找我麻煩沒那麼簡單。

一天早上，我照例去 Bagel Station 買完培根起司貝果和咖啡，走在通往「露台」的路上把咖啡喝完，準備回到固定教室前抽一根紐寶香菸（Newport）。露台是學校自助餐廳外面一個寬敞的磚砌廣場，年輕人都會在那邊閒晃、抽菸和耍帥。在我走到露台前的幾百公尺處，突然十幾個白人女孩呈半圓形圍著我，全部都是被煽動來幹架的。

她們同時發出尖厲聲音，其中身材最結實的女孩跳出人群，朝我走來。我簡直嚇壞，但盡量不表現出內心有多麼害怕。我胃裡的貝果已經變成火箭燃料在肚子裡爆炸，腦袋天旋地轉，試圖講出些話來緩和或化解這個局面，因為我肯定不會打架。我也許外表堅強、講話犀利，但我從來不想和任何人實際硬碰硬。我靠我的機智存活下來（而且我是學校跑最快的，除了另一個男生之外）。一群人逼近，她們的流氓心態讓我手臂的汗毛都豎起。我不得不說些什麼，所以張開嘴大喊大叫，我不知道該說些什麼。我永遠不會忘記，她們的虛張聲勢瞬間變得懦弱，然後慢慢退後，迅速散去。有那麼一瞬間我以為是我真的把她們嚇跑了，但隨後我感到身後有一股強大的能量。我轉過身，看似黑豹抗議活動的少女版，那些我在學校認識的不同風格、身材和膚色深淺的黑人女孩站成一排美麗的人牆。「我們挺妳。」其中一個

女孩說，就這樣。

這裡沒有人討論我「有多黑」或「外表像白人」。那些狠角色只是讓我知道，當事情真的發生，她們挺我。

✿

多年後，〈Vision of Love〉單曲發行後，各大電台和電視都有我的聲音。那時我母親還住在長島，我問她能不能開車經過最漂亮女孩和她姊妹所住的房子。我停車，走下來，看看這棟不起眼的建築，這是我倖存下來的象徵。母親穿著我送她的毛皮大衣也走下車。這家人的父親（就是那個毆打妻子的人）走到門口，用濃厚的長島口音吆喝：「噢，看哪，派特要去好萊塢了！」家中其他人一個個走出來。最漂亮女孩驚訝得目瞪口呆。她不敢相信這一切都成真了。

那個住在街頭那棟破屋裡的雜種母狗居然變成明星。

那家的老兄喊著，「妳這個魯蛇！」

那家人、那棟房子、那個城鎮、那段歲月、那一天，突然間，一切對我來說都是過眼雲煙。這一切對我都不算什麼，因為我已經走出來了。

當我轉身回到車上，我聽到那位金髮女孩在我後面哭著說：「瑪麗亞，我真替妳開心，我真為妳開心！」她成了她們姊妹中最漂亮的一個。

Yes I've been bruised
Grew up confused
Been destitute

I've seen life from many sides

Been stigmatized

Been black and white

Felt inferior inside

Until my saving grace shined on me

Until my saving grace set me free

Giving me peace

—— "My Saving Grace"

第二部　辛辛莊園

13 拉開辛辛莊園的序幕

Nearing the edge
Oblivious I almost
Fell right over
A part of me
Will never be quite able
To feel stable

—— "Close My Eyes"

　　即便到現在我也難以解釋，無法用言語形容我和湯米・莫托拉之間的關係。並不是說沒有任何字眼，只是那些字眼仍困在我內心深處，或是消失在我焦慮的深淵裡。湯米的能量非常強烈，不僅是強橫霸道的盛氣凌人而已，在我看來那是整個氛圍。甚至在他走進房間之前，我就能感覺到空氣的變化，呼吸變得急促起來。他像大霧籠罩著我。他的存在讓人感到沉重與壓抑，就像無法擺脫的濕氣。

　　跟他相處的時候，我從未有過能夠輕鬆自在且大口呼吸的感覺。他的力量無所不在，難以言喻的不安伴隨而來。我們剛在一起時，我總是謹慎小心如履薄冰，後來如坐針氈片刻難安，最後變成處處都是地雷。我不知道什麼時候或什麼事情會惹他發火，這種焦慮感沒完沒了。我們在一起的八年時間，我想不起來有哪個片刻可以讓我完全感到自在安心，他的掌控不斷扼殺我的本質，讓我逐漸消失中。

他彷彿切斷了我的血液循環，讓我遠離朋友和僅存的一些「家人」。我不能和湯米控制以外的任何人說話。我不能出門，也不能和任何人做任何事。我不能在家裡自由活動。

好幾個夜晚我躺在那張雙人大床的一側，床下放著我的提包，裡面裝滿以防我需要快速逃離的必需品——我的「隨行」包。我不得不等他入睡。眼睛緊盯著他，身體緩慢移到床邊，謹慎地挪動我的屁股和腿到地上。接著直視房門，踮起腳走過去，那扇門離我似乎有一整個街區那麼遠。我小心翼翼退到門外。當我走出房門的那一刻，簡直是一大勝利！我躡手躡腳走下雄偉的深色木頭樓梯，懷抱著竊賊偷走一點寧靜的心情，往莊園的某處走去。通常我只是想去廚房吃點零食，或是坐在餐桌旁寫些歌詞。但每一次當我開始適應這片寧靜的漆黑，準備找回我的呼吸時，嗶！嗶！對講機的聲音就會響起。

我立刻站起來，對講機內傳來「妳在幹嘛？」的急促聲音，我倒抽一口氣，再次失去我的空氣。我的一舉一動、所及之處都受到監控——每分每秒、日復一日、年復一年。

彷彿被壓得喘不過氣來。他扼殺了所有不是他打造或掌控的一切。我在我的音樂影片中創造出一位風趣且自由的女孩，這樣我可以看著這個版本的自己還活著，透過她來感受生活，那是我假想的女孩，我希望那個女孩是我。我把我的音樂影片當成我存在的證據。

我實現了自己的夢想，卻不能離開我的家。陷入孤獨與困境，我被囚禁在這段關係裡。囚禁與掌控有很多形式，但目標都一樣：打破受囚禁者的意志、扼殺任何自我價值觀念、抹煞這個人對自己靈魂的記憶。我不確定這段關係對我造成多大的傷害，有多少部分的我被永久摧毀或被拘禁了，除此之外，或許也奪走了我全然信任別人和完全放鬆的能力。所幸我透過歌詞，把自己一點一滴地偷回來。

I left the worst unsaid

Let it all dissipate

And I tried to forget

As I closed my eyes

　　我唱了一些說不出口的事。雖然我試著忘記，但我無法。有時我
會毫無預警被噩夢驚醒，或是突如其來感到窒息。有時候我仍覺得沉
重。有時候覺得呼吸不到氧氣。

14 〈ALONE IN LOVE〉

　　我在七年級時有了生平第一次的專業錄音體驗。我為幾首原創歌曲擔任背景合聲，包含翻唱經典的節奏藍調情歌〈Feel the Fire〉，這首歌的原始詞曲創作者兼原唱是彼柏·布萊森（Peabo Bryson）。雖然那次錄音在狹小的居家工作室進行，但這是一份真正的工作，而且我領到了真正的報酬。也是從那時候開始，我發現如何在編曲中創造出音調的細微差異和各種織體的變化，以及如何像畫家一樣運用我的聲音建構層次。這就是我與錄音室戀情的開始。這是一個重要時刻，從此展開我的旅程、我的成功之路。

　　有了一次的錄音體驗就會帶來下次的演出機會。我是小池塘裡面的大魚，因為長島的音樂圈很小，口耳相傳是行銷自己的方法。到了十四、十五歲，我開始為在地的企業公司寫歌、錄製背景合聲以及廣告短曲。我經常替電影《反斗智多星》（*Wayne's World*）那類型的年輕人進行合聲伴唱。他們熱衷於那種吵雜、狂飆吉他的即興重複段落，我則喜歡聽（確切來說是癡迷於）當代都會電台（Contemporary urban radio）的音樂，主要是節奏藍調、嘻哈饒舌及舞曲風格。我熱愛那種類型的音樂。雖然我們的品味不同，但我還是喜歡這項工作。我為歌曲和廣告製作試聽帶，並學習如何根據各種任務所需來調整我的聲音。錄音室是我的天然棲息地。當我待在錄音室裡面的時候，會有種如同暢遊在大海中的失重感，外在的擔憂全部消失。我只專注在音樂上面，即使我不喜歡他們的歌曲，我也尊重創作這些歌曲背後付

出的努力。有一天，當我們正為他們的歌進行編曲混音時，我告訴他們我也是一名作曲家。我想，如果我們能處理他們這些老掉牙的曲子，憑什麼我們不能做自己的曲子？

嚴格來說，我十幾歲以前就開始創作了。我會在日記裡寫詩和創作歌曲。偶爾獨自一人在家或者母親睡著時，我會坐在母親那台保養得特別完善的 YAMAHA 棕色直立鋼琴前面的木製琴凳上，在昏暗的小客廳裡享受片刻的輕鬆。然後把日記本放到樂譜架上，雙腳懸空。我先哼出一段旋律，找尋與我聲音最接近的琴鍵。接著，我會非常安靜——幾乎是氣音——跟著旋律唱個幾句。

我相信我腦海中聽到的音樂。我認為跟我在電台聽到的流行音樂非常類似。我的歌並沒有模仿我所聽到的風格或類型，反倒是我總會尋找感覺跟我很像的曲風。我認為我的曲風和在電台播放的歌曲很契合，甚至有所突破。我真的如此認為。我知道自己聽的音樂對同齡人而言有點前衛，但幸好與我共事的兩個夥伴非常配合，而且願意和這樣一位年輕的女藝術家合作。因此，在他們母親的房子裡，一間簡陋、東拼西湊而成的錄音室，我寫下並錄製了我最喜歡的試聽帶之一〈To Begin〉（我到現在還是很喜歡，只可惜這是小瑪麗亞遺失的眾多錄音帶之一）。我有信心自己做了一首很棒的歌。

他們都說「我們幹嘛聽這小鬼的音樂？」坦白講，我覺得他們不了解我接觸的音樂文化、風格和曲調。他們真的是些怪異的車庫樂團、有點嬉皮風的傢伙。確實我當時還小，但我也知道音樂文化的脈搏在哪裡，他們根本差了十萬八千里遠。與他們共事的音樂訓練有助於我的發展，但我到十五歲時就已經超越他們了。

我早期固定跟兩個製作試聽帶的輕浮傢伙合作。他們喜歡我的聲音，因為我擁有時下流行的少女音質，當時這種嗓音廣受歡迎主要是

因為瑪丹娜在樂壇的成功。但那時候我還是個年輕女孩，歌聲自然可以唱到高音域，我還可以只靠我的聲音模仿當時瑪丹娜錄音室流行的技巧。

我試鏡時唱了一首他們寫的歌，他們當場錄用我，於是那些輕浮傢伙開始付錢請我唱試聽帶。我的職業生涯從此正式開始，但那些輕浮傢伙也接二連三隨之出現。我已經踏入「音樂產業」這個危險的領域，雖然我的音樂路才剛起步，但很快就接觸到許多女藝人必須忍受的複雜人際往來。據我所知，大多數人都沒有撐過來。

一開始就感覺不妙，我真的無法判斷這些傢伙是不是變態，我本來想說不至於發生誇張的事情，因為他們的妻子都一直跟在旁邊。我很天真地以為這些女人可能會扮演大姊姊的角色，畢竟她們都是成熟的大人，我還只是孩子。但不幸的是，我的年齡和才華產生摩擦。儘管我是個瘦骨嶙峋的青少年（我是說，那個年紀的我幾乎是毫無曲線的筆直身材），但我還是讓其中一人的妻子感到威脅。她總是穿著熱褲在我身邊晃來晃去，散發出令我不舒服的氣場。我搞不清楚狀況，年紀太小還不明白這些，更何況我是來工作的。也許我穿著熱褲就不適合出現在這些老男人面前。我不懂，那時候我還只是個孩子，第一次嘗到獨立的滋味。而且我只有幾件廉價的短褲和上衣，連自己陷入一場熱褲之爭都渾然不知。

我繼續替這些傢伙錄製試聽帶，賺點小錢。但就像車庫樂團的那些年輕人，我們也替別人寫歌，儘管我認為自己的歌更有味道。於是我再次詢問他們是否願意讓我寫些歌。起初他們拒絕了，這實在太令人沮喪：我又在這裡唱奇怪、老掉牙的歌。難道這些人都不聽電台音樂嗎？我很納悶。難道他們不知道什麼是流行歌曲？我仔細研究電台播放的音樂，不斷分析哪些歌曲重播率很高。我知道他們寫的歌並不

好聽。儘管不喜歡那些曲子，我還是照唱不誤，因為那是我的工作，而且我真的很需要錢。不過，當時我已經嘗到錄製試聽帶的滋味，知道需要盡快製作自己的歌曲。

後來我和一個開錄音室的人達成協議：如果他讓我製作自己的歌，我就幫他唱試聽帶。我帶了一首我在小屋裡用母親鋼琴彈奏的歌，叫做〈Alone in Love〉。我獨自坐在房內開始製作我的第一捲試聽帶。我自己的試聽帶。

Swept me away
But now I'm lost in the dark
Set me on fire
But now I'm left with a spark
Alone you got beyond the haze and
I'm lost inside the maze
I guess I'm all alone in love
—— "Alone in Love"

我想出音樂的編排方案，實驗許多歌曲。我製作舞曲，並持續嘗試各種不同的音調。我學會如何在壓力下創作，最後在錄音室做出完成試聽帶。〈Alone in Love〉是我試聽帶的第一首歌。這首歌的版本之一最後收錄在我的首張專輯，現在仍是我最喜歡的一首歌。

You haunt me in my dreams
I'm calling out your name
I watch you fade away

Your love is not the same
I've figured out your style
To quickly drift apart
You held me for a while
Planned it from the start
All alone in love

那年我高二。

✾

我清楚記得某個夜晚，一個糟糕透頂的凌晨時分。黎明的粉紅光芒從深紫色夜空的邊緣滲透出來，我不知道自己又到了哪個鬼地方，在塔柯尼克林蔭大道（Taconic Parkway）上？還是在布朗克斯高速公路（Cross Bronx Expressway）上？我緊握住母親那輛搖搖晃晃Cutlass Supreme 老車的硬塑膠方向盤，試著將注意力擺在路況上，盡量不去擔心油表指針一直在 E 那邊晃動。

每天都過得很辛苦，下班後努力找到回家的路，只為了趕在到校前能睡上幾個小時。我剛脫離長島音樂圈不久，我哥哥（他也努力在音樂產業闖出一番名堂，擔任經紀人或製作人什麼的，我不是很清楚）介紹我認識紐約市一群新的錄音室樂手與工程師。於是我開始晚上通勤到紐約市從事錄音工作，然後再掉頭回長島，隔天早上去學校。就這樣，我展開了我第一次的雙重生活（大概吧）。

幾乎沒有同學知道我在幹嘛。他們不知道我獨自在高速公路上開車，半夜迷路，一到家便癱倒在床，然後再拖著自己去學校上課。他

們不知道我為什麼天天遲到。我沒有聊過這些事，因為我知道聽起來很誇張，而且大多數人沒有辦法像我這樣對目標堅信不移。而且我認識的那些孩子也不需要信仰。他們會在十六歲生日時收到新車大禮，雪佛蘭大黃蜂或福特野馬。他們將來的人生道路已經規劃妥當，後世子孫也經濟無虞。大多數人確定自己會就讀大學。他們擁有一個早已為他們預備好的人生。

我記得有一次，學校裡最受歡迎的運動健將問我畢業後要做什麼。我通常不會跟身邊任何同齡人講述我的夢想，但這次我說了。我告訴他，我要成為歌手兼詞曲創作者，他的回答是：「是啊，那妳五年後就會在豪生酒店（Howard Johnson）唱歌。」（豪生酒店是當時仍廣受歡迎的連鎖酒店兼餐館。）完全是故意貶低人的話。

結果證明，不到三年的時間，我穿上剪裁簡單的黑色禮服，頂著一頭捲髮，心情忐忑不安，在數萬人震耳欲聾的吵雜聲中穿過座無虛席的體育館。一個響亮而清晰的聲音劃破了喧囂：「各位觀眾，讓我們歡迎哥倫比亞唱片歌手瑪麗亞‧凱莉為大家帶來一首〈America the Beautiful〉。」李察‧提伊（Richard T.）擔任鋼琴伴奏，我手持小麥克風，用盡所有力量演唱那首經典歌曲。我唱到「sea to shining sea」時飆出高音，引起全場驚呼。

唱完後，播報員說：「現在 NBA 殿堂多了一位歌后，接下來將繼續令人震撼。」這是 NBA 總決賽的第一戰，底特律活塞對上波特蘭拓荒者。我知道那位說我注定要去豪生酒店唱歌的運動健將（無意冒犯任何從事服務工作的人，因為我也經歷過）、所有瞧不起我的人，以及數百萬美國人都在看。當我走進球場時，沒有任何球員、任何球迷知道我是誰，但當我走出球場時，他們會記得我。這是一場我的勝利。

在非常早期的時候，我還有一個曝光度極高的突破性時刻：〈Vision of Love〉單曲奪得流行音樂榜冠軍之前，已經先在節奏藍調排行榜登上首位，所以我的首次全國電視演出是在《奧森尼歐‧豪爾脫口秀》（The Arsenio Hall Show）節目上。奧森尼歐不僅是主持人而已，他主持的節目也不單只是深夜脫口秀；那是一場文化盛事，真正屬於黑人的體驗，或者更確切地說，這是一個黑人視角的主流娛樂節目。每個人都在觀看這個節目，到處都在討論。我將永遠感激與自豪，因為站上奧森尼歐的舞台才能讓大多數美國人第一次看到我的臉孔，知道我的名字、聽到我的歌聲。

十幾歲的我生活在持續疲憊與亢奮的狀態下已成為新的日常。但每開一英里路、迎接每個黎明的到來，我的心就越加堅定。我的企圖心越來越強，甚至到達了犧牲奉獻的程度。得來不易的幸福開始降臨。哥哥成功幫我聯絡上一位名叫蓋文‧克里斯多福（Gavin Christopher）的知名製作人兼作曲家。蓋文替魯費斯樂團（Rufus，主唱是夏卡‧康〔Chaka Khan〕）寫過許多膾炙人口的歌曲，也曾為 DJ 始祖閃耀大師（Grandmaster Flash）和嘻哈教父阿非利加‧班巴塔（Afrika Bambaataa）創作歌曲。我們兩人一拍即合，並開始合作錄製我的第一捲正式試聽帶。我也認識了他的女友克拉麗莎（Clarissa），同樣是位歌手，我們相處得很愉快。我喜歡他們兩人，可以感覺到城市裡的新生活正在我眼前萌芽。

在紐約市建立有價值的人脈對我的事業固然重要，但離開我母親的家不再只是個願望，而是必要。當我年紀還輕的時候，我無法掌控我們經常搬家和母親挑男人眼光向來糟糕的局面。在我升上高中的最後一年，母親開始和一位我瞧不起的傢伙約會。他是個心胸狹窄和控制欲強的男人。那年感恩節我們大家一起出去吃飯，他堅持要我和我

125

外甥肖恩（Shawn，艾莉森的大兒子，當時還在就讀中學）支付我們自己的餐費。他將收據費用拆分給在場的人，要求我們出自己的那一份。於是我從口袋裡摸出幾張少得可憐、皺巴巴的鈔票給他，那幾乎是我全部的錢，然後肖恩和我就走了，跑去看電影《回到未來 II》（*Back to the Future II*）。與他無關。

當母親決定嫁給他，我就知道是暗示我該搬出去了。我猜她以為嫁給這個傢伙能夠一夕致富，因為對方在上西城西七十九街船塢碼頭（West Seventy-Ninth Street Boat Basin）擁有一艘船艇。但那是他闖進我們小屋之前所居住的地方，相信我，他的船與其說是遊艇，不如說是拖船。

她那段糟糕至極的婚姻終究還是結束了。離婚耗費數年的時間和可觀的律師費，當然，這些費用是我在首張專輯大獲成功後所支付。然後，那個渾球甚至最後對我提出訴訟，要求某些假的瑪麗亞凱莉娃娃版權（如果每個告我的無賴都會給我一塊錢，那我早就……，反正這種事發生過很多次。）但我在搬出母親家的時候，生活與富裕完全沾不上邊。我當時身無分文，十七歲。那是一九八〇年代末，我隻身一人在紐約市打拼。

❦

命運真是離奇古怪。大概是七歲左右，我們住在熟食店頂樓狹小的公寓，我那時候喜歡聽著從窗戶傳來的廣播聲。我記得，我一邊搖擺身軀，一邊跟著紐約舞曲團 Odyssey 唱：「Oh, oh, oh, you're a native New Yorker / You should know the score by now.」我不懂「know the score」（進入狀況）是什麼意思，但我那時就想感受極其美好的

紐約。過了十年，我終於到紐約。

　　在我看來，這座城市有著原始的堅韌和不真實的摩登感。它處於永恆流動狀態：一大群人快速行進，每個人看起來都不一樣，但所有人都在同步移動。這座城市裡到處是呼嘯而過的單車快遞，無數輛黃色計程車像一群粗野的大黃蜂，在街道上左右穿梭。放眼望去，一切都在變化：偌大的廣告牌、閃爍的霓虹燈、狂野的塗鴉遍布各種表面，覆蓋在地鐵車廂、水塔和貨車上頭，宛如一個巨大、時髦的移動畫廊。各大街道是華麗而擁擠的伸展台，充斥著不拘一格的時尚模特兒、商業大亨、街頭小販以及各行各業的工人，個個昂首闊步，沒有人學誰。每個人都有要前往的地方、要去做的事情。這裡是混凝土和水晶所構成的瘋狂神奇星球，裡面住著不合群的人、魔術師、夢想家和商人，我正好降落在其中。嗨，親愛的，我就是為此而生。

15 〈MAKE IT HAPPEN〉

從母親家搬出來後，我住進了摩根位於格林威治村的空公寓，在查理媽媽中餐館（Charlie Mom Chinese Cuisine）的頂樓，那時候他在義大利進行模特兒事業（天曉得他還有哪些工作）。我養著他的兩隻貓——忍者和湯普金斯，也努力養活我自己。每天醒來的第一件事，就是思考該去 H&H 買貝果還是該買地鐵代幣。

我每天只靠一美元過活，所以某些東西勢必得犧牲；不是放棄早餐，就是放棄搭乘大眾運輸。H&H 的貝果超棒：鬆軟、溫熱、圓潤飽滿，是紐約市經典的早餐主食，吃完可以讓我一路飽到下午三點。（H&H 代表赫爾默〔Helmer〕與赫克特〔Hector〕，兩位波多黎各老闆可以說是做了世界上最好吃的猶太貝果。）不過話說回來，四處走動也是相當重要，紐約市地鐵是城裡最喧鬧但最直接的路線。地鐵代幣比美元一角硬幣稍大，色澤黯淡的圓形金屬片，上面印著「NYC」字樣，中間還有一個獨特細長的 Y 型切口。這是大家共用的硬幣，可以在任何時候帶你到任何地方。但如果我要去用走路能到的地方，那麼早餐就贏了。

我馬上找了一份工作。我別無選擇，所以做了所有窮困的夢想家到紐約以後都會做的事：抓起真正紐約人會看的免費報紙《村聲》（*Village Voice*），瀏覽裡面的招聘廣告。我應徵了自己能做的工作，後來得到一份在運動酒吧的工作機會，位於西七十七街和百老匯大道路口，店名恰巧命名為百老匯運動酒吧（Sports on Broadway）。

剛開始我擔任服務生，但管理部門很快發現我還未成年，在法律上無法負責酒水供應的工作，於是我被改派去收銀台。天啊，那真是災難。雖然我很認真工作，但以前大部分的工作經驗都在錄音室，收銀員的工作又與錄製合聲伴唱不同，所以無法迅速上手。加上這裡是鄰里的小酒館，多半是常客和不講廢話的女服務生，像影集《愛麗絲》（*Alice*）裡面會說「去你媽的」的芙洛（Flo），但紐約人更兇悍。那些人痛恨我弄亂他們的帳款！

最後，我被調到衣帽間。工作內容簡單。但在我拼命幹活的同時，我也吃虧上當，他們不准我拿小費，但小費幾乎是擔任衣帽間工作人員的全部誘因。每件外套我只拿到一美元。我知道不公平，但也知道這只是暫時的。到了夏天，衣帽間變成商品販售攤位，而我成了「百老匯運動酒吧」的 T 恤女郎。攤位就在前門，所以男人們會先看到我面帶微笑歡迎，身上穿著胸前印有「運動」字樣的白色 T 恤。謝天謝地，上班制服就是簡單的酒吧 T 恤搭配牛仔褲，因為我只有一條牛仔褲，這讓我少了一件需要費心去買的東西。

> *Not more than three short years ago*
> *I was abandoned and alone*
> *Without a penny to my name*
> *So very young and so afraid*
> *No proper shoes upon my feet*
> *Sometimes I couldn't even eat*
> *I often cried myself to sleep*
> *But still I had to keep on going*
>
> —— "Make It Happen"

　　我也只有一雙鞋，尺寸還小了一號半。因為那是我母親的鞋，放著一雙黑色皮革平底綁帶踝靴不穿可惜。這雙鞋是基本款，而且實穿，我讓它們物盡其用。有時鞋身與橡膠鞋底會分離，當我奮力朝向命運前進時，脫落的那片鞋底就會拍打著無情的城市路面。我穿著太小的鞋子站了一整天，腳都腫脹起來，這肯定是導致它們解體的原因。下雪時最慘，因為冰會滑進脫落的鞋底，然後融化，接著滲入我薄薄的襪子，那種濕漉漉廉價皮革的黏膩感便順著我的脊椎往上爬。那年紐約有一場非常大、具有報導價值的暴風雪！但我還是振作了起來，盡量讓自己看起來可愛，面帶微笑、愉快地完成工作，只希望沒人會低頭看我的腳。我接受過多年的訓練在屈辱中生存，但現在我不在學校了，而是生活在紐約這個大城市。我打從心底相信，總有一天我會成功，我會擁有你想像得到最花俏、最合腳的鞋子。

　　我擁有強大的信念，但一路走來也很幸運遇到這麼多奇蹟和人們的善舉。例如運動酒吧的廚師查爾斯（Charles），他會幫我煎一塊油脂豐富的起司漢堡排，再配上一杯杉布卡茴香香甜酒，偷偷遞給我。雖然生活並不光鮮亮麗，但我有飯吃、有衣服穿、還賺了幾塊錢。每熬過一天，我就離夢想更近一步。每晚我都會跪下禱告，感謝上帝又賜予我新的一天，我沒有放棄，也沒有被擊倒。

I know life can be so tough
And you feel like giving up
But you must be strong
Baby just hold on
You'll never find the answers if you throw your life away
I used to feel the way you do

Still I had to keep on going.

—— "Make It Happen"

在運動酒吧的工作只是過程，錄音室才是終點，這一切都是為了我的試聽帶。某天，我在樓下的中餐館吃飯，心懷感激品嘗每日僅有的一頓平價小吃時，我看到一張熟悉的臉。是克拉麗莎，我哥的製作人朋友蓋文・克里斯多福的前女友。我們像老朋友般相擁在一起。我告訴她我已經正式搬到紐約，當我提到自己雜亂的生活起居時，她宛如天使般開口邀請我搬去和她一起住。

雖然克拉麗莎自認為是「窮困潦倒的藝術家」，但算我幸運，她的日子並不是真的那麼窘迫。她和一對同性伴侶住在上西城一棟經典的赤褐砂石樓房，位於中央公園西路（Central Park West）與哥倫比亞大道（Columbus Avenue）之間的第八十五街。我猜想她是那種只要熬過窮酸歌手階段，就會有筆信託基金等待她的年輕人。而音樂就是我的生命。音樂是我唯一的規劃，始終如此。

雖然與先前擁擠不堪的住處相比，這裡無疑是一大升級，但與克拉麗莎同住仍須面臨各種挑戰。她自己有個房間（其中一扇門關著），裡面擺了閣樓床組，床架下方放置錄音設備。她的房間在大客廳的旁邊。我住的地方則是類似閣樓的零散結構，搭建在我們與這對伴侶共用的廚房區域上面。想要進入睡覺的狹窄縫隙，我必須先爬上廚櫃，撐起身子鑽進那個小角落。幾乎僅有夾層大小的空間剛好放得下一張雙人床，外加一顆枕頭和一條毯子（這是母親送我的「居家」保暖禮

物）。空間不深，離天花板又近，我不能完全跪在床上否則會撞到頭（所以在那裡，我都是仰臥禱告）。我用我在長島生活殘存下來的物品「佈置」這個空間：我的瑪麗蓮‧夢露海報和幾本瑪麗蓮的書。我依然仰慕她。

事實證明，結交克拉麗莎這個朋友是非常幸運的事。她幫我找工作，在我分擔不起每月五百美元房租時幫我代墊，這對當時的我是一筆不小的數目。她偶爾會帶我出去吃飯，我們還在她的迷你錄音室裡寫了幾首歌。她與蓋文交往期間在音樂圈有些人脈，有時會介紹我認識其他同樣住上西城的音樂人。出席這些特殊場合時，她甚至會借我一件黑色小禮服穿（和我在首張專輯封面穿的那件差不多）。我自己當然沒什麼適合交際的穿搭。

那段時期的所有事情都一樣，沒有什麼能夠持續很長時間。最後，幾位瘋狂室友的加入意味著我和克拉麗莎必須逃命（我實在無法談論其中細節），我們不得不搬走並繼續往前走。我們加入我朋友喬瑟芬（Josefin）的行列（我和她是在她和我哥哥公開交往時認識的），她與另外幾位瑞典來的女孩住在一起。於是，五個偶然相識的女孩入住隨便挑選的公寓裡，在東十四街一間叫惡棍（Rascals）的夜店上面。我已經降級成睡在地板的床墊上，但現在我住在「市中心的鬧區」，一九八〇年代末期紐約演藝界的中心。這很令人振奮，即使生活不安穩，我的目光總是向前看。我能夠獲得一些穩定和更多的信念，我比以往任何時候都更清楚，一切將會在我身上發生。

I once was lost
But now I'm found
I got my feet on solid ground

Thank you, Lord
If you believe within your soul
Just hold on tight
And don't let go
You can make it! Make it happen

—— "Make It Happen"

　　幾個月後，其他瑞典女孩搬了出去，只剩下我和喬瑟芬。她幫我找了些零工，不過我也開始接到更多合聲伴唱的工作。為了這份工作，我選定好一身新人歌手裝備：黑色針織背心連身短裙，黑色褲襪搭配寬鬆泡泡襪，腳穿 Reebok 的 Freestyle 系列運動鞋（母親傳承給我的黑鞋最後變得支離破碎）。克拉麗莎之前慫恿我要求母親幫我買新鞋，然後母親問摩根，她轉述摩根的話：「她必須學會靠自己。」我當時還是個青少年，獨自在紐約生活，但那又怎樣呢？最後，摩根很不情願地買了一雙白色 Reebok 鞋給我（我納悶為什麼不買黑色？黑色是百搭色耶。但有雙合腳的鞋子還是讓我心懷感激，也不會有冷風自動從腳底竄上來。）幾乎每次我都以同樣裝扮去錄音室工作，就像我的制服一樣。

　　蓋文和我當時正在創作一首歌。我們在錄音時，他將我介紹給一位紐約製作人班·馬格里斯（Ben Margulies），班被聘請來擔任我們歌曲〈Just Can't Hold It Back〉的鼓手。班有自己的工作室，在我身兼歌手與學生身分往返長島通勤的期間，我開始偶爾與他合作。他的工作室在雀兒喜區，位於第六大道與第七大道之間的第十九街，在他父親櫥櫃製造廠的後方一個約莫儲藏室大小的空間。就算原本可能是雞舍也沒差，老實說也相去不遠了。重要的是，這裡幾乎是個完整

133

的錄音工作室，是屬於我的地方。對我來說，這個錄音室既是避難所，也是遊樂場和實驗室。我喜歡待在那裡寫歌、即興創作、唱歌、做夢與冒險。從這個不起眼卻充滿魔力的地方開始，我已經在許多工作室的地板睡過不少個夜晚。

班和我不停工作持續了一年左右，有時候他的搭檔克里斯（Chris）也會到那裡幫忙編曲。我提出很多想法，然後著手錄音，但我仍覺得他們的速度不夠快。我已經踏入新的軌道。我想出所有的歌詞與旋律，但我很沮喪，原因是我覺得應該走得更快。或許因為我才十七歲，極度缺乏耐心，但我覺得我投入的程度與他們不同，好像我跟他們走在不同的軌跡上。音樂是我的全部生命，我的信仰、我的生存意義大部分都與我的歌緊密交織。在我的呼吸、那個時期、我的內心都有股迫切感。我可以感覺到那是我的時代，我覺得我正朝向某件事或某個人快速奔去，所以不願讓任何人或任何事拖慢我的腳步。

我和班都為我們手上正在創作的歌曲感到興奮，但我們倆對音樂的情感與抱負終究合不來。我想當時他以為我們要組成像舞韻（Eurythmics）那樣的二重唱團體，如同大衛‧史都華（Dave Stewart）與安妮‧藍妮克絲（Annie Lennox），與他攜手闖蕩歌壇。但我跟他說：「嗯，祝你好運。但我們可以先專心把我的歌寫完嗎？拜託了！」

我們能夠做出完整的試聽帶，可以真正展現我的創作與聲音風格的試聽帶。在那個錄音室裡記憶最鮮明的就是，我獨自坐在角落的地板上創作歌詞與旋律，或者凝視著窗外，夢想有天我能突破重圍。班看起來非常盡心盡力，我和他一起工作的時間很長，我們也完成了許多事情。不過，在當時我就有個預感，我的事業能夠發展到超越他或我周圍大多數人所能想像的程度。

　　班提議我們應該要有一份正式的協議以「保障」雙方的權益，於是他從一本叫做《關於音樂產業你需要知道的事》（*All You Need to Know About the Music Business*）的書裡面印了一份合約出來（諷刺的是，那本書的其中一位作者唐納德・派斯曼〔Don Passman〕在幾年後成了我的律師）。在沒有父母、法律顧問、經紀人的陪同下，甚至連個好朋友都沒有，我就這樣簽了字。那時候我大概十八歲，顯然對於什麼合約協議都不太了解，我只知道我的詞曲是有價值的。（我記得小時候看過一部披頭四樂團的紀錄片，我很驚訝他們居然沒有自己創作歌曲的版權——披頭四耶！）所以我知道不能把所有版權拱手讓人。有些歌的歌詞是我從高中初期開始寫的，例如〈Alone in Love〉。

　　我們開始安排與唱片公司的面談，事情開始飛快進展。我們收到一家大型音樂版權公司的初步邀約，要把〈All in Your Mind〉這首歌放進電影裡面。我記得他們出價五千美元要買下這首歌的版權。

Come closer

You seem so far away

There's

something I know you need to say

I feel your emotions

When I look in your eyes

Your silence

Whispering misunderstandings

There's

so much you need to realize

You'll feel my emotions
If you look in my eyes
Hey darlin'
I know you think my love is slipping away
But, baby, it's all in your mind

—— "All in Your Mind"

　　我拒絕了，儘管當時五千美元看起來就像一百萬美元那麼多（後來我第一份**真正**的版權發行契約所議定的金額就是一百萬美元）。感謝主，我對披頭四這個引以為戒的故事記憶猶新。我之所以不賣，是因為我相信我的歌來自我內心某個特別之處，賣掉它們等於賣掉我的一部分。

　　音樂產業的設計就是為了迷惑與控制藝人。後來經驗豐富的音樂界高層告訴我，我們簽下的那紙合約對班而言簡直是張黃金門票。我試著在重要關頭忠於相信我的人，可是天真的我卻毫無意識自己簽下的合約有多麼重要。我所得知與我記得的是，他拿到我首張專輯裡我們所有合作歌曲的百分之五十版權。好吧，這就算了。但除此之外，他還從我的首張專輯中獲得百分之五十的歌手權利金（版稅），第二張專輯獲得百分之四十，第三張專輯百分之三十，以此類推。這種情況從一九九〇年持續到一九九九年。雖然班和我在首張專輯發行後就沒有再一起寫過歌，但出於對他的忠誠和我們曾在那個小工作室裡共同付出的努力，我從來沒有後悔，也沒有嘗試重訂合約或收回版稅。

　　是啊沒錯，這份從書上影印下來的合約，就是我第一份「正式合約」草率的起源。歡迎來到現實的音樂產業！這個可是我多麼渴望踏入的領域，但我很快就相信，我的第一個簽名是簽在疑點重重的紙

上，那一張難以擺脫的紙。這次肯定不是最後一次，那片陰鬱幽暗的森林尚未到來。

人要綜觀全局，慎選戰場，我不打算去追究已經被我拋在腦後的人。我正朝目標前進。我會永遠感激他，祝他一帆風順。

至少，我們完成了那捲試聽帶。

那捲試聽帶就留在我的隨身聽裡，放進屁股口袋，音樂不斷在耳邊繚繞。除了收聽廣播之外，我聽的都是我們所創作的歌。各大版權經紀公司的邀約也讓我信心大增，相信夢想即將實現。我只需要保持信念，不斷努力。我沒有停下腳步。我繼續更多的錄音，進行更多的聯繫，接下更多的和聲伴唱工作。我開始為樂手兼製作人 TM 史蒂文斯（T. M. Stevens）合音，他曾與納拉達・麥克・沃登（Narada Michael Walden）共同創作歌曲，並擔綱詹姆斯・布朗（James Brown）、辛蒂・露波（Cyndi Lauper）、喬・庫克（Joe Cocker）等其他大牌歌手的貝斯手。因為他的關係，我才能有幸在某次錄音時見到令人讚嘆的辛蒂・米澤爾（Cindy Mizelle）。

自從十二歲的初次和聲演出以來，我對於成為優秀和聲歌手所需的特殊技能與天賦就多了一分敬意。我會特別聆聽電台播放的背景音樂，仔細研究專輯的說明文字和 CD 封面，看是由誰擔任和聲（尤其是舞曲唱片，因為我認為和聲是這些歌曲的靈魂所在）。我開始熟悉許多傑出的和聲歌手，奧黛莉・惠勒（Audrey Wheeler）和麗莎・費雪（Lisa Fischer）等等，當然還有辛蒂。她絕對是我心目中最棒的一個。過去擔任和聲歌手的辛蒂・米澤爾曾為史上最具天賦的大咖歌手伴唱，譬如芭芭拉・史翠珊（Barbra Streisand）、惠妮・休斯頓（Whitney Houston）、路德・范德魯斯以及滾石樂團（Rolling Stones）。她是真正的歌手中的歌手。辛蒂是我心目中嚮往的女孩，

我非常崇拜她。

記得當時開始進行錄音排練，我們站在麥克風前面進行我總是唱不好的那一段。辛蒂是完美主義者（就像現在的我），但她對我很有耐心。第一次學習怎麼唱和聲，讓不同的音調與音色和諧一致並非易事。製作人喜歡我的音色，但我必須學會如何靠它來賺錢，學會如何唱出他們要的感覺。和聲的音準需要練習。辛蒂幾乎每天都有新的演出活動，她是大師級的和聲歌手。剛開始在她旁邊唱歌，我必須加倍努力才跟得上她。現在和聲是我創作歌曲時最愛的一項元素。我喜歡和聲的織體與層次，這能增加歌曲的豐富性。和聲能唱出歌的精髓。

有次我和辛蒂站在麥克風前面，彼此靠得很近，她聽到我的肚子餓到咕嚕咕嚕叫。她低下頭，一眼看到我腳上穿的那雙破舊鞋子，接著掃視我身上皺巴巴的衣服，然後露出憐憫與認可的神情抬頭望著我。能夠站在她旁邊已經讓我興奮到沒有難為情的感覺，在人生的那個階段，我的野心比我的羞恥心更強大。誰在乎我來的時候是不是有點餓、有點寒酸？我現在終於以唱歌為生，而且就站在唱功一流的專業人士旁邊。

辛蒂在那晚給我她的電話號碼，並告訴我，有需要就打給她。我拿著電話不知所措，她可是在世界各地參與大型演出的人耶——我能有什麼事情打給她？打去又該說些什麼？後來我沒打。到了下次見面時，她問我怎麼沒打電話。開口請求對我來說並不容易，我不想打擾她，也不想增加她的負擔。聽完我的解釋，她直視著我的眼睛說：「瑪麗亞，妳需要打給我。」

這時我才猛然驚覺，喔！我懂了，我應該打電話給她。我當時沒有馬上意會過來，這是整個過程的一部分：入門啟蒙、師徒指導、人才栽培、參加姊妹歌手的社交活動。這些儀式對我來說都是新的體

驗，更何況我以前對於自己能被接納成為藝人圈的一員，乃至於成為任何團體的一員都感到很陌生。

　　只要我闖進和聲菁英的核心圈，就會有人開始推薦。和聲歌手的工作機會都是透過口耳相傳而來，一個推一個，好的和聲歌手喜歡共同合作。如果陣容強大，和聲演出也會相當精采；演出精彩的話，收入自然充足穩定。所以現在，我已進入一個關係緊密、由才華洋溢的紐約職業音樂人士組成的族群，雖然我總是群體裡最菜的那一個。我也經常在工作之餘和他們出去玩，大部分在曼哈頓上西城一帶。其實我根本不喜歡喝酒或跟人社交，對我來說，參加這種聚會是為了建立人脈，特別是工作方面的。確實也沒白去。

　　我後來拿到工作邀約，要替 Maggie's Dream 樂團的試聽帶唱和聲。等到抵達現場，我被告知待會要幫一位男歌手和聲。接著，這位性感、穩重、皮膚呈現烤杏仁色、散發文藝氣息的年輕男子走了進來，看起來就是典型藝人的模樣。他濃密的黑髮才開始蓄留雷鬼辮，加上粗曠的絡腮鬍，下巴中間有撮濃密的山羊鬍。一身搖滾明星的休閒裝扮：厚重的黑色皮革復古騎士夾克、黑色牛仔褲、黑色 T 恤。細細的鼻環穿過他的鼻翼，身上聞起來有我想像中的古埃及油味道。他的臉和善而且好看，掛著大男孩般的微笑。他叫做羅密歐‧布魯（Romeo Blue），朋友則叫他藍尼（Lenny）。大約一年後，全世界都會知道他是藍尼‧克羅維茲（Lenny Kravitz）。

　　Maggie's Dream 樂團裡有位叫湯尼（Tony）的鼓手，他也在歌手布蘭達‧凱‧史達（Brenda K. Starr）樂隊擔任鼓手。唱片公司打算重新改編布蘭達的熱門節奏藍調流行歌曲〈I Still Believe〉，當時和聲有個空缺，湯尼幫我爭取到試鏡的機會。我非常興奮，因為布蘭達的主打歌在電台播過，你們知道我超愛聽電台音樂。試鏡時，我們

都要站在布蘭達坐的桌子前面唱她的歌。我使出渾身解數展現。

　　我為我的人生歌唱。我秀出九彎十八拐的轉音技巧，一路高亢飆唱到最後一個音符。我唱完以後，動也不動站在原地，人是回到地球了，但心還在燃燒。布蘭達盯著我良久，突然調皮地咯咯笑起來。她用短促的鼻音說：「妳想搶我工作啊？」我沒有動作。但她從咯咯笑變成開懷大笑。我沒注意到原來不應該唱得比可能錄取妳的主唱好！

　　「瑪麗亞是我的新好友。」她的話打斷想得出神的我。等等，她居然知道我的名字！簡直不敢相信，一個電台播過自己主打歌的人現在居然知道**我的**名字。試鏡結束後，布蘭達必須立刻飛到別的地方演出，但她一回來，我就錄取了。她不停地說：「我跟每個人說過這個叫瑪麗亞的女孩！」

　　布蘭達是名符其實熱帶種族的融合體。她從小在西九十街和阿姆斯特丹大道的公共住宅長大，公宅文化也在她體內萌芽。她告訴我，她母親是波多黎各與夏威夷人，父親哈維‧卡普蘭（Harvey Kaplan）則是猶太人，曾是 Spiral Starecase 樂團的成員之一。他們有一首熱門歌曲：〈More Today Than Yesterday〉。布蘭達的年紀比我稍長，也比我更了解街頭文化，帶點無厘頭和傻大姊的個性。我們兩人很快就成為朋友。

　　我的職業歌手生涯正飛快地進展，但同時我仍然只是個尚未成年的少女。某一次我和 Maggie's Dream 樂團的幾個傢伙出去玩，然後其中一人開始取笑我還是處女之身（顯然是克拉麗莎告訴他們的）。結果每個人聽了都在笑，我不知道這有什麼好笑的。我那時候少不更事，總是年紀最小的成員，顯然也是最理想主義的人，所以經常不得不忍受一些成年音樂人的低俗消遣。

　　也許我年紀輕、閱歷淺薄，但布蘭達知道我的歌很棒，而且流露

超齡的智慧。我讓她聽我自己的試聽帶，她聽完後說：「噢，瑪麗亞，我想把這些放進下張專輯。」那時電台仍不斷播放她的熱門單曲，每次我們在一起、我聽到那首歌的時候都覺得不可思議。我不敢相信我居然可以與她共事、跟她成為朋友，更不用說她給了我迄今為止最重要的和聲演出機會。

但是我告訴她：「我知道我現在還沒有什麼成就，但我很抱歉，我必須留著這些歌。這些歌都是我為自己寫的。」

我或許對於我的收入、我的衣服、我的家庭以及其他一大堆事情沒有安全感，但我知道我的歌有它的價值。我真的很開心終於能夠與年輕、奮發上進的當代音樂人和歌手在一起，事實上我也始終相信，將來這種事一定會發生在自己身上。布蘭達在那之後從未強迫我拿出我的歌。

擔任布蘭達的和聲歌手，跟著巡迴演唱她的主打歌非常有趣。有一次，我們到洛杉磯出席一場知名的廣播電台音樂會。那是我第一次去洛杉磯，也是我屈指可數的幾次搭飛機經驗。此刻，我正以一個職業和聲歌手的身分登機，準備前往洛杉磯參加電台主辦的大型戶外音樂會！對我來說，能夠出現在廣播電台就是出名了。布蘭達將在這場音樂會中演唱〈I Still Believe〉，我將擔任其中一位和聲歌手。威爾·史密斯（Will Smith）也在現場，演唱了嘻哈單曲〈Parents Just Don't Understand〉。

現場還有傑佛瑞·歐斯朋（Jeffrey Osborne，L. T. D. 團體出身），演唱的曲目之一是〈You Should Be Mine (The Woo Woo Song)〉。我當時人在觀眾席觀看台上表演。我們當中資歷較深的唱將傑佛瑞開始用他老練、圓潤流暢的嗓音唱起副歌：「And you woo-woo-woo」。眾人加入合唱，唱過幾輪，他把麥克風遞給了觀眾。

「把麥克風傳給她！傳給她！」布蘭達尖叫說，對我擺動的手指像小狗開心搖著尾巴。

我接下麥克風，給那個「woo-woo」來一段特別的瑪麗亞混音版，運用各種花腔唱技，然後唱到最後一段「woo」時飆到最高音，現場群眾爆發熱烈掌聲。我就是在那天和威爾‧史密斯變成朋友的。

我和威爾都還很年輕，看起來也是。在我招牌的內彎瀏海上方，我用黃色髮圈把前半段蓬亂、捲曲的頭髮綁起來，讓髮絲像噴泉似散開，後半部的頭髮則順其自然披落在肩上。我穿著從喬瑟芬那裡借來的糖果粉無袖連身小短裙。威爾又高又瘦，打扮得好像隨時要比一場籃球賽。他為人非常友善且風趣，他那位有魅力的朋友查理‧麥克（Charlie Mack）也是。我馬上看出他不僅才華洋溢，而且相當聰明，做事全神貫注。我很喜歡〈Parents Just Don't Understand〉這支單曲，他的成就讓我印象深刻。

有時候我們會出沒在我和喬瑟芬合租公寓樓下的惡棍夜店裡。他是個簡單率真的朋友，我們倆都有強烈的企圖心，並對世界仍保有赤子般的好奇。我們一直維持著單純情誼的關係，友情從未變質。

威爾聽過我唱歌之後，相信我的才華有潛力。他帶我去了當時最熱門的嘻哈新廠牌 Def Jam 唱片公司（Def Jam Recordings），他就是在那裡簽約的。我們步行去 Def Jam 的途中，看到一位高瘦白人朝我們走來。那人很顯眼，因為走路像跳舞一樣全身律動，頭戴著耳機，音樂聲大到旁人都聽得見：「It takes two to make a thing go right!」

後來我發現原來那個人是萊爾‧寇恩（Lyor Cohen），他曾是嘻哈團體 Run-DMC 和饒舌歌手 LL Cool J 的經紀人，並且簽下了雙人組合 Eric B. & Rakim 和 DJ 傑斯傑夫與菜鳥王子（DJ Jazzy Jeff &

the Fresh Prince）[9]。對我來說，這是個很奇特的畫面：一個壯碩結實的成年男子打扮得有點酷，大聲唱著：「I wanna rock right now!」我心想，他怎麼會知道這首歌？

Def Jam 辦公室內瀰漫一股「繁華鬧區」的氛圍。這裡是聚集許多高人氣嘻哈男藝人的唱片公司，所以自然會有眾多女孩子進進出出。大多數人看到我挽著菜鳥王子的手臂走進來，可能以為我是什麼瘋狂追星的迷妹。威爾完全沒聽過我的試聽帶，他只在音樂會上聽過我唱歌，但我想那對他來說就夠了。我們在樓上意外碰見一位小主管，他想聽我唱歌。再說一遍，或許我看起來有點寒酸，沒什麼歷練，但我還是有足夠的洞察力辨別情況：我不會為這個隨便遇到的傢伙唱歌。我很感激威爾對我的信賴，但我的目光擺在擁有眾多藝人的主流唱片公司，那種更符合我想當個詞曲創作歌手的企圖心，例如華納音樂或哥倫比亞唱片之類的大型音樂公司。我明白那才是屬於我的地方，我相信那才是我要去的地方。

我的信念與目標強烈且明確，但也有遭遇挫折困難的時候，像是差點與大西洋唱片（Atlantic Records）簽約。在那段時期，各大唱片公司正開始收割過去栽培青春偶像歌手的成果，例如蒂芬妮（Tiffany）和黛比‧吉布森（Debbie Gibson）。據說，時任大西洋唱片的負責人道格‧莫里斯（Doug Morris）對我的試聽帶表示：「我們已經有少女偶像歌手了。」他指的是吉布森。

顯然他沒有真正聽懂我的歌。就這方面來說，絕大部分唱片公司都沒有聽懂我的歌。他們不知道我的歌路定位在哪，也不理解我的音樂風格，試聽帶裡的歌曲不太符合當時現有的音樂流派。雖然我年

9　譯註：威爾‧史密斯出道早期與搭檔 DJ 傑斯傑夫組成的饒舌團體。

輕，但我走的絕對不是青春流行歌手路線。我的作品融合了一些靈魂樂、節奏藍調與福音音樂的元素，也擁有對嘻哈的敏感度。我的試聽帶比當時音樂產業的風格更加多元豐富。

當然，那時候房間裡總會有頭金髮黑白混血大象。據說，摩城唱片高層對我試聽帶的反應是：「喔，別來了，我們不想再處理婷娜‧瑪莉（Teena Marie）那種情況了。」意思是，他們不想讓普羅大眾又糾結在我是黑人或白人之類的，他們不知道怎麼包裝行銷我。大多數唱片公司高層都不懂怎麼規劃我的唱片，他們確定我的音樂能不能「跨界」打入白人或黑人市場。但先鄭重聲明一下，婷娜‧瑪莉根本不在乎跨不跨界，我也沒想過跨界或跨越什麼的。

我只想超越。

16 音樂界大咖

「我要帶妳去參加這場派對，妳會見到知名唱片公司高層傑瑞・葛林柏格（Jerry Greenberg），那派對一定很棒。」布蘭達在某天晚上宣布。

去啊！幹嘛不去？我心裡想。我有足夠的專業自信讓她拉我去參加業界派對。當時的我除了和聲工作，也在跟華納音樂商討把我的歌放進電影裡的事宜。我對這場派對沒有抱太大的期待。雖然布蘭達向來古道熱腸，但她也經常冒出稀奇古怪的想法，所以我有時候對她的說法半信半疑。

我們打算先到她位於紐澤西的房子再換衣服，因為那邊有她巡演時穿的服裝、化妝品以及飾品配件等，還有一點錢。她說好要來我住的公寓接我，我在狹小的門廊苦等了一個多小時，癱坐在磁磚地上（別忘了，那時候還沒有簡訊可發）。最後她終於出現，整個人精神煥發、活力充沛，準備參加派對。她的興奮帶有感染力。

在她的大浴室裡，我們開始進行出門社交必備的梳妝打扮儀式。布蘭達擁有各式各樣你想像得到的慕斯、髮膠、梳子和捲髮器。由於她有波多黎各和猶太人血統，所以她的整髮工具當然適合拿來處理我的髮質。我將髮絲分成一撮撮纏繞在電棒上面，嘗試捲出整頭均勻的羊毛捲長髮。最後拉直瀏海完成頭髮造型。穿搭方面，我跟她借了一件黑色小洋裝（不然還能穿什麼！）。我自己帶了一條不透光的黑色褲襪，但她的鞋子太小我穿不下，於是我穿上羅紋泡泡襪搭配黑色

145

Vans 運動鞋。最後，套上體現我個人特色的代表性單品——高中時期那件 AVIREX 夾克——完成整體裝扮。

　　我認真試著打扮了一下，看起來還行。布蘭達告訴我，這場派對是為了慶祝新唱片公司的成立，但此時我對旗下有大人物和知名藝人的大型唱片公司比較感興趣，所以對於誰會出席並沒有很高的期待。這家新公司是三位業界知名人士合作，共同推出他們自己的音樂品牌：WTG 唱片（WTG Records）。「WTG」分別代表沃爾特（Walter）、湯米（Tommy）和傑羅德（Gerald）。聽起來像輪胎公司的名字，我當時還不知道誰是誰。但布蘭達認識傑瑞（也就是傑羅德・葛林柏格），告訴我傑瑞是業界舉足輕重的大咖（一九七四年，當時三十二歲的傑瑞就成為大西洋唱片有史以來最年輕的總裁）。經過她一番解釋，派對變得比較有趣了一點。

　　我現在才明白為什麼布蘭達要我帶好自己的試聽帶（並不是指我沒有隨身攜帶），因為她要帶我去見大西洋唱片公司的一個人。抵達派對現場，周圍都是「業界人士」，但我還是搞不清楚狀況。我到處走動，環顧四周。幾位經紀人正帶著一位女藝人走來走去，像牽著一匹展示馬。她金髮碧眼，長得非常漂亮，膚色很白，打扮得精緻漂亮，髮型也特別整理過，一群唱片公司的人圍在她身邊打轉。室內到處擺著她的放大版照片。我猜我們應該當著她的面發出一點驚呼聲。但我對她不感興趣。我只是一直在想，她是誰？為什麼看到她該感到興奮？我覺得她不過是他們身旁的一個人。坦白說，我對整個現場都沒什麼印象。

　　布蘭達和我在一張桌子旁邊坐下。雖然我們試著在這個大家都穿得西裝筆挺的地方盡情享受派對，但我滿腦子想的都是我可以在錄音室寫歌之類的。我總是想去錄音室。我們起身去洗手間，穿過人群，

走向通往洗手間的樓梯。

在我們跳上階梯時，我看見了他。

他不是我平常會注意到的那種人：沒有特別高或矮，也沒有特別時髦或俗氣。我很確定他當時穿著西裝。若不是因為他的眼睛，我肯定忘得一乾二淨。我們對上彼此的眼，瞬間有股能量朝我們之間襲來，像輕微的電擊。他的目光銳利。

他不是看著我，而是看著我的眼睛。我有點嚇到，沒有討厭的感覺，但也不是一見鍾情的那種。心情稍作平復後，我繼續走上樓梯，這次速度放慢了點。當我關上洗手間的門，那種奇怪的感覺仍在我心裡跳動。發生什麼事了？我不知道他是誰，但不知怎地我好像認識他。我知道不是從電視上或其他管道看過他，因為與他的臉無關，而是其他東西。我注意到他的氣場，我想他也注意到我的了。

布蘭達非常興奮。「妳注意到湯米‧莫托拉看妳的眼神嗎？我看到了！」她眼睛睜得大大地說。

「湯米‧莫托拉是誰？」我問。

「這位小姐！」她疑惑地看著我，一臉嚴肅。「妳居然問湯米‧莫托拉是誰？」她開始唱一段耳熟的歌詞：「Tommy Mottola lives on the road……，妳怎麼會不知道他是誰？妳沒聽過這首歌嗎？」我搖了搖頭。她又繼續唱了一下：「Oh, oh, oh, oh, oh cherchez, cherchez——」

我想起來了。「喔！對，我聽過！」我也跟著唱：「*Oh, oh, oh, oh, oh, cherchez, cherchez*」那首歌是巴扎德博士的原生態沙凡納樂團（Dr. Buzzard's Original Savannah Band）的〈Cherchez la Femme / Se Si Bon〉。

我跟她說，我小時候很喜歡這首歌。

　　布蘭達說：「他就是那首歌裡面的湯米，唱片界幾位大人物之一。」我們往他們站的位置走去。

　　我站在一旁想，如果他是這樣一個大人物，他想從我這裡獲得什麼？派對上到處是更漂亮的女孩，有完美的妝容，穿著更好的鞋子。湯米問布蘭達：「妳朋友是誰？」這是我聽過最令人緊張的一句話。

　　布蘭達把答案直接告訴傑瑞。「她現在十八歲，叫做瑪麗亞。你非聽看看這個不可！」就在她要把試聽帶遞給傑瑞時，湯米的手迅速擋了下來，他搶走帶子後便匆匆離開派對。真是奇怪又令人疑惑。我當時想，搞什麼鬼啊？

　　那捲可是很重要的試聽帶。裡面收錄了一些我最棒的歌，像是〈All in Your Mind〉、〈Someday〉和〈Alone in Love〉。那個叫湯米的傢伙竟然就這樣拿走我的所有作品（和財產！）？我坐在那裡想的並不是，太棒了，剛剛把試聽帶交給知名唱片公司的高層。我更關心的是要再拷貝一份試聽帶。心想，我知道那個叫湯米的傢伙根本不會去聽。

　　廣為流傳的說法是，湯米離開派對後坐進禮車，在車內立刻收聽這捲試聽帶。我不曉得他突然離開派對的原因，但他走之後，我也準備離開。所以我就走了。

　　最後湯米回來找我，顯然他不敢相信剛才聽到的歌是樓梯間那位穿 Vans 鞋搭泡泡襪、外表單純的年輕女孩的創作。那些穿著高跟鞋、打扮光鮮亮麗的女孩都在努力吸引 W、T 或 G 的注意，但 T 卻回頭來找我。

　　湯米當時已經是索尼音樂（Sony Music）的董事長，要拿到我電話號碼輕而易舉。他打電話給我，並在答錄機上留言。

　　喬瑟芬和我把在答錄機上面耍白癡、發出無聊聲音當作行為藝

術。早上五點我從錄音室回來，我們錄下了這些瘋狂的訊息。湯米從答錄機聽到的那則訊息，是我模仿喬瑟芬的瑞典口音說：「如果是管理員打來，我們這裡需要協助！我們家貓的尾巴上面有蒼蠅，這裡沒熱水。」接著傳出一陣狂笑。我們覺得這些事情很有趣，但也是事實，公寓的環境相當惡劣。我們在天花板和牆壁掛著超黏的補蠅紙，結果害我們的貓不小心蹭到。公寓也沒熱水，簡直一團糟。但當時我們還年少輕狂，常拿自己的處境開玩笑。

湯米打來的第一通什麼都沒講就掛掉。但他沒放棄。他再打回來，這次留下簡短、聽起來嚴肅的訊息：「湯米・莫托拉，CBS 唱片，索尼音樂。」他留了一個電話號碼。「請回電。」

不敢置信。我立刻打電話給布蘭達，她證實湯米辦公室曾打去給她經紀人，他想簽下我。這是我人生一連串不可思議、奇幻灰姑娘故事的開始，但我沒有一見傾心，因為湯米・莫托拉真的不是我的白馬王子。

17 是公主還是囚犯？

Once, I was a prisoner
Lost inside myself
With the world surrounding me
—— "I Am Free"

　　很久很久以前，我住在一棟非常大的豪宅裡，名叫童話莊園（Storybook Manor）。屋內金碧輝煌，有璀璨華麗的更衣間，裡面掛滿頂級奢華的禮服和珠光寶氣的拖鞋。但在城牆裡面也有躲不掉的空虛感，那種感覺壓過裡面所有事物，幾乎快把我吞噬。這裡不是灰姑娘該去的地方。

　　如果要用童話故事來描述我的人生，那肯定是《三隻小豬》。我的童年就是接二連三在脆弱不堪、不夠牢靠的房子裡度過，然後壞蛋大野狼，我的不良少年哥哥會跑來吸一大口氣，把房子吹倒、吹塌。我從未感到安穩，也從未安穩過。他的脾氣難以捉摸，完全不知道何時要發飆，不知道哪個人又要遭殃。我只知道自己在這個荒野叢林般的世界真的形單影隻，若要找到一處安穩的棲息地，我必須靠自己建造。

　　我還記得第一次感到安穩的時候。我一個人住在紐約市十層樓高的個人套房裡，擁有美不勝收的景觀。那棟建築物名稱叫雀兒喜庭園（Chelsea Court），我很喜歡它的名稱，讓人有高貴優雅的感覺。從

我的套房窗戶看出去就是帝國大廈，這是我的小小公寓，第一間屬於我的套房。

這時候的我剛拿到第一筆預付款。五千美元，這個數字我永遠忘不了。我第一次見到這麼大一筆錢，更不用說這些是我自己的錢，愛怎麼花就怎麼花。一拿到預付款，我馬上找了要住的公寓。我終於可以自己付房租了！不必再住在角落和縫隙裡，不必再睡在地板上，不必再和四、五個女孩共用狹窄的浴室。

我入住後的第一件事就是幫自己買張四支椅腳都穩固的小沙發。有時候我會像撫摸嬰兒一樣，撫摸著小沙發扶手上的布料。這對我來說意義重大。我從地板床墊升級到擁有自己個人的床鋪，有一個小廚房，養了兩隻貓，湯普金斯和忍者。在這裡終於稍微感覺到平靜。有一段時間，我開心到想把莓果色貝雷帽往空中扔、拿著洗衣袋在街上旋轉，因為我撐過來了。挺過危機、熬過飢餓、捱過動盪不安，現在我站在這裡，一天天離我的未來越來越近。我在紐約自立自強，住在自己的公寓，擺滿自己的家具，正在製作自己的專輯，全部收錄自己創作的歌曲。我可以邀請自己的朋友過來。我第一次嘗到獨立自主的滋味，感覺很棒。可惜這份感覺並沒有持續很久。

起初有湯米保護我。雖然忙碌的生活得以稍微喘口氣，也有些早期的機緣和明確的成功道路，但兒時的創傷與不安感，加上兄長與其他人試圖利用我的壓力，讓陰影仍然緊跟在後影響我的一舉一動。我無時無刻都提心吊膽。湯米為我抵擋下所有以為我虧欠他們什麼或想利用我的人，也保護我不受家人的傷害。

　　那年我十九歲，一直過著折騰混亂的生活，靠著自己好強不認輸的決心才生存下來。然後這位有權有勢的人突然出現，他把海水分開，為我的夢想騰出空間。他完全相信我。

　　恕我直言，湯米‧莫托拉只是我人生重要時期需要接受的現實。很多人尊敬他。他是具有遠見的音樂高層，強悍又無所畏懼，硬把自己的願景拉進現實。他用霸道的方式相信我。

　　「妳是我見過最有才華的人，」他會對我說：「妳會成為跟麥可‧傑克森一樣偉大的人物。」

　　我被打動了，因為他提到那個名字：麥可‧傑克森。眼前這個男人在推動業界知名人物的職業生涯方面扮演著重要角色，而他看到我和現代史上最具影響力的歌手藝人一樣，都散發出罕見的氣質。他展現出尊重。

　　那些並不是銷售話術或花言巧語，他說的是肺腑之言。我們在工作方面非常認真，沒有半點玩笑的成分。歌手生涯是我最重要也是唯一的事情，那是我存在的證明，湯米也明白我下定決心的力量多麼強大。我非常認真，充滿企圖心。他知道我擁有強而有力的獨特嗓音，但印象最深的是我創作歌曲的方式，譬如旋律的結構、曲風。我剛好在湯米開始擔任新唱片公司要職時成為他旗下的新人，所以他的影響力讓我前進的道路暢行無阻、平步青雲。他願意竭盡全力讓我成功，我承認也尊重這種影響力。即使在音樂界見過不少大名鼎鼎的人物，湯米仍告訴我，我是他見過最有才華的人。他是發自內心如此認為，而我真的相信他。

　　我們認識沒多久，湯米便開始主動示好。起初手法有點笨拙、幼稚，比方說送我昂貴的 Gund 泰迪熊玩偶，但他接連不斷的舉動和無時無刻的關心也給了我安全感。湯米有種我從未近距離見過的厚臉皮

自信，讓我印象深刻，我認為他是真正有能力的人，這點非常吸引我。然而在耀眼的光芒下，我隱約感覺到他身上潛藏一股黑暗的能量，而這就是享受被他保護必須付出的代價。但十九歲的我，願意付出這個代價。對我來說，湯米結合了父親形象、斯文加利[10]、商業夥伴、知己和伴侶的綜合體。雖然完全沒有強烈的性誘惑或肉體吸引力，但那時候的我更需要的是安全感和穩定，一種家的感覺，而不是男朋友。湯米明白這點，也提供了我所要的。我把我的事業與信任交託給他，也把我的信念與道德準則交付出去。

我們的關係既緊張又涉及各個層面，畢竟我們一起工作，相處的大部分時間都在工作。沒有工作的時候，我們會在高檔牛排餐廳或知名義大利餐館吃飯，或者共同出席業界活動。我待在雀兒喜公寓的時間越來越少，大部分晚上都是和他在一起。

很快地，我感受到來自湯米的壓力，他要我放棄自己的空間，而我也違背了自己的直覺妥協了。我壓根不曉得這個讓步竟會是緩慢、穩定步入囚禁生活的開始，我完全不知道接受湯米的要求竟會逐漸侵蝕我的隱私，開始抹去我的身分。

每逢週末我們都會開車去湯米在紐約州希爾斯代爾鎮的農場，我最後暱稱那裡為「希爾斯監獄」。在我拿到第一筆預付版稅一百萬美元（可以買很多 H&H 的貝果！）的那天晚上，湯米載我開上了塔柯尼克林蔭大道，然後在一片美麗的土地前面停下來。他把車子熄火，讓我下車。我望著這片遼闊無際的區域，在秋風中瑟瑟發抖──景色真是美極了。

「我們在這裡蓋房子吧！」湯米宣布。我明白這句話的意思：我

---

10 譯註：Svengali，小說《Trilby》中的人物，是個邪惡的催眠術大師。

們要在這裡建造我們的家。但我完全不清楚自己將捲入多大的麻煩。

當時那裡還不是希爾斯監獄，而是一大片壯觀、佔地約二十一公頃的肥沃綠地，鄰接紐約貝德福鎮的自然保護區。兩側是雷夫・羅倫（Ralph Lauren）與另一位著名富豪持有的房產，這個區域絕對安全無虞。但是我很快就會發現，所謂安全無虞的想法即將背叛我。

❧

我從來沒想過離開這座城市，但現在我們卻要離開了。走出錄音室，我心想什麼時候才能回到我深愛的曼哈頓？當然，建造一棟新房子會是個里程碑，但無論是創意還是情感方面，曼哈頓對我仍有強烈的吸引力。

經歷過流離失所、各種顛沛流離的童年生活之後，我終於有機會從地基開始打造屬於自己的家，想到這裡我就興奮了起來。我喜歡上這裡了。

我堅持全程參與所有的設計，並堅持支付一半的費用，因為我希望那裡是我的家。我至今仍對母親被她男友大喊「滾出我的家！」時那個差辱的畫面記憶猶新，我告訴自己，沒有人可以這樣子對待我，永遠沒有。

雖然我從母親和姊姊身上學到很多教訓，也提醒自己長大絕對不要步上她們後塵，但幾乎沒有人教我身為女人應該怎麼做，即使我很小就被迫走進成人的世界。湯米比我年長二十一歲，已經可以當我的父親，而且他是我唱片公司的負責人。但是身邊沒有一個明智的女人告訴我，我們的關係不可能對等，我應該三思而後行，考慮清楚是否要跟他平分合買一處高價地產。最糟糕的是，我們當時還沒結婚。

　　但當時的我年幼無知，和湯米總是形影不離。我為自己賺錢感到自豪（儘管我對金錢沒什麼真正的概念），不久前才從首張專輯的銷售中獲得一大筆版稅支票，我以為人生從此一帆風順，和湯米一起建造夢想中的房子似乎沒什麼風險。那時候我已經賣出幾百萬張唱片，但我不知道我們夢想的豪宅居然會花到三千萬美元。而且事實證明，我和湯米住在那棟房子的期間，我付出了比金錢更多的東西。

　　我確實喜歡在貝德福鎮建造那座大莊園的過程，這讓我開啟了另一個激起熱情的領域，我終於能夠喚醒兒時對好萊塢老電影的痴迷。諷刺的是，我受電影《願嫁金龜婿》（*How to Marry a Millionaire*）的影響特別大，該片由貝蒂·葛萊寶（Betty Grable）、洛琳·白考兒（Lauren Bacall）與瑪麗蓮·夢露（這是一定的）主演。富麗堂皇的拱型窗戶、令人嚮往的光滑地板，這些電影畫面深深烙印在我小女孩的想像裡。我設法確保家裡每個房間都乾淨寬敞，空氣流通且光線充足，與設計師、建築師密切配合，一起檢查每個細節。我自己研究了很多關於線板和磁磚的風格款式，甚至變成壁燈專家──壁燈耶！親愛的！我也學到許多關於裝潢材料的知識，經常造訪各類採石場。雖然我一點也不喜歡鄉村風，但我真的很愛自家廚房地板上經翻滾加工的大理石 [11]。我對自己喜歡的東西非常挑剔也很有自信。

　　儘管當時天真單純，但我仍然決定要建造一棟大房子。出身貧寒的我可沒什麼好抱怨的：「喔，我真可憐，我必須蓋一座豪宅！」我熱衷於此。畢竟我真心以為我與湯米會白頭偕老，我們共同建造的家會像我們創作的音樂一樣流傳百世、永恆不朽、輝煌壯麗──無庸置疑，我也是背後創作的力量。

---

11 譯註：邊緣成破碎狀，表面稍微粗糙，看起來好像已經使用很久的大理石。

　　這棟房子確實宏偉壯觀，連宴會廳都有。那時我才二十出頭，就有自己的宴會廳！我做了一間豪華的更衣室，以香奈兒（Coco Chanel）位於巴黎康朋街三十一號故居的更衣室為靈感來源，裡面有很多華麗的鏡面裝飾和一個通往鞋子區域的旋轉樓梯。我透過平面與影片拍攝工作獲得許多鞋子，多到必須為它們打造一整個牆面的層架來擺放。實在難以想像，短短幾年前我還穿著母親那雙又小又破舊的鞋子，雪還會從鞋底裂縫跑出來。那雙慘不忍睹的踝靴我保留了一段時間，打算把它們改造成像紀念童鞋那樣的古銅製品，這樣就永遠不會忘記我的來歷（說得好像自己可以選擇似的）。在這麼短的時間內，我從接收破舊的二手衣物到擁有自己的莊園，屋裡有個專門為收藏鞋子訂製的收納牆面。我的信念和我的歌迷為我帶來難以想像的財富，我非常感激。不過儘管取得了巨大的成就，我卻還沒意識到，實際上我只是提供設計靈感、投入一半的資金來建造我自己的監獄。

　　我在貝德福建造的宏偉宅邸距離奧辛寧（Ossining）僅十多英里遠，奧辛寧是韋斯切斯特郡另一個質樸、綠意盎然的小鎮，這裡是紐約州、甚至是全美戒備最森嚴的著名監獄所在地：辛辛監獄（Sing Sing）。辛辛監獄座落於哈德遜河東岸，佔地約五十三公頃，用冷峻堅硬的石材與磚塊砌成的複合式建築物，周圍種植高聳的榆樹。從瞭望臺可以看到塔班吉大橋（Tappan Zee Bridge）如雲霄飛車般的橋拱。秋天的景色美得令人屏息，樹全染上了鮮豔的橘紅、金黃及火紅的色彩。

　　辛辛監獄大概關押兩千名犯人。形容坐牢的新創詞彙，如「上州」（upstate）、「哈德遜河沿岸」（up the River）或「入住大房子」（the Big House），都是源自於辛辛監獄。

　　無論這裡的房子多麼頂級豪華，建築結構多麼雄偉壯麗，若設計

初衷是為了監控行動、遏制人類心靈，那麼也只會使被囚禁在裡面的人情緒低落、意志消沉。我絲毫沒有忘記這座著名監獄離我很近，以及它獨特的名稱所隱含的諷刺意味，我常戲謔稱在貝德福的房宅為辛辛莊園。這裡配置了全副武裝的警衛，大多數房間都安裝監控攝影機，一切都在湯米的掌控之中。

❈

在興建辛辛莊園期間，我覺得讓母親與外甥肖恩住得離我近一點是正常的想法。我喜歡設計住宅、把家打造得美輪美奐的過程。雖然在辛辛莊園幾乎沒有自由可言，但湯米確實支持我在附近替母親買間房子。買房成為我們經常討論的大事，他也終於明白，為我的家庭努力創造穩定的生活環境對我有多麼重要。後來我才發現，每次我去看房或辦事情時，他總是偷偷安排保鑣跟蹤我。但我很感激那段無知的小時光。

我內心深處的那個小孩依然嚮往一個沒有破裂的家庭。當我開始實現夢想的職業生涯之後，原以為我或許可以讓我們家破鏡重圓，建造一個永遠歡迎每個人的家園，然後讓母親成為家園的主人。一想到要買母親會喜歡的家就讓我興奮不已，而且我終於有能力買下氣派的房子了。我的新任務是替她找一棟完美的房子。就像我希望屋內每個細節都反映出我個人一樣，我也把這種對細節的重視擺到母親的房子。我想讓她愛上她即將入住的地方。

我們請湯米在房產界的朋友幫我找尋附近的物件。他們給我看了幾間還不錯的房子，但我堅持要找到適合她的。如果我的品味傾向老派好萊塢風情，那她的品味就是傾向「老派胡士托風格」。

　　我們在距離自家莊園二十分鐘的範圍進行廣泛搜索，終於來到一處樹林茂密的住宅區，有棟距離馬路很遠的房屋。不會精心修剪樹木是典型韋斯切斯特郡北部地區的特色，但景觀有意維持自然有機的樣貌。約二‧五公頃的綠地種滿了漂亮的老橡樹，房屋與周圍的大自然完美融合。室內既寬敞又舒適，採用溫暖的木質色調，柔和的光線從典雅的窗戶穿透進來。一旦走進屋子，就感受不到外面世界的紛擾吵雜。

　　我在韋斯切斯特郡找到了獨一無二的「嬉皮魂聲樂女伶夢想的樹林小木屋」！這裡完美無缺，而且我非常清楚怎麼賦予它生命。我就像那些房屋改造節目裡接下任務的室內設計師，每一件全新傢俱、所有小擺設以及裝飾物都由我精心挑選。從燈具到油漆顏色，每個細節都是從「派特調色盤」裡挑選而來。外面掛著木製花盒，裡頭栽種各式各樣的浪漫野花。我把她愛爾蘭裔家族成員和愛爾蘭家徽的相片沖洗出來並裱框，然後沿著樓梯的牆面掛上去。全程保密到家，不讓她知道。

　　最大的挑戰是要在她不知情的狀況下偷偷把鋼琴搬進去。我知道最重要的一點，客廳必須擺放她的舊款亞麻木質 YAMAHA 直立式鋼琴，不能擺放閃亮亮的新款鋼琴。黑白相間的琴鍵裡藏著回憶，這架鋼琴是個象徵，因為那是她在我動盪童年時期所提供的一個重要且穩定的物品。我隨便編了個故事，說我打算在擺進倉庫以前先調音什麼的；我甚至讓她簽了假的搬家文件，這樣就能輕鬆搬走而不會引起懷疑。在她的韋斯切斯特郡樹林小木屋裡面，那架舊鋼琴將成為重點擺設。

　　讓我看上這間房子的細節之一，是這裡有塊刻著「樹林小木屋」字樣的木牌。原本賣家不想一併賣，是我千拜託萬拜託才買到，因為

我知道母親一定會喜歡。從規劃、保密、到努力讓每件事順利完成，我在過程中獲得許多樂趣。從小到大我一直想要擁有自己的家園，一個帶朋友來不會感到難為情的家。打造一個讓母親過著舒適生活、讓全家人團聚的地方是多麼開心、甚至可以說是療癒身心的事情，就像是替我母親和家人籌辦一場盛大的聖誕節一樣。

到了準備向母親呈現自己設計的房子那天，我興奮地飄飄然，為自己的成果感到驕傲開心。對我來說，這棟房子也證明了我能夠堅持兒時心願，證明了以前遭受的創傷與危機並沒有摧毀我的希望。母親以為她是來辛辛莊園參加我們半例行性聚餐。我去接她的時候，告訴她我必須先去湯米的朋友卡羅（Carol）家一趟，就在附近。等到抵達目的地，我安裝的鍛造鐵門像歡迎的手臂從兩側石柱旋開，車子開進莊園時，我感覺到母親毫無動靜，接著聽見她深吸了一口氣。樹木會讓人停下來呼吸。她走出車外，彷彿新鮮空氣讓她放慢腳步。

她抬頭看了看這間美不勝收的房子，我注意到她被花盒的優雅所吸引。當卡羅打開前門，濃郁的咖啡和熱肉桂麵包的香氣從我們身邊飄過。（我在我們抵達前特別先安排咖啡沖泡與麵包烘烤，因為我想藉由這些細節來營造氣氛。）母親站在門口，輕柔地說：「哇，卡羅，妳家真漂亮。」我們兩人早就串通好，卡羅主動提議帶她四處看看，我跟在後面。走到樓梯口時，母親在照片前駐足片刻，但我看得出她還沒發現。於是我打斷她的出神，「媽，看看照片裡面是誰。」當她驚覺卡羅家牆上掛的是自己家人照片時，突然困惑不已，聲音微弱地說：「我……不明白。」

「這些都是給妳的。從今以後這裡就是妳住的地方。」我說。她驚訝地講不出話。那是我人生最自豪的時刻。

我百般疼愛的外甥麥克當時還很小，他飛奔穿過房子，跑到後

院，在毛絨絨的草地上奔跑，開心地尖叫。他內心充滿了純粹簡單的快樂（而且至今仍是我快樂的泉源），自在而無拘無束。一個小男孩在午後的微風中玩耍，沒有髒汙，只有自由。從在垃圾堆上盪鞦韆或像垃圾一樣被扔出去，我們已經兜了一圈回到原點──至少我是這麼想的。

✿

除了辛辛莊園的宴會廳和時尚鞋櫃以外，我還建造了一間最先進的夢幻錄音室，鄰接錄音室的是一座以白色大理石打造的巨大羅馬風格游泳池。我從這兩個地方找到慰藉與獨處的空間。在錄音室和泳池裡，我得以暫時喘息和感到輕鬆，但錄音室、泳池和我，都被禁錮在辛辛莊園的城牆裡面。

在一般情況下，能夠擁有自己的錄音室應該是令人暢快的事情，可以按照自己明確的規格設計，隨時供我使用。在職業生涯早期，我只能經由他人安排才能獲得進入錄音室，然後心存感激地擠在狹窄的空間、唱著我不喜歡的歌，以物易物，不惜一切代價來錄製自己的歌。而現在，我有了自己設備齊全的高級錄音室。我想像自己想要的時候就可以安排錄音時間、召集想合作的歌手，像搖滾歌手王子（Prince）那樣。雖然辛辛莊園不是王子的豪宅派斯利公園（Paisley Park），但這裡很棒，而且是我的。好吧，一半是我的。這裡不僅有間錄音設備先進的工作室，屋內還到處都是精密複雜的監控設備，監聽裝置、動靜偵測鏡頭記錄著我的每一個舉動。

18 如家人般的歌迷

So when you feel like hope is gone
Look inside you and be strong
And you'll finally see the truth
That a hero lies in you

—— "Hero"

一九九三年七月中旬，我正前往紐約州斯克內克塔迪（Schenectady）為美國國家廣播公司（NBC）錄製感恩節特輯，那是我即將發行第三張錄音室專輯《*Music Box*》的首波宣傳活動。第一首單曲〈Dreamlover〉準備在一週內推出，整張專輯將於八月底發行。斯克內克塔迪是紐約州東部一個典型的工業城市，主要由東歐移民和從南方來這裡棉花廠工作的黑人組成。從「希爾斯監獄」沿著哈德遜河往北直行。

演唱會將在普羅克特斯劇院（Proctors Theatre）舉辦，以前這裡是歌舞雜耍表演的場地，鋪著鮮紅色地毯，採用大量金箔，哥林多廊柱、枝形吊燈，劇院廊道擺放路易十五風格的沙發，你想像得到的應有盡有。雖然這裡是華麗浪漫的古典劇院，但我個人絕對不會選擇這樣的佈置，一九九〇年代早期的大多數二十歲出頭年輕人也不會。但那時的我對於自己的行程幾乎沒有任何決定權。那段時期，我在錄音室以外的生活各方面都由公司內部委員會所決定，而湯米是公司董事

長。（奇怪的是，我從未受邀參加這些會議。）

　　隨著我們的車開進市中心，街道似乎越來越空，我開始注意到四周有很多警察。劇院附近的幾條街道都被封起來，身穿深色制服、晶亮皮鞋、配戴黑槍的維安人員成群結隊巡邏。當我凝視著窗外，轎車放慢了速度，緩慢駛過異常寧靜的街道，內心升起一股熟悉的焦慮感，我拼命壓抑著。我必須做好心理準備在全新的觀眾面前演唱新歌，這場演出將透過大型電視台播放給數百萬人觀看。我不能讓這股焦慮發展成恐懼。除了現場的警察（誰叫來這些警察的？我也有自己的保鑣隨侍在側，事實上，我身邊總是有維安人員），劇院後面的街道、後台的出入口處都空無一人。

　　在迅速被帶進金碧輝煌的演出化妝間之前，我瞥見路障後方的人群。雖然現在有時間冷靜下來，但我仍感到焦慮。最後我開口問起，為什麼封鎖街道？而且到處都是警察？在這個炎熱的仲夏，斯克內克塔迪市中心到底發生什麼事？

　　「凱莉小姐，」他們告訴我，「是妳的關係，因為妳來這裡演出。」

　　顯然大批年輕歌迷擠在街上是希望能見我一面。起初我不太理解這個答覆。什麼意思？路障、警察隊伍、空盪盪的街道全是因為我的關係？三年前（一九九〇年），我發行的首張同名專輯《*Mariah Carey*》在告示牌兩百強（Billboard 200）專輯榜蟬聯十一週榜首，總計在榜上停留一百一十三週，其中四支單曲也接連拿下單曲榜冠軍。我獲得葛萊美最佳新人獎和最佳流行女歌手獎，並因為〈Vision of Love〉獲得年度歌曲和年度專輯兩項提名，我曾在《奧森尼歐‧豪爾脫口秀》、《早安美國》（*Good Morning America*）、《今夜秀》（*The Tonight Show*）以及《歐普拉秀》（*The Oprah Winfrey Show*）

等節目演唱過這首歌。首張專輯光在美國就創下九百萬張的銷量，並陸續在全球各地銷售（銷量超過一千五百萬張）。第二張專輯《Emotions》隔一年後發行（一九九一年）。我特別喜歡與大衛·科爾（David Cole，音樂團體 C+C 音樂工廠〔C + C Music Factory〕的共同創辦人之一）合作，他是個喜歡舞曲風格的教會小孩（例如〈Make It Happen〉這首歌）。身為一個製作人，他鼓勵我當歌手，因為他也曾是歌手。接著發行了迷你專輯，裡面收錄了我在熱門音樂節目《MTV 原音重現》（MTV Unplugged）演唱前兩張專輯精選歌曲的現場演唱版，其中包含翻唱傑克森五人組經典的熱門單曲〈I'll Be There〉，並由我的和聲夥伴兼好友特雷·羅倫茲（Trey Lorenz）客串合唱。演出結束後，這首歌迅速摘下冠軍，成為我的第五首冠軍單曲，〈I'll Be There〉二度登上夢寐以求的寶座。我也在 MTV 音樂錄影帶大獎（MTV Video Music Awards）和靈魂列車音樂大獎（Soul Train Music Awards）的舞台上演唱過〈Emotions〉。這回我將再度站上另一個舞台，但不知為何，我完全不曉得自己已經出名了。

　　我的人生有整整四年的時間一直在寫歌、唱歌、製作、拍攝、錄影、發片記者會與巡迴宣傳活動中度過。所有我獲得的獎項與榮譽都是在高度協調的產業環境下頒發，彷彿那些只是工作的一部分。若有任何「空閒」時間，我也是隱居在哈德遜河谷一間舊農舍裡。所有事情都由湯米策劃安排。我當年才二十出頭。

　　因為從來沒有獨處的時候，所以我不知道我和我的音樂對外界帶來的影響。我根本沒有時間思考或反思。我現在認為這些完全都是設計好的，湯米是不是以為，如果我對自己的能力一無所知就會比較好掌控？

　　我聽說在《*Music Box*》時期，我的化妝師比利 B（Billy B）和造型師席德‧柯瑞（Syd Curry）精心製作了一本剪貼簿要作為禮物送給我，他們從之前合作過或見過的其他歌手與名人那裡蒐集來許多仰慕或讚賞的紙條。喬伊‧羅倫斯（Joey Lawrence，記得影集《皆大歡喜》〔*Blossom*〕裡的喬伊嗎？），當年的少女殺手，看來是留下相當動人的話語。嗯，湯米看到這本剪貼簿充滿愛慕的部分，直接把它撕毀，在我沒來得及看到以前丟進壁爐毀屍滅跡。這真的是非常幼稚的惡毒行徑，特別是對比利 B 和席德而言，他們費盡千辛萬苦想讓我知道，即使眾星雲集，我依然耀眼奪目。

　　由於沒有父母或家人的照顧與保護，我很容易受到操控，但我和湯米的關係相當複雜。在許多方面，湯米保護我遠離不健全家庭的傷害，但他也走向了極端：控制我，跟蹤我。然而他的控制也意味著，我在早年職業生涯裡將所有注意力、精力和熱情都傾注於創作、製作和演唱歌曲。湯米和他的緊箍咒似乎是我從事夢寐以求工作的合理代價，他擁有我的生活，而我擁有我的音樂。直到抵達斯克內克塔迪的那一刻，我才開始意識到自己的人氣程度。原來我有歌迷！不久後，他們將成為我另一個力量來源。

　　我坐在化妝間讓造型師將頭髮拉直，然後上捲，再噴定型液，此時才意會過來剛剛得知的消息多麼重要。警察並不是因為暴力或危險事件才在附近站崗，而是為了幫我清空街道。我的家庭或許沒辦法給我安全感，我的感情或許無法讓我安心，但意識到這麼多人出現在眼前傾吐對我的喜愛，讓我產生新的信心。因為湯米從不讓我體驗年輕人、富人與社會大眾所享有的特權，所以我發現我的名氣完全是透過我與歌迷的關係，以及他們與我音樂的關係來確認。從那天起，我便下定決心要永遠奉獻給歌迷。

感恩節特輯的名稱是《*Here Is Mariah Carey*》，我將在這裡首次演唱《*Music Box*》裡面的三首新歌：〈Dreamlover〉、〈Anytime You Need a Friend〉、〈Hero〉，以及我的其他熱門歌曲：〈Emotions〉、〈Make It Happen〉，當然還有〈Vision of Love〉。我寫歌都是發自內心，用我個人的生活經歷和夢想當作靈感來源，並將我的聲音發揮到極致。〈Hero〉也是這次準備演唱的曲目。在現場演唱首次亮相的歌曲總是會有風險，因為民眾還沒有機會透過電台收聽。雖然〈Hero〉是我寫的，但這首歌原本不是為自己的專輯所創作。

❉

我之前獲邀替達斯汀‧霍夫曼（Dustin Hoffman）和吉娜‧戴維斯（Geena Davis）主演的電影《小人物大英雄》（*Hero*）寫歌，湯米同意我為這部電影創作一首歌，然後交由史詩唱片（Epic Records，母公司是索尼音樂，也就是湯米的公司）的歌手葛洛麗雅‧伊斯特芬（Gloria Estefan）來演唱。我知道路德‧范德魯斯也在為這部電影的原聲帶寫歌，所以我會有很棒的夥伴。那天我和瓦勒特‧亞法納西夫（Walter Afanasieff）窩在金曲工廠（Hit Factory），這裡是我砸下重本的主要錄音室之一。

他們花了五分鐘時間向錄音室裡的每個人講解電影劇情：有個飛行員四處奔走救人。我所理解的情節就這樣。不久後我起身去上廁所，這是少數幾項可以在沒有湯米的人員陪同下所進行的活動之一。我四處走走逛逛，享受這個稍縱即逝的片刻寧靜。然後慢慢走過大廳，回到錄音室，細細品味我的時光。在走路的時候，一段旋律和部分歌詞開始清楚浮現在腦海中。一回到房間，我就在鋼琴前坐了下

來，然後跟瓦勒特說：「是這樣子的……」我哼著旋律，唱了幾句歌詞。瓦勒特試著彈出基本和弦時，我開始唱：「and then a hero comes along」，引導他彈出我在腦海裡聽到的旋律。

〈Hero〉是為了一部主流電影所創作，要由一位風格與歌路都完全不同於我的歌手來演唱。坦白說，雖然我覺得這首歌要傳遞的訊息和旋律平淡無奇，但還算符合電影的需求。我們錄了初步試聽樣帶，我覺得聽起來有點矯情。

但湯米聽出這首歌締造經典的潛力，他不僅堅持我們必須留下這首歌，還要把它收錄到我的新專輯。我說，好吧，很開心他喜歡。後來我將這首歌加工潤飾，稍微修改歌詞，讓它更具特色。因為這個緣故，我走進了記憶的深處，沉浸在瑞絲奶奶要我堅持夢想的那個時刻。我盡最大的努力找回它，不論是為誰而作，那都是份珍貴的禮物。

等到在斯克內克塔迪現場演唱的時候，〈Hero〉不再是原本那首平淡無奇的歌，已經多了一些深度。當我想起那天晚上站在街道兩旁、擠在劇院裡看我的人群，最初那種在觀眾面前首次演唱這首歌的不安感漸漸消失。我覺得這首歌其實不屬於葛洛麗雅・伊斯特芬、那部電影、湯米或我。〈Hero〉屬於我的歌迷，我要用盡我所能唱給他們聽。

感恩節特輯也會拍攝來自當地社區組織的貧民區孩童。我看到後台的孩子們滿懷希望又充滿恐懼，從他們身上看到了自己。我也願意為他們唱這首歌。演唱會以我的最新熱門單曲〈Emotions〉做開場，曲風輕快，用了許多我招牌的海豚音來點綴。在演唱〈Emotions〉時，經過幾次必要的暫停與重拍（替電視台錄製現場演唱是個很乏味的工作），我終於能夠看清楚人群中的人。這裡是斯克內克塔迪，這些都是真實的群眾──不是付錢請來填補座位的職業觀眾，也不是穿著時

尚的臨時演員，而是貨真價實的群眾，大部分是年輕人，眼神流露出
明顯的渴望與崇拜。我看出他們是誰，他們就是我。我闔眼祈禱，隨
著鋼琴前奏彈出前幾個和弦，我在心裡哼唱著，等到我開口一唱，
〈Hero〉傳遍了世界。

　　我們當中有些人需要被拯救，但每個人都希望被看見。我直接對
著舞台上我能看到的面孔唱〈Hero〉，看到有些人熱淚盈眶，希望在
他們心中升起。從那晚之後，我對於這首歌的懷疑輕蔑全都消失了。
湯米也注意到了這首歌所帶來的影響之大。

　　那年年底，一九九三年十二月十日，我在麥迪遜花園廣場演唱
〈Hero〉時宣布，美國境內的銷售收益將全數捐贈給三天前發生的長
島鐵路槍擊事件的遇難者家屬。當時一名男子在列車上（我以前搭過
的路線）掏出口徑九釐米手槍開槍掃射，造成六人死亡，十九人受傷。
後來三名勇敢的路人，凱文・布魯姆（Kevin Blum）、馬克・麥肯迪
（Mark McEntee）、麥可・歐康納（Michael O'Connor）成功制服兇
嫌，才得以阻止更多傷亡發生。他們就是英雄，所以那晚我把〈Hero〉
獻給他們。九一一恐攻事件發生十天後，我也在《聲援九一一：向英
雄致敬演唱會》（America: A Tribute to Heroes telethon）募款節目上
獻唱了這首歌。接著，二〇〇九年一月二十日，我有幸在美國第一位
非裔總統就職晚宴上演唱這首歌，這是難以置信、無與倫比的榮耀。
時至今日，〈Hero〉仍然是我演唱次數最多的一首歌曲。《Music
Box》這張專輯也持續在美國衝到鑽石銷售等級的地位，是史上最暢
銷的專輯之一。

　　這裡順帶說明一下（雖然我覺得不以為然）：有幾個人以版稅和
抄襲指控衝著〈Hero〉來，也有些人衝著我來。我上過三次法庭，三
次案子都被駁回，第一次案子的那個可憐傻瓜還不得不繳交一筆罰

款。起初我覺得自己是受害者，因為我知道那首歌是怎麼自然而然浮現在腦海裡。但是過了一段時間，我幾乎開始認為我的成功會伴隨著謊言和訴訟——來自陌生人、我自己的家人和朋友。他們不會善罷干休。

❈

那晚在斯克內克塔迪的錄影花了好幾個鐘頭。製作一齣電視特輯背後有大量技術性需求，包含多台攝影機進行特寫、遠距以及旁跳鏡頭、服裝更換、妝髮造型、臨演、觀眾反應，如此才能呈現出完整作品。最後拍攝完畢，我跟孩子們、唱詩班、樂隊及全體工作人員道謝，然後就像進來時那樣，我被迅速從後台的門帶出來，這扇門不是通往大街，而是直接通往豪華禮車裡。

我一屁股坐進後座，仍陶醉在精疲力竭與激動亢奮交錯的心情裡。當車子開到街上，我注意到原先空蕩無人，只有零星路障的街道，現在卻有大批群眾擠在脆弱的金屬隔板上，高喊我的名字和「我們愛妳！」我也注意到站崗的警察們，在熱情和興奮情緒沸騰的人潮中間面不改色、泰然自若。別人告訴我是一回事，但親眼見到、親耳聽到，從心底感受到真實民眾對我和我的音樂的反應則完全是另一回事。我在斯克內克塔迪那個夜晚感受到的不只是對偶像的崇拜，而是愛，那種來自真誠的連結與認可的愛。望向窗外，看著這些人用這樣的愛澆灌我，我被迷住了。他們不只是歌迷，而是家人。

隨著人群逐漸從視線裡消失，車子已經開到市郊附近，即將上高速公路，而我的興奮感也開始消退。當車輪碰到塔柯尼克林蔭大道的柏油路面，車內的氣氛又回到以往的陰鬱。大多數的週四晚上，我和

湯米都會沿著這條公路的南段行駛，把迷人的曼哈頓拋在腦後，到希爾斯戴爾度過週末。隨著照後鏡裡的燈光與高樓大廈越變越小，城市的磁力越變越差，我的一部分生命力也越來越微弱。

當車裡一直鎖定 HOT 97（他們當時的口號是「blazing hip-hop and R&B」）頻道的廣播電台開始受到靜電干擾，聲音變得斷斷續續，我就知道我的葛萊美得獎歌手兼二十多歲詞曲創作者的生活宣告結束。每個週末，湯米都會關掉我的救命稻草收音機廣播，靜默片刻後再放進他最愛的法蘭克・辛納屈（Frank Sinatra）CD。聽著湯米哼著〈My Way〉開著車回去囚禁我的地方，真是可悲的隱喻。

我已經習慣在單調乏味的通勤路上談論工作或保持沉默，不過大多時候我只是盯著窗外遼闊的哈德遜河，準備扮演我的第一個重要角色：知足的準妻子。這是湯米唯一支持過的演藝工作，他嚴格禁止我參加戲劇課程或接受電影或電視劇角色。

從斯克內克塔迪回來的路上，我想不起來湯米和我討論過剛才發生的事情。也許他知道我看到了歌迷們的純粹與力量，我發現他們的愛是如何不受控制的。創造奇蹟的是歌迷，而非唱片公司的高層。湯米是聰明人，他很清楚，但我不知道他是否意識到我在那一刻也終於發現到了。

我們終於抵達農舍，我只想洗個澡。當演員是種製作過程，你得事前準備並開啟運作，然後擬定策略、操控，因應狀況調整以及改變型態。最後需要一些儀式（有時候是壞習慣）讓自己回歸自我。我的儀式是將演員清洗乾淨。我為希爾斯監獄所做的少數幾項貢獻之一，就是添購面對寬敞觀景窗的一個大浴缸。浴室是我的藏身處，因為如果連這裡都裝上攝影機或對講機，連湯米都會覺得有點過頭了。赤腳踩在冰涼的大理石地磚，讓我整夜都穿著高跟鞋的腳舒緩放鬆。我懶

洋洋地脫下整套服裝，慶幸我只聽到水流聲。調暗天花板燈光，再隆
重點上幾支白蠟燭。水溫恰到好處，我屈服了。彷彿接受洗禮，我把
頭浸到浴缸裡，停留在溫暖、暗黑靜謐的水中。然後輕柔地起身，往
後仰著頭，雙臂撐在大浴缸旁邊，眼睛仍緊閉，細細品味寧靜而孤獨
的每一刻。我緩慢睜開眼睛，一輪明月在清澈無雲的藍黑色天空下熠
熠生輝，然後開始輕聲唱：*Da, da, da, da, da……*

　　剛才離場的那些畫面突然從腦海閃過，崇拜的歌迷們尖叫著、哭
泣著，混雜著哥哥的吼叫與母親的哭泣，回想起我仍是穿破衣服的孤
單小女孩的痛苦回憶。我泡在這個比我五年前居住的生活空間還要大
的浴缸裡，這個浴室比我從小到大和母親住過的十三個地方的客廳都
還大。我想起自己經歷了一段艱難、複雜和不安的道路才走到今天這
個地步，第一次有足夠的安全感可以回頭窺視那個心中的小瑪麗亞，
承認她所經歷的一切。突然間，〈Close My Eyes〉的第一段和副歌
浮現心頭：

I was a wayward child
With the weight of the world
That I held deep inside.
Life was a winding road
And I learned many things
Little ones shouldn't know

But I closed my eyes
Steadied my feet on the ground
Raised my head to the sky

And the times rolled by
Still I feel like a child
As I look at the moon
Maybe I grew up
A little too soon.

　　我花了好幾年時間來完成這首歌，經歷了數年的痛苦和死裡逃生才完成。

19 世紀婚禮與寒酸蜜月

　　為了宣布我們訂婚的消息，湯米和我帶我母親去曼哈頓中城吃一頓豪華大餐。用完餐，我們走到外面，整座城市披上繁華夜色的晚禮服，燈火璀璨，流光溢彩。我給她看了訂婚戒指，卡地亞（Cartier）的三環戒，上面鑲著淨透無瑕、大小適中的鑽石。雖然樣式樸素，但畢竟還是卡地亞。母親看著我纖細（還很年輕）手指上精緻、耀眼的鑽戒，然後淡淡地說：「這是妳應得的。」

　　就這樣。她坐上我替她叫好的豪華禮車，然後離開。我一直不知道她的話是什麼意思，但我們之間只剩這些了。沒有女性過來人的建議，沒有女孩們的笑聲，老實說這些也不是我期待的事情，只是我覺得這種場合需要的不只是一句臺詞。許多明理的人會疑惑我為什麼嫁給湯米，但沒有人比我自己更懷疑這項決定。我知道我會失去更多作為一個人的權力，這段關係在情感上也令我完全喘不過氣。雖然在音樂與工作上我們平等地相互牽制，但兩人之間的個人權力從來就不對等。他讓我以為結婚後一切都會好轉，情況會有所改變。但我真正希望的是他會有所改變。我以為，如果我給了他堅持想要的東西，一段讓他名正言順的婚姻，或是平息關於他與唱片公司旗下歌手有染的傳聞，就能改變他。我一直不太明白他為什麼這麼想結婚，只是祈禱結婚會讓他冷靜下來，鬆綁對我生活的掌控。我希望，或許他會相信他的「妻子」，讓她喘口氣。

　　當年我二十歲出頭，剛搬離小屋沒幾年，還無法理解那種既可實

現個人價值，又能實現職業成就的生活理念。我真的曾經以為自己不配擁有幸福與成功，習慣把生存當作考量所有人生選擇的基礎。

　　那時候每天早上我選擇的並不是要穿哪些華麗的服裝，而是選擇那天需要什麼生存機制武裝自己。比起個人的幸福，為了生存我更需要我的歌手事業。個人幸福其次，幸福只是轉瞬即逝的額外紅利。嫁給湯米純粹是因為我覺得那是讓我在這段關係中生存的唯一方法。我看到他背後對我的音樂所投入的力量，他也看到我的音樂能夠給予他力量。我們神聖的婚姻建立在創造性與脆弱性的基礎上面。我尊重湯米這個合作夥伴，要是他也知道如何給我一個人應有的尊重就好了。

❧

　　在我參加的第一場真正的婚禮上，我就是新娘。年輕時候的我從未想過結婚，我其實並不想結婚。高中的時候，女孩們幻想穿上又大又澎的禮服來一場長島婚禮，而我夢想成為一位成功的音樂家與演員，那才是我最在乎的事。結果很諷刺的是，最後我居然披上十年來最誇張、最寬鬆的婚紗，舉行了十年來最奢華的紐約婚禮。

　　除了野心抱負之外，湯米和我是兩個完全不同世界的人，我身上的黑人特性令他困惑。湯米從簽下我的那一刻起就試圖洗刷我的「都會」氣息（Urban，意指黑人）12，在音樂方面也是如此。收錄在第一捲試聽帶裡面的歌曲後來成為我首張暢銷專輯，它們本來更充滿靈魂元素、更原始、更具現代感。如同湯米改變我的造型那樣，他替索尼唱片把這些歌曲梳理平順，試圖讓它們更大眾化、更「普遍」、更

12 譯註：「都會」在美國娛樂文化中往往是黑人的代稱，所謂都會音樂（Urban Music）泛指嘻哈、節奏藍調、爵士、靈魂樂之類的黑人音樂。

模稜兩可。我總覺得他想把我變成他所理解的「主流」（意指白人）歌手。例如，他從來不希望我保持直髮造型，我想他是覺得那樣看起來不像天然直髮，而是刻意燙直的。他認為這種造型會讓我太「都會」（意指黑人）或 R&B，像菲絲・依凡絲（Faith Evans）那樣。他反而堅持讓我永遠留著一頭蓬鬆有彈性的捲髮，我想他覺得那樣會讓我看起來像個義大利女孩（諷刺的是，我的捲髮是黑人基因導致的直接結果，還借助一支小捲度電棒讓捲髮更完美持久。）

認識湯米以前，我的捲髮確實穿插義大利文化（我真的在長島住過十幾個地方）。高二時（十一年級），我進入一所美容技職學校。成為明星（我唯一的職業生涯目標）以前，我來這裡主要是為了消磨時間，因為這裡比普通高中更具創造性、娛樂與實用性。過去我總是在為怎麼打扮外表而苦惱，因為家裡沒有任何可以使用的工具或染燙藥劑，當然也沒有固定的姊妹群可以陪我經歷從女孩變成少女的過程，所以進來這裡學習更精湛的美容技術是一大誘因。此外，我從小就是歌舞片《火爆浪子》（Grease）的超級歌迷，我覺得我也可以有自己的粉紅淑女幫。而我算是加入了吧。

美容學校班級裡的女孩大部分是義大利裔。有些刻薄惡毒，有些內向害羞，有些親切可靠，也有些會「拉幫結派」。通常是由三、四個長相出眾的女孩組成自己的小圈子，跟我在長島見過的那些女孩相比，她們的小團體更令人嚮往，或者更確切來說，她們似乎享受在自己的小圈子裡。而且她們相當重視自己的外表。

對這些女孩子來說，含蓄低調等於浪費時間和品味。她們定期把自己曬成小麥肌，幾乎無時無刻都在打理她們濃密、挑染過的頭髮，每撮捲髮、髮髻以及瀏海都噴上定型液讓它們整齊聽話。她們的妝容明亮、艷麗、完美無瑕，指甲留得很長，而且好看。有的人甚至做了

指甲彩繪，在完美、顏色飽和、亮白法式指甲上貼著一排迷你金色飾釘，或鑲著她們名字首字母的水鑽。

我們必須統一穿上單調乏味的栗色排扣工作服，搭配白色褲子和難看厚重的護士鞋。但這群女孩不會隱藏自己的豔麗火辣。她們解開工作服的扣子，露出男孩風的白色羅紋背心上衣與內搭褲，背心底下是花俏蕾絲胸罩。當然不會少了首飾：各式各樣扁平鍊、魚骨鍊以及繩索造型的粗細金鍊，上面有義大利牛角、十字架和首字母等造型墜飾，層層堆疊掛在脖子，耳朵穿著環，每根手指都戴上精緻的金戒和鑽戒。對我來說，她們太成熟了。她們顯然都有性經驗，不僅是因為她們以特別的方式展現自己身體，還讓每個人都知道。她們能以輕鬆且開放的口吻談論性（這讓我暗自震驚不已）。她們自稱是「Guidettes」[13]，我不清楚那是什麼意思，但我覺得她們擁有團名是件很酷的事，就像歌唱團體或之類的。

她們會開著酷炫的車子到學校，將 WBLS（都會舞曲電台頻道）廣播開得特大聲——喔，如果她們知道我們都稱之為「黑人自由之音」（Black Liberation Station）的話。廣播放的每首歌我當然都知道，也都會唱，比方說喬瑟琳・布朗（Jocelyn Brown）的〈Somebody Else's Guy〉（我很喜歡開頭那種響亮而緩慢的唱法）或葛溫・蓋絲里（Gwen Guthrie）的〈Ain't Nothin' Goin On But the Rent〉。女孩們很喜歡，但老師不喜歡，因為我總是在唱歌、哼歌，而不好好學習吹整頭髮。

由於我來自另一所學校，也還沒營造出自己的自信形象，所以我並不是小圈子裡很酷的人。為了贏得這些浮誇豔麗公主的芳心，靠的

---

13 譯註：義大利裔美國籍年輕女子。

正是我的歌聲和不斷冒出來的笑話。我們還替彼此做過頭髮。驚訝的是，沒人質疑過我的混合髮質、嘴唇的厚薄度或我的任何特徵。我從那些女孩身上學到很多，她們讓我的頭髮更豐厚、更有彈性，讓我的嘴唇更具光澤。我和她們的共同點比想像還多。嘻哈與流行文化中的黑幫一直存在地下關係，我們都特別喜歡《教父》（*Godfather*）和《疤面煞星》（*Scarface*）這類電影的風格與調調。後來我與饒舌歌手 Jay-Z 在〈Heartbreaker〉的 MV 中重現了熱水浴缸的場景，這支 MV 永遠是我最愛的之一。我想向蜜雪兒‧菲佛（Michelle Pfeiffer）飾演的角色艾薇拉（Elvira）致敬，一位飽受折磨與受困的妻子，即使她擁有富麗堂皇的豪宅，穿著名設計師的服裝（我能夠理解）。

　　儘管我努力嘗試過，但結果證明我遲早會從美容學校輟學。班上大多數的女生都有明確的目標，而且對這個領域很有天賦，注定是吃髮型設計這行飯的人。感謝上帝，我還有另一個甜美的命運等著我，因為我永遠不可能被封為指推波浪髮天后。我從未想過，與 Guidettes 相處過五百個小時之後，短短幾年內我就和音樂界最有權勢的人之一步入禮堂，居然還是個義大利裔美國人。我沒有在尋找任何個性浪漫的人，當然也沒有在找丈夫，而且我絕對沒想過會嫁給湯米，結果還是嫁了。多麼天大的事情啊。我一答應結婚就心想，嘿！不妨把它變成一場盛事，一場盛大的婚禮！如同我參與的任何計畫或製作一樣，我希望盡可能為它帶來更多樂觀與節慶氣氛。湯米也對於我們可能創造的盛況與排場滿懷熱情。他把心力專注在策劃最具影響力且令人欽佩的觀眾（我是指賓客名單）他辦得到。很明顯，這裡沒有娘家人或母親作主的餘地，上帝知道這項任務已經超出我母親可以理解的範圍。此外，這場婚禮旨在成為一場娛樂產業的奇觀，即使是精明能幹的母親或姊姊也無法應付我們即將上演的婚禮劇碼。湯米某位同事的

妻子是個人脈廣闊的中年女性，她會擔任我們的婚禮統籌，由她協助我處理所有重要細節，比方說婚紗。

那套婚紗本身就是一件大事。我的婚禮負責人與那個年代最傑出的時裝設計師是朋友，她專門設計婚紗。我在她的展示間試穿婚紗的時間大概和我在錄音室錄製整張專輯的時間差不多，少說也試穿了十來件。對於一個不久前還只有三件襯衫輪流穿的女孩來說，簡直是太瘋狂了。

當然，我的靈感來自於黛安娜王妃（Princess Diana）。誰不是呢？她是啟發人們對婚禮想像的代表人物！我喜歡那場皇室婚禮，說真的，關於婚禮應該什麼模樣，那是我唯一的參考基準。畢竟我不是看著新娘雜誌長大的，再說皇室顯然很清楚怎麼舉辦一場盛大的婚禮。最後，我的婚紗幾乎有著所有想像得到的公主元素或象徵。奶油蠶絲材質很美，布料帶有光澤感。桃心領口卡肩設計，在兩側肩膀優雅地垂墜，然後形成誇張的泡泡袖。婚紗上半部是織法緊密的合身馬甲，水鑽與珍珠鑲入交錯其中，下方是靠著層層相疊的襯裙撐起澎度的禮服長裙。最引人注目的特點莫過於拖尾長達約八公尺的裙襬，移動得由專人負責。鑲在鑽石皇冠的頭紗也與裙襬一樣長。席德・柯瑞一束束扭轉我的捲髮至尾端，然後讓它們垂落下來；比利 B 負責我的妝容，讓我看起來既清純可人又艷冠群芳。從「小屋裡的灰姑娘」以來，我走了一段漫長的路。那束捧花也令人難忘：一大束玫瑰搭配蘭花的瀑布型捧花，上面點綴各種全白色花朵，與常春藤的藤蔓浪漫地纏繞在一起。一群小女孩在我腳邊灑白色花瓣。

湯米所負責的任務也沒有讓人失望，卡司陣容驚豔全場。賓客名單上有芭芭拉・史翠珊、布魯斯・史普林斯汀（Bruce Springsteen）、比利・喬（Billy Joel）以及克莉絲蒂・布林克里（Christie Brinkley）

等重量級人物，甚至還有奧茲・奧斯朋（Ozzy Osbourne）和狄克・克拉克（Dick Clark）！而且最驚人的是，他的伴郎居然是勞勃・狄尼洛（Robert De Niro）！雖然我的伴娘團裡面有長期以來信任的朋友喬瑟芬與克拉麗莎，但她們也無法讓我的心情平復下來。沒人可以，我擔心得要命。

我幾乎想不起來在雄偉的聖托馬斯教堂（Saint Thomas Church）進行過哪些儀式（當初選擇這裡，是因為我們需要一個能讓這套極致誇張的白紗進場的場地）。

我只記得我們的背景歌曲是史提夫・汪達的〈You and I (We Can Conquer the World)〉，當然，因為是我選的。也記得我站在聖壇前面臉不由自主地顫抖。但當教堂打開面向第五大道的門，那一刻我聽到雷鳴般的尖叫聲，見到成群的歌迷湧進目光所及的每一寸人行道，像煙火似的一陣閃光燈乍現。我走下階梯，朝他們微笑。對我來說，我的婚禮不是辦給那些我幾乎不認識的名流富豪，也不是辦給我那個關係疏遠、失能的家庭（雖然我真的天真以為當時罹患失智症的祖父，彷彿在街上親切喊著我的名字：「瑪麗亞！瑪麗亞！」）。對我來說，這場盛大的婚禮主要是辦給歌迷的，我們給予他們應得的精采時刻。

教堂儀式結束後，我們在大都會宴會廳（Metropolitan Club）有場眾星雲集的晚宴（我喜歡這個場地，到處都印著「MC」字樣，但我們沒有提醒湯米）。這個部分我幾乎不記得，因為我實在太累了。光是規劃然後執行就耗費這麼多精力。

結婚前一晚，我在馬克酒店（Mark Hotel）度過女孩專屬的過夜派對。我顯然矛盾不已。我朋友都知道我根本不相信婚姻制度，現在卻要跟一個在工作和生活上都透露危險跡象的男人上演這齣婚姻大

戲。他將成為我的最近親屬，我和他之間令人窒息的糟糕關係只會越變越糟，而且越不平衡。

她們都說：「妳可以不必嫁的。」但我真的以為我必須嫁給他。我看不到別條路，我不知道還能怎麼做。我學會了如何忍受失望，繼續前進；隨遇而安，繼續工作。我當然知道如何生活在恐懼中，不曉得沒有恐懼的生活是什麼樣子。

湯米和我順利完成婚禮，隔天我們飛往夏威夷。憑良心講，我不能把這次旅行稱為「蜜月」，因為過程一點也不甜蜜，根本就不夢幻。我們當時寄住在別人的家，這樣已經夠沒意思了。其實我沒那麼在乎，因為我和湯米的關係向來不是走浪漫路線，但嚴格說起來，這仍然是我的「蜜月般的旅行」……

慶幸的是那棟房子在海邊，靠近海洋總讓我感到寬慰一點。第二天我去浴室更換泳裝，聽到湯米對著免持聽筒大發雷霆，看得出來他在與人爭論。很好。

「怎麼回事？」我問道。他與位高權重的公關正在通電話，那位公關怒氣沖沖、不斷鬼叫和咒罵，因為他不想讓我們的結婚照按原先計畫刊登在《時人雜誌》（People）封面。那位公關告訴湯米，那樣不符合他管理者的形象。他的形象？我的意思是，幹嘛像那位公關勸阻的那樣，大費周章弄個小照片放在角落？我跟他和湯米講出自己的看法，那位公關發飆了。

「妳他媽的在開什麼玩笑？」他對我怒吼。

湯米沒有替我辯護。我才二十來歲，來這裡過我的蜜月旅行，一個五十多歲的男人在電話裡朝我瘋狂叫罵，我四十多歲的丈夫卻呆坐那裡，什麼事情也沒做。而且最重要的是，我說的沒錯！我們的婚禮當然就應該是大篇幅的封面故事。這是計劃好的——這就是演藝圈！

當兩個憤怒的男人像小孩衝著對方和我大吼時，我放聲大哭，哭著跑出那棟房子。我開始沿著海灘漫無目的地跑，眼淚也順著我的臉流下來。我們連結婚蛋糕都還沒消化完畢，情況又回到原點，回到不斷爭吵、大吼大叫、我被否定與打敗的狀態。所有事情都沒有改變或平靜下來。我只是不斷地跑，不知道該去哪裡。最後，我找到一家有濱海酒吧的飯店。太好了，我想，可以來喝一杯。

但我一坐下來就意識到自己跑出來時兩手空空，沒有電話或錢包，沒有現金、沒有卡，身分證也沒帶，連買杯安慰自己的酒水都辦不到。隨便綁個丸子頭，只穿比基尼跟圍條沙龍巾，我看起來就跟海邊上千名孤獨的年輕女人一樣，不像是一位在全球銷售數百萬張唱片的知名流行歌手。絕對沒人看出我是正在度蜜月的新娘。要是有人真的認出我，他們也不敢打擾我——沒人可以想像我有多孤獨。

我向櫃台借電話，然後撥了一通付費電話給我的經紀人。（還記得以前需要背重要電話號碼的時候嗎？）請他給調酒師信用卡號碼，這樣至少我可以喝一杯。我點了杯微酸甜的霜凍黛綺莉雞尾酒，啜飲一口，聆聽海浪拍打岸邊的聲音，逐漸看透此刻處境的現實狀況。

我終究還是沿著海灘走回那棟房子，但我知道該怎麼做。湯米和我到頭來只會再次坐著沉默不語。我原本以為結婚會改變他的所有微渺希望都像沙灘上的腳印被海水沖走了。從那天起，我開始憋住呼吸，抵抗湯米的洶湧巨浪。

20 感恩節餐會取消了！

And I missed a lot of life, but I'll recover
Though I know you really like to see me suffer
Still I wish that you and I'd forgive each other
'Cause I miss you, Valentine, and really loved you

—— "Petals"

　　我都叫他 T・D・瓦倫丁（T. D. Valentine），那是當年他想以歌手出道時的藝名。他熱愛音樂，這點千真萬確，他也找到了與音樂共度終生的方式。如我先前所說，我們倆共同對於音樂的熱愛、抱負、權力與我們的私人關係完全交織在一起。音樂促成這段關係，但無論我們怎麼努力都無法讓它變成婚姻。雖然我打從心底認為自己將永遠與湯米在一起，但我的理智與靈魂不願意屈服於我的內心，這段婚姻開始迅速從情感和精神層面傷害我。

　　過去外界廣泛謠傳說我是精明世故的拜金女，釣到一位知名的金曲製作人來金援我過王妃般的生活，人們說我在價值三千萬美元的豪宅坐享榮華富貴。那場婚禮確實讓人出現這種錯覺，但也僅止於錯覺。對於這段婚姻與生活若有任何童話般的理解，那絕對都是鏡花水月純屬虛幻。湯米為我們家設置的堅不可摧的安全設施，已經變成堅不可摧的地牢。

　　我們關係中的控制與權力不均情形與日俱增。我的經紀人是他的

兒時好友，他青睞的保鑣是他讀書時期崇拜的壯漢（即使我穿上高跟鞋比他高一截），每個負責看管我的工作人員都與他關係深遠。湯米認識我時，我還是個初出茅廬的女孩；而他見多識廣，尤其在音樂產業部分。但我也知道一些他不懂的事，特別在流行趨勢與文化方面，我猜這點讓他感到威脅。似乎任何讓他無法掌控的都是威脅。

即便只是想到我做了哪些他掌控之外的事情的想法，都會讓他陷入不理性的困境。舉個最荒唐的例子：某次，辛辛莊園的廚房餐桌上放了一本《娛樂週刊》（*Entertainment Weekly*）。裡面有則短篇報導提到某個作家考慮翻拍現代版的《彗星美人》（*All About Eve*），由黛安娜‧羅絲飾演瑪格‧錢寧（Margo Channing），而我飾演伊芙‧哈林頓（Eve Harrington）──天才！當然，我很喜歡原版電影，因為劇情引人入勝且具代表性，而且瑪麗蓮‧夢露也有不多但點睛的戲份，她在裡面飾演卡斯維爾小姐（Miss Casswell），一位美麗且懷抱企圖心的演員。

湯米看完那篇報導之後對我大發雷霆！他不知怎麼搞的，居然因為別人幻想由我出演的電影而責備我（我的天啊！這部電影連愛情場景都沒有！）。他彷彿是蠻橫霸道的父親或典獄長，他的憤怒瀰漫整間房子，使我整個人驚慌不安。僅僅因為別人建議我做些什麼他掌控以外的事，我就闖禍了。（沒錯，是「闖禍」，因為我覺得他把我當作小孩般對待。）

在音樂與流行文化方面，我們品味和直覺之間的差距比彼此的年齡差距更大。八〇年代後期到九〇年代中期，由已故傳奇人物安德烈‧哈瑞爾（Andre Harrell）創辦的上城唱片（Uptown Records），成為節奏藍調、嘻哈及後來稱為「新傑克搖擺」（New Jack Swing）之融合曲風的代表性唱片公司。上城唱片旗下有 Heavy D & the Boyz

樂團、喬戴西樂團（Jodeci）以及主唱為泰迪‧賴利（Teddy Riley）的 Guy 團體，還有瑪麗‧布萊姬（Mary J. Blige）與 Father MC 等歌手。Father MC 的專輯是我最喜歡的專輯之一。瑪麗‧布萊姬曾幫他合音和唱鉤子，他也會找喬戴西樂團合唱。我經常聽他們的歌。湯米也會注意我聽些什麼，他知道要注意我感興趣的音樂，因為我的音感與直覺很敏銳。但我知道他感受不到，他無法充分掌握流行趨勢的尖端。他從來沒有真正相信嘻哈文化具有歷久不衰的力量，因為他無法充分理解嘻哈音樂，以為那只是一時的潮流。

　　某天晚上，我和湯米、幾位朋友和重要的音樂高層到一家燈光優美的義式餐廳裡用餐，那裡供應讓人回味無窮的熱佛卡夏麵包，音樂界的大人物經常來這裡光顧。我們一群人圍坐在大餐桌旁。我那位來自瑞典的朋友喬瑟芬和她的新婚丈夫也在賓客之列，所以這頓飯不完全是商務晚餐，但現在我的工作、社交與個人生活幾乎融合在一起，就連我們的家主要也是為了拓展業務、讓生意夥伴留下深刻印象所設計的（但與我同輩的友人最關心的是能在哪裡放鬆跟抽支大麻，毫無疑問，在所有可供選擇的豪華房間裡，我們更喜歡錄音室）。我們有時候會在那裡舉辦大型節慶聚會，有些聚會活動精彩有趣，但從來沒有家的感覺。當你被監視的時候不會有家的感覺，而我長期受到監視。

　　九〇年代中期是令人振奮的音樂時代，我是新一代具創新精神的年輕歌手、詞曲創作者、製作人及執行者的一份子。我們致力於開創一種新的音樂風格，以節奏藍調和饒舌為基礎，但不受舊有編排或格式的限制。我們玩弄新技術，毫不客氣將抒情流暢的旋律與鏗鏘有力的嘻哈美學和活力融合起來，創作出來的音樂渾然天成且一氣呵成，而且只有我們知道怎麼唱。這是我們的音樂風格，反映我們的時代和

情感。

我的前經紀人也和我們一起待在餐廳。話題轉到尚恩（Sean），也就是吹牛老爹（Puffy Diddy）身上，他在上城唱片從實習生當上藝人開發部門的總監，不久前才離開。現在他已經有了自己的壞小子唱片公司（Bad Boy），旗下的巨星聲名狼藉先生（Notorious B.I.G.）也紅遍各大電台，開始風靡整個世代。那時史詩唱片公司的負責人轉頭問我：「妳覺得吹牛老爹怎麼樣？妳怎麼看？妳喜歡他的音樂嗎？」

他會直接問我這個問題是因為餐桌上我最年輕，我喜歡也了解嘻哈，而且我是那裡唯一的歌手。此外，我當時正與吹牛老爹合作製作音樂。我湊過去，誠實地講出我的看法：吹牛老爹與壞小子唱片絕對是現代音樂的發展方向。霎時，整個餐桌都安靜下來。

不久前，湯米在廚房餐桌上跟我和我外甥肖恩分享他自己的觀點：「兩年內，吹牛老爹會來替我擦鞋。」我聽了震驚不已。等等，他說了什麼？我告訴湯米，那是公然的種族歧視。這是我少數幾次出言反抗湯米，我太生氣了。肖恩從未見過我頂撞湯米，所以他看到我生氣的樣子覺得很震驚，開始擔心起我的安危。那時候很多人擔心我。

在餐廳的那個晚上，原本是一場音樂界高層與藝人針對全球文化與美國流行音樂未來的熱烈討論，卻演變成一齣湯米亂發脾氣的鬧劇。我一回答完，就看到他眼睛閃爍著熟悉的憤怒。他從桌子旁跳起來，開始在餐廳裡來回踱步，怒氣沖沖，氣到無法控制自己。整桌的人面面相覷，沉默地坐著，不知道他（這次）到底又有什麼毛病，也不知道我們該怎麼做。整間餐廳的人都目睹湯米試圖從只有他看得見的懸崖走下，最後，他氣呼呼走回來。氣到渾身發抖，握拳捶桌並當眾宣布：「我只想讓大家知道，感恩節餐會取消了！」呃，好吧。

我們當時正計劃在辛辛莊園舉行慶祝感恩節的餐會。只因為我膽敢在公共場合向湯米欽佩的人（對方問我的想法）表達我誠實、自主的觀點，湯米就要中止這份樂趣，搞得好像那是我的十歲生日派對似的。儘管如此，他宣布取消國定假日的傲慢態度也太可笑了。誰去打電話告訴法蘭克・普杜（Frank Perdue）[14] ？天啊，誰去退回所有奶油球火雞（Butterball）？對方不過是直接詢問我的想法，不然我該怎麼做？難道要像傻瓜一樣呆坐在那裡，什麼話也不回嗎？這一切都太荒謬了。

想到接下來在長達一小時的回家路上，我將因為自己的踰矩行為遭受怎樣的懲罰就一點也笑不出來。那天晚上我突然想起了什麼，決定不要再因為某些並非我的錯的事情承受打擊。今晚我不想被關在湯米休旅車的酷刑室裡，然後被載回貝德福鎮的牢籠，我決定無論如何都不要跟他一起離開。雖然意識到自己正冒著巨大且可怕的風險，但因為我們人在公共場合，加上有一整桌的目擊者，所以我放手一搏，賭他不會把場面鬧大，我或許能安全下莊。

他坐在桌子旁，怒不可遏地盯著我。而我緊張不安坐在椅子邊緣，藏在白色亞麻桌巾底下的雙腳拼命顫抖，但內心意志相當堅決。不知怎的，我也回瞪他一眼。今晚不行。在那種情況下，我絕對不可能和他一起坐車。兩邊陷入緊張對峙把桌上所有人都嚇壞了，他們替我捏了把汗，也擔心自己遭受波及。每個人都相當害怕湯米！但我堅持我的立場，最後湯米獨自離去。雖然他和我都知道，仍然有人會跟蹤我並向他匯報，但能堅持自己立場是我跨出去的重要里程碑。基於尊重我們隱私的考量，廚師與餐廳業主同意讓我從廚房悄悄離開。喬

---

14 譯註：美國養雞大亨。

瑟芬和我去了一家小酒吧（對我來說已經跨出一大步），甩掉壞心情，喝幾杯雞尾酒，然後找間飯店好好睡一覺。這是我初次啜飲自由的滋味，多麼渴望得到更多的自由。

> *'Cause it's my night*
> *No stress, no fights*
> *I'm leaving it all behind . . .*
> *No tears, no time to cry*
> *Just makin' the most of life*
>
> —— It's Like That

　　湯米「取消」感恩節餐會的那晚，是我第一次挺身為自己辯護，違抗他的命令。他從來不允許我有自己的聲音，似乎表現出一點點自主或獨立思考都會威脅到他，使他喪失力量。我無法控制他的控制。我是唱片公司的代言人，為他賺取各種利潤和股份，結果在餐桌上卻沒有任何發言權。但我不會允許自己被取消。

21 〈FANTASY〉

　　雖然湯米絕對不會鬆綁對我生活的掌控，但在涉及音樂製作方面，他確實開始有某種程度的讓步。他一直尊重我是詞曲作家，他也是音樂人，懂得什麼是好的歌詞與旋律架構。然而，我不僅成長得比他找來與我合作的製作人更快，也超越時下音樂產業。他們總想把我歸入主流的「成人當代音樂」（adult contemporary）類別，但我一直抗拒。他只知道成人當代音樂，他身邊的人也是，我當然也知道。我可以寫出像〈Hero〉這樣的熱門歌曲，可以做出百老匯風格的曲子，無論因應什麼場合需求，我都可以辦到。但我想利用更現代的曲風來創作更多屬於自己的音樂。他們一直試圖讓我走抒情路線，而我只想變得更狂野一點。我想增添動感，擴大我的音樂風格範疇。當然，融入黑人藝術型態的嘻哈音樂也帶來種族與文化元素。不同於（湯米喜歡的）爵士樂或福音歌曲，嘻哈是激進、原始、而且露骨的音樂。它不是為了讓中年白人男子覺得酷而創作的。嘻哈音樂不再需要他這種類型的「金曲製作人」，而且我認為這點已對他造成威脅，甚至危及他的權力。而且他無法否認這些證據。我的直覺很準，因此在我想合作的樣曲、歌手和製作人方面，他不再與我爭辯不休。

　　我知道只要混音處理得當，嘻哈幾乎可以為其他所有音樂增添令人振奮的年輕活力；我知道吹牛老爹將是我夢寐以求的〈Fantasy Remix〉完美合作夥伴。我很滿意這首與製作人戴夫·「傑姆」·霍爾（Dave "Jam" Hall）共同完成的單曲，在取樣編曲部分，我選了湯

姆樂團（Tom Tom Club）的〈Genius of Love〉。這是一首非常有趣、節奏感強烈的派對歌曲，但我知道可以把它改編得更有意思。我們擷取湯姆湯姆樂團的歌曲製作混音版，甚至強化並突顯其特色。吹牛老爹對於我找武當幫（Wu-Tang Clan）團體的骯髒壞傢伙（Ol' Dirty Bastard, O.D.B.）來助唱的想法很感興趣——那才是真正的愛的天才。

那些「傲慢企業」裡穿著西裝筆挺的人並不喜歡骯髒壞傢伙。事實上，他們認為那傢伙是徹徹底底的瘋子，覺得跟他合作的我會讓所有歌迷大吃一驚。湯米原本以為饒舌就是背景噪音，沒想到骯髒壞傢伙即將把噪音帶入〈Fantasy〉。他們不了解我的歌迷有多麼多樣化，也不了解武當幫的全球影響力（像是「Up from the 36 Chambers!」之類的）[15]。武當幫是潮流，是一個世代罕見的團體，而骯髒壞傢伙就是其中一個特別的成員。我真心覺得他會為〈Fantasy〉混音版帶來絕佳出色的效果。吹牛老爹也有同樣的遠見，並開始著手進行，還有幾位很酷的藝人開發部門夥伴幫我將史上最棒的饒舌特色之一偷渡進來。毫無疑問，骯髒壞傢伙的錄音行程都是排在夜深人靜的時候，而且是在我被湯米抓回去辛辛莊園的那個晚上。我洗了個澡，沐浴對我來說已成一種逆向洗禮儀式，藉此從年輕的全球暢銷唱片歌手轉變成被關在牢籠裡的韋斯切斯特郡人妻。洗完迅速套件純白絲綢睡衣，躡手躡腳走過主臥的純白羊毛地毯，爬上我們那張豪華大床，上頭鋪著1000織白色埃及棉床單和彷彿一百顆白色絨毛枕頭。

湯米老早穿好他的白色棉質睡衣躺在床上。我離他躺的那一側似乎有百里之遠，這種索然無味的互動已成常態。突然間電話鈴聲響

---

15 譯註：武當幫首張專輯內的歌詞。

起。我接起來後興奮地大叫，因為錄音室那裡打來說骯髒壞傢伙已經完成他的錄音。「等等，」我說：「我開擴音。」接著按下擴音鍵給湯米聽：

Yo, New York in the house

Is Brooklyn in the house?

Uptown in the house

Shaolin, are you in the house?

Boogie Down, are you in the house?

Sacramento in the house

Atlanta, Georgia, are you in the house?

West Coast, are you in the house?

Japan, are you in the house?

Everybody, are you in the house?

Baby, baby come on

Baby come on, baby come on!

　哇！！！我忍不住驚呼，甚至開始在床上跳來跳去！接著我聽到下面幾句：「Me and Mariah go back like babies and pacifiers! Old Dirt Dog no liar. Keeping fantasy hot like fire!」就是它！骯髒壞傢伙嘴裡吐出狂野不羈的才氣光芒，用我渴望已久的髒污與純粹的樂趣燒毀我們純白的臥室！一句接著一句，他即興加入的歌詞逗得我咯咯笑個不停。我陶醉其中，時而尖叫，時而大笑，一直興奮地呼喊。但隨後我看了看湯米，他頭歪向一邊，臉上盡是無法理解的困惑表情。

　「什麼鬼東西？」他脫口而出，「我也做得到。給我帶著那鬼東

西滾出這裡。」就是這樣，對我所聽過最獨特、最驚豔的一首歌，他的反應就是這樣！我想他是嚇壞了，又或者他真的認為自己做得出那種歌，而我們全是瘋子。此時好像進取號星艦把我送到其他的銀河星系，距離湯米很遠很遠。音樂是我們兩人唯一的真正連結，但此時我們相隔好幾光年。

現在，我愛死〈Fantasy Remix〉了。這是我第一首在電台播出以前反覆播放的歌。我會在回貝德福鎮的路上播放這首歌（我敢肯定湯米**喜歡**這樣）。感覺就像我童年時期錯過的所有樂趣，這首歌讓我感到快樂。每個人都感受得到骯髒壞傢伙的能量，他就像你慈愛、滑稽搞笑的叔叔，那種每逢節慶、聖誕節聚餐、戶外野餐、感恩節都會喝得醉醺醺的叔叔。骯髒壞傢伙和吹牛老爹真的幫我創造了一些永恆不朽、所有人都感受得到的歌。這次混音給了我們永不退流行的台詞和感覺。他甚至用「I'm a little bit country, I'm a little bit rock 'n' roll!」，把唐尼與瑪麗奧斯蒙兄妹檔（Donny and Marie Osmond）帶進來。是什麼讓他靈光乍現說出這句的？真是天才！時至今日我在舞台上唱這首歌的時候，搭配他的人聲都彷彿聽到他在說：「I'm a little bit Roc and Roe.」[16] 屢屢令我感動。

製作〈Fantasy〉的影片對我也很重要。我想讓整首歌感覺有趣、無憂無慮，在我看來（以前我的想法鮮少被納入考量），我的音樂影片幾乎全部都不是我想要的。湯米從不允許我和我想要的導演合作，例如當時很熱門的導演赫伯‧萊茲（Herb Ritts），或者一些很酷的時尚造型師，能替我的外型增添特色；但這些有創造力的人都是他無法完全掌控的。他給我的包裝風格太過主流，而這首歌不同，這首歌

---

16 譯註：諧音聽起來像在講凱莉兩個孩子的小名。

沒有被同質化。創造始於需求，對吧？由於我找不到想要合作的導演，所以決定自己執導這部音樂影片。概念很簡單：年輕、快樂以及自由。場景選在紐約韋斯切斯特郡的萊伊遊樂園（Playland Park in Rye, Rye Playland）拍攝，每個人都能體會在遊樂園的愉悅和無拘無束，坐雲霄飛車把手舉到空中的感覺。我想拍攝的就是那種純粹的快樂。搭配一點簡單的元素，比方說溜著直排輪的可愛孩子、鮮明的色彩、短褲和小丑，再加上幾個和一群年輕的嘻哈街舞男孩在夜晚跳舞的鏡頭，差不多就是這樣。那是流行音樂版。至於混音版，我希望骯髒壞傢伙也在影片中做他在歌曲裡面做過的，加入滑稽古怪、骯髒的元素。

骯髒壞傢伙拍攝那天的天色灰濛濛，我們在木棧道上替他做些簡單的準備。我們初次面對面開會的時候，我帶了一個刻有他姓名首字母的銀製酒瓶禮物，走進他的梳化間討論一下拍攝概念。同樣地，概念很簡單，因為我不想讓任何事情掩蓋他的表現（好像任何事情都可能搶走骯髒壞傢伙的風頭）。我跟他提了把小丑綁在電線桿上的想法，以他真正的冷嘲熱諷為特色。他同意所有做法，但對服裝有點意見，他想要一頂假髮。

「我想要一頂假髮，」他繼續說，「媽的就像六〇年代那種風格，像艾爾・葛林（Al Green）那樣。我就要像這個世代的艾爾・葛林。」

「喔喔，我是不知道艾爾・葛林的風格怎樣，但你絕對是不同凡響的人物。」我恭敬地回應。他已經進入酒醉大叔的狀態，我不得不派造型師和他跑一趟商場，才能精確買到他想像中的假髮。別忘了，我們當時還在韋斯切斯特郡，雖然是拍攝我的影片，但我仍身處湯米的地盤內。

過了一、兩個小時，等他們回來時，造型師已經累慘。據說骯髒

壞傢伙在整個商場裡又唱又叫，一直「喔呼～」，還喝得酩酊大醉！但他的造型很完美，長版寬鬆設計正好適合他的舞蹈和古怪美妙的動作。用袖子和連帽外套的帽子當作道具，整體造型拿捏到位。還有一幕，他赤裸著上半身，頭戴蘑菇頭假髮，臉上掛著貓眼墨鏡。這讓他看起來比較像艾克・透納（Ike Turner）而不是艾爾・葛林，但不管像誰，那個畫面都令人難忘！他的表演完全展現出自己的風格，無可挑剔。我知道骯髒壞傢伙的心靈確實有些問題，但他為這首混音、這支 MV 以及我的世界帶來的只有歡樂。

願骯髒壞傢伙在天之靈安息。

〈Fantasy〉創下非凡紀錄。有史以來第一次由女歌手發行即刻空降告示牌百大單曲榜（Billboard Hot 100）冠軍的單曲，也是史上第二位辦到的歌手（第一位是麥可・傑克森，〈You're Not Alone〉成為告示牌史上第一首空降冠軍單曲）。〈Fantasy〉連續八週蟬聯單曲榜冠軍，並在榜上維持二十三週。這是我的第九首冠軍單曲，就連評論家都喜歡〈Fantasy〉和混音版（有些人真的很喜歡）。《Daydream》整張專輯的表現好得驚人，銷量獲得鑽石唱片認證。以專輯來看，裡面確實有些特別歷久不衰的單曲，例如〈Always Be My Baby〉，當然還有我和大人小孩雙拍檔（Boyz II Men）共同創作詞曲的〈One Sweet Day〉，這首歌靈感來自我的傑出好友兼合作夥伴大衛・科爾以及他們巡演經紀人的逝世，他們都走得太早。〈One Sweet Day〉是美國史上冠軍週數最長紀錄保持二十三年之久的單曲。當時我在第二十三屆全美音樂獎（American Music Awards）獲得幾

項提名，並準備在頒獎典禮上演唱〈Fantasy〉和其他一些片段。這個夜晚對我格外重要，但贏得最佳流行女歌手獎和最佳節奏藍調女歌手獎並不是我最難忘的時刻。

還沒上台或到舞台兩側待命時，我坐在前排湯米旁邊。我們都穿著緊繃的訂製時裝（拍攝《Daydream》專輯封面的史蒂芬・梅塞爾〔Steven Meisel〕是當時公認時尚界最傑出的攝影師，他將時髦的「黑色是潮流」風格設定為整張專輯的宣傳色調）。而且諷刺的是，我這次演出的服裝給人一種偽「強硬派瑪麗亞」的感覺，黑色皮褲、黑色皮革大衣、黑色高領毛衣（我敢肯定湯米喜歡這身打扮，因為唯一露出的只有我的臉）。也許這是預見未來的徵兆。

由於當天晚上我不只有〈Fantasy〉的演出行程，所以洛杉磯聖殿劇院（Shrine Auditorium）後方停放一輛露營拖車方便我換裝之類的。我正要回到拖車，換上另一套服裝。到處都是保全人員，所以不需要有人尾隨我走回所有藝人在劇院後方停放拖車的那一小段路。

當我急匆匆走出來準備回舞台，我注意到一輛白色勞斯萊斯靜靜地、緩慢駛近。就在我腳趾碰到柏油路面時，那輛優雅耀眼的轎車緩慢停在我的拖車門口，彷彿時間逐漸停止，副駕駛座貼著隔熱紙的車窗滑了下來。

他隻身一人，靠在駕駛座上，抓著真皮方向盤的那個手臂幾乎打直。他的頭往後微仰，角度剛好沒讓他濃密的睫毛形成一道陰影，不至於遮住那對炯炯有神注視著我的黑眼珠。

「嘿，瑪麗亞。」他輕聲道，我的名字像煙霧從他嘴裡冒出來，接著那個迷人的笑容劃破迷濛。轉眼之間，車窗升上去，圖帕克就開走了。

要不是製作助理或誰來叫我回舞台，把我拉回現實，我可能會驚

訝地愣在原地好幾個小時。後來在舞台完成我的演出，回到湯米旁邊的固定座位上，我心裡還在小鹿亂撞，但湯米不知道。沒有人知道。圖帕克・夏庫爾（Tupac Shakur）剛才的目光都在我身上。

❀

　　雖然錄製《Daydream》，但我的某些生活仍然猶如惡夢。我創作並演唱像〈Always Be My Baby〉這樣歡樂的歌曲，還有像〈One Sweet Day〉這樣席捲樂壇的情歌。但我們與骯髒壞傢伙合作進行〈Fantasy〉混音時所冒的創作風險，完全激發出我的靈感。我探索自己的曲風範圍，內心同時也充滿憤怒。對我來說，承認與表達憤怒一直是困難的挑戰。在製作《Daydream》期間，我的個人生活令我透不過氣，迫切需要喘息。

　　音樂與幽默是我的兩大解脫管道，它們讓我撐過人生的所有痛苦。因此，儘管在金曲工廠為那張專輯投入全部創作和排練的時間，我仍創造出另一個自我和她類似 Ziggy Stardust 的惡搞樂隊。我的角色是黑髮沉思的哥德女孩（幾年後在〈Heartbreaker〉音樂影片中出現過她的翻版，碧安卡〔Bianca〕），她會創作並唱一些荒謬煎熬的歌曲。每次排練錄音結束，我都會走到一個角落不加思索迅速寫下幾句歌詞。五分鐘後生出一首歌：

I am!
vinegar and water
I am!
Someone's ugly daughter

I am wading in the water
And I ammm!
Like an open blister
I am!
Jack The Ripper's Sister
I am!
Just a lonely drifter

　　我會把我的另類搖滾小曲子拿給樂團，隨意哼著個即興片段。他們會接著彈奏下去，然後我們立刻進行錄製。那種是無禮不敬、原汁原味、緊張急迫的曲子，樂團也很投入。我真的開始喜歡上其中一些歌曲。我會完全忠於我的角色。我扮演的是浪漫頹廢、龐克輕快風格的白人女歌手，當時很受歡迎。就是那些似乎不會壓抑自己感受，對自己形象無所顧忌的人，她們可能會生氣、焦慮、髒亂，穿著舊鞋子、皺巴巴的衣服，桀驁不馴的眉毛。而我的每個舉動都經過精心設計與安排。我想掙脫束縛釋放自我，表達自己的苦悶，但我也想笑。

　　我非常期待每晚錄製《Daydream》之後參加另一個自我樂團的排練。湯米那時候經常去義大利，所以我有了一點空間和能呼吸的空氣進行這個屬於自己的奇怪好玩的事情。樂團也樂在其中，最後我們做完整張專輯的歌曲，把所有歌都混合起來。我戲謔玩票性質的「憤怒釋放」計畫最終變成一個古怪諷刺、地下另類搖滾產物。湯米和唱片公司其他人得知時，簡直不敢相信我們居然在《Daydream》專輯錄製期間完成這些歌曲。我甚至請唱片公司的美術部門設計一個我已構思好的封面：我拿著粉色唇膏在湯米於義大利拍的一張死掉大蟑螂的拍立得照片寫下標題，然後請他們加上碎掉的眼影盤。把專輯封面

攤開，看起來非常骯髒且放肆無禮。我從製作那張「另類」專輯的過程中獲得很多個人的滿足感，錄製了一張沒人准許我做的硬蕊龐克、重金屬甩頭唱片。我和助理過去經常驅車行駛在韋斯切斯特郡的後街舊城區，放聲高歌，讓我擁有短暫片刻展現出憤怒、不敬與自由的模樣。

那張專輯裡面有首歌叫做〈Crave〉（最後我改名為〈Demented〉）。湯米知道我具有辨識人才的能力，所以他幫我成立了一家小型唱片公司，我命名為「渴求」（Crave），靈感即來自這首歌。

渴求唱片旗下第一個團體是名為「黑鬼聯盟」（Negro League）的嘻哈樂團（他們在〈The Roof〉MV 內客串過）。他們以著名的黑人棒球選手命名，例如薩奇‧佩吉（Satchel Paige）和「酷爸」貝爾（Cool Papa Bell），這些選手因為種族隔離必須成立自己的棒球聯盟。他們年輕、個性風趣，而且都很優秀。我就是喜歡和他們一起參加派對，他們會高呼：「黑鬼！黑鬼！」親愛的，就是你想的那個字，沒有任何模稜兩可的意思。

後來湯米意識到這段婚姻無法繼續走下去，渴求唱片很快就解散了，那張另類專輯也隨之銷聲匿跡。但渴求唱片與黑鬼聯盟還留下了一個小小、甜美的剩餘利益。在傑曼（Jermaine）的〈Sweetheart〉MV 中，我請樂團裡的一個朋友來擔任 MV 裡那個騎摩托車載我、打赤膊、舔舐嘴唇的情人。我叫他「法萊斯克」（Flask，意指酒壺，念起來跟他的名字很像），因為他在飛往西班牙畢爾包的航班上非常緊張，喝得醉醺醺的。但宿醉在影片裡的效果反而很好，更加突顯出他原本朦朧的雙眼。他曾在我經歷痛苦的分手後短暫當過我的情人，等下就會講到這部分的故事。他為人風趣善良，那段戀情正好能夠撫平我的傷口。

22 那個夏夜，
讓我們暫時逃離一下……

與骯髒壞傢伙合作的〈Fantasy〉混音版大獲成功之後，我擁有了一些資源，讓我與湯米管轄以外的人共事變得稍微容易。我開始接觸我認為合適的合作對象，在他們協助下可以做出在我腦海裡打轉許久的音樂，包含融入嘻哈音樂、與各式各樣饒舌歌手合作等。然而藝人開發部門的守舊派和各大唱片的音樂高層不知道怎麼控制或遏制嘻哈音樂，因此對我的建議嗤之以鼻。

由於饒舌音樂當時迅速賺進大把大把鈔票，所以聰明的高層都爭先恐後想分一杯羹。湯米也不例外，他是個聰明人。雖然他一直認為我更適合傳統的流行與成人當代音樂風格，但他也無法否認音樂產業和觀眾正在改變。湯米不怎麼喜歡饒舌歌手是眾所皆知的事，但他是精明的商人，儘管剛開始抗拒排斥，後來也明白我對文化脈動瞭若指掌。我決定讓我的下首單曲聽起來更符合我整天在腦海裡聽到的音樂、我夢寐以求的曲風，於是我展開了《Butterfly》的創作。

我已經進展到值得信賴的程度：可以自己選擇啟發靈感的人，而不是屬性明確的人。其中最具才華的是一位來自亞特蘭大溫文儒雅但鬥志旺盛的製作人——傑曼・杜普利（Jermaine Dupri），他擁有敏銳的音感和直覺。傑曼與我一樣很早就出道了，他的抱負遠大、才氣過人，十九歲就挖掘、開發克里斯克羅斯二人組（Kris Kross），替

他們編寫並製作過數張多白金專輯，更與索尼和哥倫比亞唱片公司達成合資協議，成立 So So Def 唱片公司（So So Def Recordings）。

他在〈Just Kickin' It〉與同樣來自亞特蘭大的年輕女子團體逃脫少女組（Xscape）合作的成果真的讓我深受鼓舞。他故意「製作不完成」，使他選擇的曲目在聲音上都聽起來很原始，而那正是我想要的。一聽到那首歌，我就知道我們倆應該合作。傑曼（又名 JD，我都叫他傑瑪斯〔Jermash〕）與我在創作方面一拍即合。身為製作人，我們在錄音室有強大的紀律，但同時也能隨心所欲處理音樂，勇於嘗試新事物。我們可以集中精力，也可以一起隨音樂流動。我們都知道這段關係難能可貴。

我們的首次合作是收錄在《Daydream》專輯的〈Always Be My Baby〉，雖然是我們合寫的第一首歌，但感覺卻好像已經合作過無數次。我們坐在錄音室，彷如白紙般著手創作——聲音上的有機。再憑藉曼紐爾‧席爾（Manuel Seal）的鋼琴天賦，共同創作出這首酷但可愛的經典歌曲。

為了讓唱片公司滿意，我不得不提供好幾種版本，其中一版的節奏快速、拍子簡單，去掉了所有饒舌狀聲詞和「都會曲風的轉音」。為了讓自己滿意，並確保自己喜歡的歌曲能夠讓俱樂部年輕人（他們總是賦予我活力）使用，我撥出時間混音，有時候好幾首歌編寫在一起。通常我會完全改編和錄製全新人聲音軌，而不會從原版歌曲回收利用，尤其是當我與大衛‧摩拉利斯（David Morales）合作的時候。我們讓一首歌重新改頭換面，只要可以擠出一點屬於自己的時間，兩人就會經常工作到三更半夜。大衛來錄音室時，我告訴他，他可以隨心所欲地創作。我會喝上幾杯，任憑酒精下肚的情緒來帶領，我們創作的幾乎多半是活力高漲的舞曲，搭配醇厚嶄新的嗓音。這是我從辛

辛莊園的監禁中獲得解脫的一個方法。

　　我腦中興起製作〈Always Be My Baby〉混音版的念頭，於是請JD把逃脫少女組和來自芝加哥、激勵人心的年輕饒舌女歌手 Da Brat 帶來我的錄音室。Da Brat 有張 JD 製作的暢銷熱門專輯《Funkdafied》。深知 JD 與我的合作會有多順利，所以我推估我們可以同一時間內完成混音並拍攝出極棒的紀錄片風格音樂影片。兩項任務同步進行，事半功倍。欲確保單曲暢銷，這是一大壯舉；在創意選擇方面必須採取策略性規劃。我們選擇 SOS 樂團（S.O.S. Band）的〈Tell Me If You Still Care〉來取樣，因為我們認為這首歌會受到跨界聽眾的喜愛，讓 Da Brat 來唱饒舌更能吸引到嘻哈聽眾。

　　JD 同意了。我知道我想要怎樣的混音，搭配至上女聲風格的合音。因為音調不同所以我必須重新錄製人聲。但傑曼對錄音室很熟，而且我們作風很合得來，我知道他能夠將所有元素融合在一起。於是，錄音行程安排妥當──So So Def 團隊要來辛辛莊園了。

　　走進辛辛莊園的庭院，右邊是群樹遮擋的警衛室，裡頭有多台螢幕連接著整棟宅邸與莊園內外的所有攝影機。JD 沿著長長的車道朝那棟豪宅走去，宛如城堡的建築聳立在堆積深厚、鬆軟、白花花的雪地上。他壓根沒料到是這番氣派的景象。直到 JD 踏出車門，瞥見他臉上流露讚許神情，那一刻我才意識到自己生活在珍稀罕見的環境裡。豪宅的規模與奢華氣派不僅意味著「音樂巨星」，更代表下一個時代的到來。何況辛莊園那麼富麗堂皇，這裡是我和湯米（音樂界的權貴夫妻）力量與影響的具體展現。那一刻，我們成了音樂界的權

貴夫妻。傑曼走到偌大的前門，看起來像《綠野仙蹤》裡的李察‧普瑞爾（Richard Pryor）。坦白說，我們所有人看起來都像一群在童話王國裡面玩耍的孩子，但實際上更像是「紐約上州」的探親日，這種快樂只是曇花一現。

可以邀請一群新銳藝術家來我家創作自己喜愛、敬佩的音樂作品，讓我短暫脫離苦海，有耳目一新之感。他們和我都是同輩的年輕人，同樣沉浸在嘻哈音樂和文化裡，我們也努力做出一番成果。雖然年紀輕輕，但整體來看，我們的唱片銷量已經締造數億美元的價值。可是一旦走進辛辛莊園的大門，一切都變得毫無意義，我們都處於監視之中。JD、逃脫少女組和 Da Brat 都注意到周圍的保全人員多得異常，卻不清楚這些人到底是在保護誰，又或是在防備什麼？

傑曼非常專注目標且認真，一來就直奔錄音室熟悉設備與安排規劃。他坐在音控台前，像太空船的艦長一樣主導全場。在他處理節拍的時候，我和逃脫少女組的女孩們一起交流，討論背景和聲的技巧。這可能是我家裡第一次出現五個與我年齡相仿的女人。逃脫少女組的成員裡有康蒂‧勃魯斯（Kandi Burruss）、塔梅卡‧「泰妮」‧柯特爾（Tameka "Tiny" Cottle）以及史考特姊妹塔米卡（Tamika Scott）與拉托哈（LaTocha Scott）。她們頂著精心打扮的亞特蘭大髮型、光澤感的嘴唇、特大號的運動服裝，全身散發魅力，十足展現出那些年嘻哈音樂中的女人美艷又冷酷的樣子。她們的聲音與風格完全符合混音和影片所需的氛圍。我希望大家都看起來輕鬆自在與真實，而不是受到「開發主管」的操控。

從錄音室裡面，你可以看到寬闊的落地窗，直接通往室內游泳池區，那裡的天花板跟博物館一樣高。天氣晴朗時，雲朵的倒影會漂浮在牆外露天泳池的水面上。從露天泳池那裡，你可以看到池塘，如果

夜色清澈，還可以看到遠處曼哈頓閃爍的霓虹燈。我們在大理石房間裡打撞球、玩牌、喝酒、聊天打屁，就像真正的姊妹淘。

再來是 Da Brat。她的充沛精力叫人難以抗拒，我馬上就愛上她了。那時候的我在不熟的人面前總是非常矜持，會變得害羞內向，需要花很長時間才會相信他人（至今依然如此），但 Da Brat 在認識第一天就打破我過去恐懼築起的高牆。我們擁有相似的、赤子般純真的心靈，只是 Da Brat 毫無畏懼地展現她的小女孩靈魂，而我卻拼命隱藏我的小女孩。我用盡各種精力、策略和金錢來打造我的經典童話故事裡的公主形象；但 Da Brat 帶著她那種年少的輕狂不羈，套上蓬鬆的大外套，紮起黑人辮與髮夾，一下子戳破我的想像泡泡。那時我的生活完全被湯米和他的密友嚴加掌控，讓我幾乎看不到自己。但 Da Brat 靠著她的隨興、莽撞和冷酷性情，立刻發現我內心的小女孩，並喚醒了她。

Da Brat 來自芝加哥西區，辛辛莊園的外觀顯然立刻吸引住她。絕對沒有裝腔作勢，她一走進門就驚呼：「天哪！」我帶她參觀了一下整棟房子，房間一間接著一間，她絲毫沒有試圖掩飾自己看得目瞪口袋的神情。但我們不是兩人單獨參觀，因為保鑣總是緊跟在後，如影隨形。走到哪，跟到哪。過去四年來，我一直在如此緊張的狀態中工作，太多決定要下，太多人指望我，徵求我的答覆，仰賴我發薪水。即使有任何「空閒」時間，我也得與湯米、和他年齡相仿的人或是他雇用的人在一起。我已經很久沒有享受過真正的快樂，Da Brat 則是很能自得其樂的女子。

我只是想找點樂子，但我知道有人正在監視、監聽我們。整棟房子到處都有攝影機和監聽設備，我不確定安裝的位置，但我知道至少有個地方沒有。

　　我們參觀的下一站是主臥室。Da Brat 很好玩，她看到巨大的電視螢幕像變魔術一樣，從我們精緻的床架尾端層櫃裡升起時還激動地尖叫起來。Da Brat 不是那種走少女風的女孩，她穿著牛仔寬褲搭 POLO 衫，腳踩 Timberland 短筒靴，但我特別向她展示我受到香奈兒啟發的更衣室，並堅持讓她看看我收藏的大量高檔鞋。因為我知道，如果讓她走進鞋子展示區，保鑣就不會發現我們。我設計了這個，而且非常確定我的 Manolos 高跟鞋沒有藏匿監視攝影機或監聽設備。我一邊大聲談論高跟鞋的事，一邊慢慢把們闔上。

　　我們坐在更衣室的地板上，避開保鑣視野放鬆了一會兒。我們都是牡羊座，都傻呼呼的，都信仰令人敬畏的上帝。我和 Da Brat 玩得很開心，但我知道我們不能躲太久，保鑣肯定會起疑心，然後揭露我在家裡的唯一安全空間。

　　我不知道有誰會偷聽我們講話，於是低聲對 Da Brat 說：「想去吃薯條嗎？」在現實世界裡，這不過是稀鬆平常的提議；但在我的世界，吃個薯條可能會犯下滔天大罪。

　　從更衣室走出來時，我把手指放在嘴邊，然後指著牆暗示她小聲點跟著我走。我喋喋不休說要帶她參觀房子的其他地方，又宣布我想快點帶她去看車。我們蹦蹦跳跳走到車庫，裡面停放好幾輛車，其中有幾輛車是我的，但我大部分都沒開過，因為多半是別人開車載我。我指著那輛黑色敞篷賓士，要 Da Brat 趕緊上車。我總是把鑰匙放在車上，所以引擎幾秒內就發動。打到 D 檔，從盡頭迴轉出來，然後沿著車道疾駛到寬廣的道路上。轉眼間，我出來了：開著跑車在街上奔馳，載著我很酷的新閨蜜，在冬日午後明亮的陽光下忘情開懷大笑。真是令人振奮。我和 Da Brat 逃出大宅院了！

　　當我們在外頭上演黑人版的《末路狂花》（*Thelma and Louise*），

辛辛莊園那頭的《亞特蘭翠大逃亡》（*Escape from Alcatraz*）進展得不大順利。我明白設置保全人員的必要性，但為什麼他們都是白人藍眼，腰間配戴黑槍？他們氣到快抓狂。我們沿路行駛約一英里抵達漢堡王之前，Da Brat 的電話響了。我可以聽到 JD 在電話那頭大喊：「喂！Brat，給我滾回來，他們要瘋了！」

Da Brat 笑著對電話說：「開車的人不是我，是瑪麗亞！」JD 顯然很不開心。

「媽的這一點也不好笑，」他說：「湯米現在草木皆兵，他叫所有人都跑去找妳們，連槍什麼的都拿出來了！」

Da Brat 反嗆：「該死，我們不過是去吃個薯條耶！瑪麗亞想吃薯條，我們就要去買他媽的薯條！」她突然掛掉手機，然後我們去了漢堡王。

在這二十分鐘內，Da Brat 和我坐在車內吃著薯條，講些幹話，我陶醉在年輕人那種單純的興奮之中，永生難忘。傑曼每隔五分鐘就打電話來求我們回去，他從生氣、煩躁到緊張，再到害怕。Da Brat 很快意識我們的短暫逃亡有多麼嚴重。電話每響一聲，她看著我的目光就越增一分擔憂與悲傷。我們真的只離一英里遠，卻讓每個人都陷入慌張。

她這樣說，「不合理啊，瑪麗亞，關他們屁事。傑曼、逃脫少女組，我們都是因為妳而來的。小姐，妳可是賣出幾百萬張唱片的人耶。妳住在這麼大的豪宅，應有盡有，但如果連想去吃個漢堡王的自由都沒有，等於一無所有。妳必須離開那裡。」這一回，她沒有笑。我說親愛的，如果連 Da Brat 這位來自芝加哥西區的十九歲饒舌歌手都替你擔心，你就知道情況一定很糟糕。

我們把車子開回莊園時，外面站著十幾名保全人員，準備開著兩

輛大型黑色休旅車進行搜查行動。還來不及開上車道駛進車庫，他們就把我攔下，搞得好像我是穿越邊境的逃犯似的。他們迅速把我帶進家門，送回錄音室——送回到我的高塔，我的監獄。

看得出來 JD 受到驚嚇，我一時興起、調皮的惡作劇對他造成了嚴重的陰影。我沒帶手機，保鑣聯絡不上我，監視戒備如此鬆懈，湯米會讓他們吃不完兜著走。結果傑曼在錄音室專心設定音軌節奏的時，保全人員直接破門而入，光天化日之下持槍審問他。我想他們以為傑曼是製作人，Brat 是他旗下藝人，所以他有責任，一切由他負責。他們朝著他大喊：「她在哪裡？告訴我們她在哪？」當然，他根本不知道我們去哪裡。他在工作，一直待在我的錄音室裡，那天是第一次到我家來。他那時候才二十三歲。

湯米確定我安全返回後，情況才穩定下來。Da Brat 捲了一管大麻雪茄，但天曉得她不能在我旁邊抽，所以整個拍攝過程她只是拿著它，彷彿抱條安撫巾，就這樣開始為這部混音作品唱饒舌。她可能也有點心神不寧。除了其他事情，她可能也感到愧疚，第一次和我錄製她的饒舌客串就引起這些混亂。但當麥克風一開，攝影機開始拍攝，Da Brat 立刻進入狀況。她唱得既快樂又投入，在歌曲空間裡玩弄巧妙的引用與複雜的節奏：

Who rocks your Music Box
And breaks down the structure
You fantasize as you visualize me as your Dreamlover
Fuck with your Emotions Unplugged in your Daydream
—— "Always Be My Baby (Remix)"

　　我們在一天之內完成混音作品、MV 拍攝跟一場越獄。在我執導的 MV 裡，你絕對看不出當時我們周圍都是全副武裝的保全人員。剪接掩飾壓力，可是我擅長的事。

23 副作用

I was a girl, you were "the man"

I was too young to understand

I was naive

I just believed

Everything that you told me

Said you were strong, protecting me

Then I found out that you were weak

Keeping me there under your thumb

'Cause you were scared that I'd become much

More than you could handle

Shining like a chandelier

That decorated every room

Inside the private hell we built

And I dealt with it

Like a kid I wished I could fly away

But instead I kept my tears inside

Because I knew if I started I'd keep crying for the rest of my life with you

I finally built up the strength to walk don't regret it but I still live with the side

effects

—— "Side Effects"

　　湯米提議我們去做婚姻諮商時，我很驚訝，而且毫不意外他說必須找他已經諮商多年的心理治療師。儘管如此，這對我們倆來說都是一大進展。我們事業伴隨而來的婚姻一直是社會大眾關注的焦點，但從來沒有人獲允踏入我們關係的幽暗深處。我從未向任何人傾吐過我的生活，或沒有生活的日子是怎麼過的。過去總有這樣的念頭壓在心裡：我已經能夠寫歌、唱歌、創作歌曲、功成名就、獲得難以想像的財富了，不配再擁有個人的幸福。我真的以為我生命中所有美好的事物都會讓我付出代價，受制於湯米的掌控就是我成功的代價。

　　說實話，我真的只是想獲得五分鐘的安寧，一個可以下樓到自己廚房弄點東西吃的機會，不用忍受對講機傳出來的嘶嘶聲和他惡狠狠地說「妳在幹嘛？」。再說，我不相信任何人。那時候我和我的家人關係疏遠，周圍都是跟湯米有關聯、懼怕湯米的人。所以我知道自己說的任何話都會傳回他耳裡，到時候又得承受他無止盡的怒火。

　　我已經長出類似蕁麻疹的痘痘。我去看皮膚科醫師，確認我原本無瑕的肌膚是因為壓力所造成的，醫師建議我改變飲食習慣，增加一些新的清潔步驟來舒緩症狀。我告訴湯米醫師的診斷結果（旗下銷售最佳的歌手罹患蕁麻疹可不是件好事），他衝著我大吼：「壓力？媽的妳是會有什麼壓力？」天哪，讓我娓娓道來。

　　婚姻諮商是救命稻草。我們的心理治療師是位心地善良、年長的猶太裔婦女，一頭琥珀色短髮和敏銳的雙眼，她在自己典型的韋斯切斯特郡家中有間舒適愜意的辦公室。我比想像中更喜歡她，因為我原本以為她會是「湯米團隊」裡的一員，但她的客觀公正令人耳目一新，是真正的專業人士。而且湯米敬重她（這點非常重要）。在人生的那個階段，我沒有結識什麼與我唱片銷量無關的專業人士。很少有地方能讓我不會感到焦慮的：最早是錄音室，現在多了治療師的辦公室。

即使待在我的「安全空間」，湯米的存在也會破壞氣氛。我會在錄音室寫歌，與其他製作人或歌手交流看法，但他通常會在下午六點或七點過來接我，好像我是他的朝九晚五的「辦公室小妹」，而不是一個擁有自己創作過程、不是靠打卡鐘上下班的錄音室歌手（我合作過的饒舌歌手和嘻哈音樂製作人更不用說，他們大多數人和我一樣，工作起來就會忘記時間，沒日沒夜）。只要湯米走進來，緊張感就會蓋過創作期間的輕鬆，所有笑聲都會停止，我們會退縮一點，為他的壓迫騰出空間。雖然我在治療師的辦公室（或任何地方）不能算是完全感到安全或平等，但這裡是我們所擁有的最接近中立的空間，我和湯米在這裡可以嘗試平等溝通。

治療師能夠客觀聽取我們倆的意見，這對我來說是重大突破。而且，她相信我。多年來湯米一直接受她的治療，如同東尼‧索波諾（Tony Soprano）和珍妮佛‧梅菲（Jennifer Melfi）[17]，只不過她更像母親的角色，而不是性感的學者。她可能是唯一一個對湯米的心理層面具有某程度的了解，並完全能夠想像湯米在我們婚姻與家庭生活中對我施加壓迫與偏執狀態的人。她是第一個發現並說出我遭受虐待的人。我知道我的心靈遭受嚴重蹂躪，但她發現我的情感也受到傷害。

幾次婚姻諮商療程結束後，她會要湯米先去車裡等我，這樣她和我可以沒有壓力的坦誠對話。某一回在我們倆獨處的時候，我語帶懇求地問她：「為什麼他就不能讓我去做 SPA 或看電影之類的？我做錯什麼了！」

她頓了一下，用平靜、不動聲色的紐約口音說：「親愛的，那並不正常。妳為什麼表現得好像在處理一個正常的情況？那不正常！」

---

17 譯註：HBO 影集《黑道家族》裡面的黑手黨頭目與精神科醫師。

可是我沒有正常的參考範例。在接受心理治療之前，我們的婚姻早已支離破碎。

✻

交往八年以來，我的生活宛如心理驚悚片，情況已經演變成湯米的存在對我是一種敵意的佔領。躡手躡腳走路、保護自己是我的日常，我從未想過能夠堅強地離開湯米。我以為我會繼續面對這段婚姻，祈禱他能意識到自己如何令人窒息以及他的行事作風能有所改變。有時候我真的只想化身彼得潘，飛得越遠越好。大多數時候，我試著一味接受他的要求，無論多麼離譜誇張，但求他能變得寬容一點。我和他結婚相當於多了一位嚴厲的父親，他會用恐懼統治妳，控制妳所做的每件事。我一直期望他可以鬆綁，給我一點空間，這樣我倆的婚姻才能走下去。這是我們唯一的希望。我在〈Butterfly〉裡面曾寫下我希望湯米能夠明白並對我說的事情：

Blindly I imagined
I could keep you under glass
Now I understand to hold you
I must open up my hands
And watch you rise
Spread your wings and prepare to fly
For you have become a butterfly
Oh fly abandonedly into the sun
If you should return to me

We truly were meant to be
So spread your wings and fly
Butterfly

　　湯米的心理治療師立即主張讓我保有更多獨立性。她支持我必須為自己建立一些界線的想法，並鼓勵我自己去一些地方。這彷彿是奇蹟，以前從來沒有跟我站在同一陣線的盟友。她建議我們分階段進行，類似試用期的概念。但與試用期不同的是，目的不是讓我重新適應社會，而是要緩和湯米的行為，因為他太偏激了。他掌控身為歌手的我，又掌控我的私人生活，掌控了我職業生涯的每個人。儘管我是唱片公司裡最暢銷的歌手，他仍是我生活中權勢最大的人，可能也是每個人生活中權勢最大的人。每個人都怕湯米怕得要命，譬如行政高層、管理人員、法務人員、其他歌手藝人——所有人。與治療師經過一番激烈的協商後，我們同意邁向獨立的第一步是我終於可以參加表演課程。多年來，我一直想要接受表演訓練。歌曲就像獨白，所以我知道自己有很好的素材，當然還有一系列的情感和生活經歷可以借鑒。但我渴望學習一些演出技巧，可以去探索、發展和訓練我內在醞釀的另一種激情。和唱歌一樣，我從小就對電影非常沉迷，經常背誦台詞來逃避現實。表演既是我的夢想，也是我覺得自己必須去做的事。湯米「同意」我去上私人表演課程，不出所料，教練還是找他認識且認可的人選。就像治療師一樣，這位表演教練也相當稱職，曾與多位出色的世界級演員合作。

　　表演教練是位體態豐腴的女性，她似乎非常享受自己飽滿的胸型與肉感身材。她的行動自如，穿著史蒂薇・妮克絲（Stevie Nicks）風格的多層次飄逸服裝走來走去，即便閒聊時候也會揮舞雙臂做出誇

張的手勢。她的身上有一部分是母性光輝的嬉皮，一部分是尊貴的公主，一部分是充滿抱負的大師，不管是哪個部分我都喜歡。

她在她位於上西城的波西米亞風格豪華公寓裡授課。這個地方和她一樣，兼容並蓄、熱情友善。室內充滿金香木線香的味道，這令我印象深刻，因為它讓人心情立即獲得舒緩，而我當時處於身心緊繃難以放鬆的狀態。

我們上第一堂課時，她要我躺在地板的墊子上，閉上眼睛做一些基本的深呼吸與放鬆練習。她坐在椅子上，從高處指導我深呼吸，盡量放鬆。「放～鬆～」（小姐，說得容易做得難啊。）

「閉上妳的眼睛。吸氣。吐氣。」我努力放鬆，聆聽並試圖按照她的指示行動。「放鬆，瑪麗亞，放鬆妳的肌肉。深呼吸，然後放鬆妳的身體。」那個時候，我意識到我的肩膀已經緊繃到快碰到耳垂。即使躺在地板上，我也處於一種緊張的戰鬥狀態或逃跑姿勢，大多是戰鬥狀態。我已經保護自己很久很久了。

「吸氣。吐氣。審視自己內心，」她平靜地說。審視我自己的內心？我不懂那是什麼意思。

她感覺到我在抗拒，便說「去一個妳覺得安全的地方。」

沒有。

「有讓妳感覺安全的地方嗎？瑪麗亞？去那裡，可能來自妳的童年記憶。」

沒有。

「想像妳年紀還很小，才六歲，往那裡去。」

那時候我住在熟食店樓上，不安全。

「或者想像妳年紀稍長的時候，往那裡去。」

那時候我住在小屋，不安全。

　　她繼續催促，心想一定有個地方。「可能是近期的某個時候，去個安全的地方。」

　　找不到一處感到安全的地方。我在自己的空虛中四處尋找，只感受得到自己躺在堅硬的地板上。我在腦海裡尋找一個地方，等待一個令人欣慰的景象到來。結果什麼都沒有。一片空白。我睜開雙眼，盯著天花板，突然感到寒冷與寂寞。我忽然意識到，無論是內心或外在，沒有任何地方能讓我感覺安心。

　　接著教練問道：「瑪麗亞，妳還好嗎？」一陣悲傷的浪潮席捲而來，我的淚水奪眶而出。整個人都在顫抖、抽泣，哭到不能自已。

　　眼淚風暴終究平息了下來。和湯米交往的整個過程中，我都沒有這樣痛哭失聲過。跟他一起哭泣需要整理太多情緒，情感代價也太高。如果我哭了，他肯定會懲罰我。在我們比較激烈的爭吵中，他會是哭的那個人。而最後是我安慰他，完全放棄我的需求和痛苦。殘忍的情感操縱。

> *Don't tell me you're sorry you hurt me*
> *How many times can I give in?*
> *How many battles can you win?*
> *Oh, don't beg for mercy tonight.*
> *Tonight, 'cause I can't take anymore*
> —— "Everything Fades Away"

　　然而，哭泣練習是一種釋放，儘管只是微小的解放。我已經憋了那麼久，現在開始可以稍微呼吸一下。

　　我的表演教練在我上方徘徊，我能聞到精油的味道從她的毛孔滲

出來，也許是廣藿香。她把手放在我的肩膀，開始輕輕把肩膀朝我的胸腔肋骨往下壓。

「放下防禦姿態，深呼吸。」她輕聲說。我沒有意識到我的身體這麼緊。我的崩潰對她是種鼓勵，因為我已經釋放了一些壓抑的情緒。現在她告訴我，她想讓我的「身體感到自由」。我站起來看她示範這個練習，腳步有點不穩。她閉上眼，開始左右搖晃肩膀，讓她的頭往後仰，跟著肩膀轉動。接著，她的臀部也漫無目的擺動起來。她舉起雙臂，開始揮舞，就像洗車場裡詭異的充氣人偶一樣。「讓身體自由！」她呼喊道。「來吧，讓身體自由，瑪麗亞。」我看著她的舞步飄忽不定，盡情狂歡的律動，就是跳不起來。就像我不能為艾迪跳舞來證明我是黑人一樣，我知道我太「黑」了，所以無法和她一起跳詮釋舞，即便是在私人課程裡。

我記得非常清楚，那位表演教練告訴我，我很難表達自己的憤怒。我回想起治療師曾經跟我說過：悲傷通常是將憤怒轉向內心。當然，我把一切藏在心底，不然怎麼撐過去？我意識到自己之所以無法表達憤怒，是因為我從來沒有被允許可以憤怒。誰能讓我放心地生氣呢？我哥哥不能，我姊姊肯定也不能，湯米不能，我母親不能，沒有任何人。我的生命中沒有令我放心的人，也沒有讓我感到安全的地方。從來沒有。

That woman-child

failing inside

Was on the verge of fading

Thankfully I woke up in time

—— "Close My Eyes"

　　湯米的愛戀殘酷無情。經過無數次痛苦和激烈的爭執，我也開始真正反思自己內心，湯米和我在諮商期間提出了暫時分居的想法。我花了很多努力，深入探討自己的內心世界，才提出這個念頭。我在人生許多階段留下很深的創傷。與湯米的爭吵沒有停止過，我甚至還無法知道創傷的影響，但我們能夠開始討論如何減輕痛苦是一大進展。他動用很多關係將我五花大綁，我真的不知道如何在他有生之年逃離他的掌控。他的報復心可能非常強烈，而且人脈相當廣泛，我深切感到整個人都暴露在危險之中。借助一些支持和新的方式，我能夠清楚看出和他共同生活是種折磨。我必須創造一個讓自己喘息的空間。

　　我確信自己需要逃離湯米的怒火，表達自己的憤怒，這需要一些協助與策略。因為我們正在接受心理諮商，所以我不必成為那個「提起這件事」的人。是那位心理治療師告訴湯米，如果他不試著給我一點空間的話，將會永遠失去我。因此，暫時分居被認為是權宜之計。她試著說服他讓我和其他人出去玩，看在上帝的份上——看在我的份上，拜託。

　　經過三番兩次的勸說，湯米同意嘗試治療師的建議，並達成協議採取某些措施，看看我們能不能找到繼續走下去的方法。我記得治療師以慈母的口吻說：「湯米，瑪麗亞得靠自己走出一片天。你這樣做不公平，你讓她喘不過氣了。」我當時處於崩潰邊緣，不得不放棄一些東西。我甚至沒有要求太多，只是想和朋友有多點相處的時間。我的精神已經枯竭，照這個速度下去，這段關係恐怕連我靈魂的剩餘部分都會帶走。

　　我的表演老師居住的大樓與隔壁棟大樓之間有一條私人的連通道，從她所在的大樓正門進去可以走到隔壁棟大樓。就像一九六○年代喜劇《糊塗情報員》（Get Smart）的開頭畫面：你必須行經一個不起眼的側門，走過水泥走廊，穿過被封起來的後巷，但從這棟大樓走到那棟大樓可以不必走出去。

　　於是我偷偷在她隔壁棟租下一間小公寓。我串通大樓管理員，利用假名把家具送進來。屋內佈置非常簡單，一張折疊式沙發床，我可以想睡就自己睡。我告訴湯米，上完表演課累了，要留在老師家一晚，然後溜到自己的小空間，隔天早上再從老師居住的大樓離開。這樣做很狡猾沒錯，但我已經走投無路了！總是有人監視我的一舉一動。事關基本生存。

　　後來，讓我存活的洞穴變成我私人的辦公區與錄音室。我只安裝了一面簡單的鏡子，在那裡和黛比・艾倫（Debbie Allen）完成了我職業生涯中最棒的肢體療法。艾倫女士聯繫我，說她想和我合作，因為我的音樂真的引起她的共鳴。真是天賜良機！她是出色的大師，分析了我是怎麼動或靜止，指導我伸展和其他幫助我釋放與穩定的姿勢。她和我一起為表演編舞，設計適合我的動作。她讓舞者圍繞著我，真的給了我支持。這正是我長久以來需要的：在我探索自己的身體時，有人對我保有耐心。

　　我和我的身體已經脫節太久。我只知道如何讓自己完全被一首歌佔據。直到我在電視上看到自己早期的表演，才注意到自己的手是怎麼擺動的。還讓主持功力精湛的琪琪・謝帕德（Kiki Shepard）發現，我其實不知道怎麼穿高跟鞋走路。她把我拉到一旁，要我在阿波羅劇院（Apollo）舞台的某側樓梯走上走下，直到走對為止。啪。

　　要是真的有守護天使，黛比・艾倫肯定是我的天使之一。

　　治療師也為我安排了一個計畫，讓我第一次在沒有湯米跟在旁邊的情況下出席社交活動。這點很重要，對我來說也是個全新的體驗：我從一個複雜、缺乏照顧的童年直接踏入危險的音樂產業和一段有毒而動盪不安的婚姻。那時我還未滿二十五歲，但我終於開始獲得另一種不同的勇氣，不只是保護歌曲，也保護我生命的勇氣。

　　湯米一直堅持不讓我演戲，因為他擔心我會跟哪個有魅力的演員或導演或誰在光鮮亮麗的片場同台演出。而他同意讓我接受表演教練的課程（他認為那位教練對他忠心不二），這點讓我們的關係稍微燃起希望。他在好萊塢的影響力不像在音樂圈那麼大，我在紐約上表演課程也許沒有對他造成太大的威脅，因為紐約是他的地盤，到處是他的眼線。但我和同年齡的人只是一起出去玩，對他來說卻是極大的威脅。最可怕的是我在沒有他在場的情況下被拍到，但願不會如此。他無法容忍別人看到灰姑娘在舞會上，身旁卻沒有她的王子或救世主。

　　控制大眾輿論對湯米而言相當重要，在社群媒體和智慧型手機問世以前，控制輿論是辦得到的。所以我們約好兩人一同出席盛大的活動，讓外界看到、讓媒體拍攝記錄，然後就可以分頭行動，我可以和我的朋友們出去玩。讓湯米害怕的可能不是我對婚姻的背叛（我從未閃過這個念頭），而是害怕失去對我的影響力，這點比我的忠貞更重要。即使反對，但他知道他已經達成協議，在他的觀念中，協議就是協議。因此，我們談妥了我以交際花蝴蝶身分的首次單飛。

　　我們的關係很像青少年與父母，需要逐漸取得獨立性。我的年齡與青少年差不多，但顯然比我年長的湯米卻需要學習如何像一個成年人來處理這個問題。這一切太曲折離奇，但親愛的，我們已經盡量表現得正常一點了。

24 來自卡拉馬朱的男人

　　瑪麗亞的單獨試飛之夜有嚴格的行程安排：首先，我和湯米要一同出席清新空氣基金會（Fresh Air Fund）的晚宴，這是我們以前參加過的活動（表現正常）。在那之後，我將與一群朋友共進晚餐（其實這也很正常）。和湯米外出已經變成一場緊張的表演，被焦慮和厭倦混合的可怕雞尾酒搞得焦頭爛額。

　　幸好我知道那天晚上有一些跟我同輩的朋友也會參加晚宴，例如大人小孩雙拍檔的萬雅·莫里斯（Wanya Morris），所以我不必整晚都戴著如此沉重的面具。我心裡抱著這樣的想法，在媒體拍攝活動、吃完高級餐點和聽完陳腔濫調之後，不用像平常那樣沉默又令人窒息的一起回到韋斯切斯特郡，可能會變得比較有趣。我可以熬過這一關。我穿著一件雷夫羅倫的紅色霧面針織細肩帶及地長洋裝，挽著湯米的胳膊走上紅地毯。

　　那晚的所有照片都顯示我們朝不同方向看去，我的身體僵硬，臉上掛著尷尬的微笑。沒什麼值得笑的事情。老實說，在大多數照片裡我都不太敢笑，因為小時候被說鼻子太寬，微笑會讓鼻子更寬。這種不安全感爆發後，索尼負責藝人開發的主管接著趁勢追擊，這位身形圓胖、盛氣凌人的女士在我們初次見面時（我首張專輯發行之前）對我說：「你這一邊的臉比較討人喜歡。你應該只拍這一邊的臉。」（她指的是沒有美人痣的那一邊。這些人是誰？他們是誰？）

　　我當時太年輕，沒有信心挑戰她的觀點，只好俯首聽命。在我仍

是孩子和少女的時候，我把長輩對我的那些傷害性和殘酷的批評都藏在心底，有些批評已經深深地在心靈深處扎根，永遠都無法徹底清除掉。時至今日，要是周圍有鏡頭，我都會下意識露出「討人喜歡的那一邊」，這已經變成習慣。

這場晚宴是典型眾星雲集的慈善活動。我挺直腰桿坐著，肚子收緊，屏息靜觀，直到所有活動結束。湯米和我整晚都假裝沒事發生，畢竟我們都有很多偽裝的經驗。然後一切落幕：我滿足湯米共同出席公開場合的願望，現在我可以自由行動了！這是一樁絕佳的交易！我從未獲准在沒有他的情況下出席任何社交活動。簡直不敢相信！我可以像一般人自由大笑和玩鬧，不會被噓、要求安靜以及與世隔絕。我覺得自己有點像反轉的灰姑娘，化裝舞會才是我的苦差事。

✖

一九九〇年代，喬治‧亞曼尼（Giorgio Armani）達到奢華時裝設計公司的巔峰，亞曼尼是所有一線明星的首選設計師。湯米當然會穿亞曼尼的衣服，他總想打扮得時髦有品味。我偶爾也會穿亞曼尼的衣服。亞曼尼旗下有幾位很酷、人脈又廣的人經常與他們的客戶出去玩，所以宴會結束後，我們計劃去一家由亞曼尼內部人士安排的餐廳參加晚餐派對。我和我的助理一同前往，萬雅和我們在那裡碰面。映入眼簾的是絕美的市中心場景。這裡燈光昏暗，我們二十個人坐在靠近整面落地窗旁的座位，圍著一張大餐桌，上面擺滿漂亮的酒瓶和蠟燭。現場一片熱鬧歡笑的氣氛，還有很棒的背景音樂，萬雅偶爾會突然來一段即興演唱。這個夜晚對在場其他人來說雖然平凡無奇，但對我來說卻是耳目一新，與同齡人外出參加社交活動，聽著屬於我年代

的音樂是以前料想不到的事。

　　雖然依舊受到監視，但我感到很長一段時間以來沒有這麼輕鬆過。我感到青春活力，自由自在。客人在這類的晚餐派對裡來來去去是很正常的事，所以當德瑞克・基特（Derek Jeter）和他朋友走進來坐在我對面的桌子時，我並沒有注意到。我發現他們倆有點可疑，抬頭看了一眼後想：這些人是誰？然後我的注意力馬上又回到更有趣的客人身上。

　　運動員向來不是吸引我的類型，即便在高中時期，運動員是校園社會食物鏈頂端的代表人物，我也不感興趣。德瑞克與他的朋友沒有打破我的原則。他的亞曼尼西裝掩蓋不了身上散發出來的卡拉馬朱（Kalamazoo）氣息，他沒有那種我已經習以為常的紐約油滑世故感。我不是在說閒話，他腳還穿著尖頭鞋。藝人可能穿得非常有特色，與餐桌上形形色色的嘻哈歌手、節奏藍調巨星、模特兒、時尚達人以及酷炫有型的年輕人相比，他們兩人顯得非常普通。

　　餐廳的氣氛沉悶，我們這桌卻鬧哄哄的，聊著聊著話題轉到了「不明顯的黑人」，雖然是不經意帶到，但聊得更細微。我被吸引住了。我們討論到私下認為誰是黑人，或者誰可能有黑人血統，如何辨識他們是不是黑人，哪些人經常被認錯。我從來沒有這麼開誠布公談論黑白混血或多重混血的議題。我的父母不懂怎麼解釋，而湯米從不想談論我的混血身分，就算沒有對此事感到羞恥，他肯定也不想大肆宣揚。我簡直不敢置信，這是我第一個沒有他在的夜晚，突然間我和年輕、聰明、有創造力的人進行了一場種族與認同的對話。

　　最後這場討論轉到我身上。某個來自亞曼尼公司的人說，他看不出我有黑人血統（順帶一提，他沒有黑人血統）。萬雅不以為然，扯開嗓子說：「少來了，老兄，拜託！我們都知道，你怎麼可能不知

道？」我笑了，但我也很好奇。

彷彿得到什麼暗示似的，亞曼尼團隊的另一個人插話：「德瑞克，你媽不就是愛爾蘭裔，而你爸是黑人嗎？你怎麼看？」

突然，就像《綠野仙蹤》的場景那樣，螢幕從黑白變成彩色。我進入一個全新的場景、全新的房間，這是全新的夜晚，或許還是全新的世界。當我聽到「愛爾蘭裔母親，父親是黑人」時，不由自主抬起頭，轉向德瑞克。兩人四目相交。自從第一次有人說我不夠白或不夠黑（翻譯過來就是「不夠好」），讓我遭受痛苦打擊以來，我心裡一直壓抑著悲傷，如今悲傷的情緒浮出檯面並開始消散，取而代之的是尋求同類人的渴望。

突然間我好像看得見他了。德瑞克絕對不再是個路人甲，反而更像是白馬王子。第一次接觸的感受非常深刻。我在我的歌裡面創造無數個浪漫時刻，但是難以置信我已經悲傷了那麼久。終於，我好像真的活在夢境裡。我望著他的雙眼，宛如漂浮在金黃池水裡閃爍的玉石珍珠。彷彿餐廳周圍或整個宇宙沒有其他人，我們隔著桌子交談起來，講些不著邊際的玩笑，聊得熱絡，挑逗意味非常明顯。我已經想不起來上一次（如果有的話）和異性聊天時的緊張感了。

接下來的時間裡，我們聊得很輕鬆愉快。最後我甚至意識到每個人都發現我們對彼此的好感，但我不在乎。這是我的狂歡夜，我感受到自由的甘美和這一切的刺激與誘惑。我知道有人在監視我，但管他去死。德瑞克年輕、黑白混血，有企圖心，做著他夢想的工作，跟我一樣！置身於人群、燈光和音樂之中，感覺世界上只剩下我們。雖然只是一閃即逝，仍燃起了我內心的火苗。

儘管這樣太明目張膽，我還是讓德瑞克陪我走到車旁，司機在車裡等我（當然，司機就是湯米的眼線）。和他在一起的時候才感覺活

著。我永遠不會忘記那天晚上走在他身旁，抬頭望著他，看著他高大壯碩的身材和走路的姿勢，在他身旁覺得自己很嬌小。那是截然不同的體驗，在人行道散步兩分鐘比走上千條紅毯更令我感到興奮。那才是真實的瞬間。我信步走在紐約街道上，深夜悶熱的微風吹撫我的頭髮，讓精緻的針織洋裝貼在我身上。真的感覺很棒，無拘無束。

25 〈SHOOK ONES〉

Standing alone
Eager to just
Believe it's good enough to be what
You really are
But in your heart
Uncertainty forever lies
And you'll always be
Somewhere on the
Outside

—— "Outside"

　　知道有人盯著我們，我的助理偷偷地跟德瑞克的朋友交換情報。我的感情生活已經陰鬱和寂寞了那麼久，現在終於露出希望的曙光，因為我找到了存在於這世上像我這樣的人。小時候我經常禱告，希望能遇到一個理解我而不會覺得比我優越的人。

　　我們倆的邂逅也有一種純真無邪的感覺，加深了我在歌曲裡描繪浪漫的許多純粹樣貌，就像我非常喜歡的那些電影情節。不過，雖然我這樣想，但德瑞克最後不只是走進餐廳，還走進了我的生活。我的經紀人知道德瑞克真的很想認識我，有一次他拜託我在一張給「為你瘋狂的孩子」的照片上簽名，這樣他就能拿到美國職棒世界大賽

（World Series）的門票——這件事我完全忘記了。我們初次見面的
那晚，德瑞克告訴我〈Anytime You Need a Friend〉是他最喜歡的歌，
每次比賽前都會聽這首歌。

Anytime you need a friend
I will be here
You'll never be alone again
So don't you fear
Even if you're miles away
I'm by your side
So don't you ever be lonely
Love will make it alright
If you just believe in me
I will love you endlessly
Take my hand
Take me into your heart
I'll be there forever baby
I won't let go
I'll never let go

　　在我所有歌曲裡面，這首歌特別重要，因為我當時極度孤獨，和
朋友疏遠，內心充滿恐懼。我是靠著對神的信仰才活下來——我寫著
這首歌時在想，上帝會在我們畏懼害怕的時候說些什麼。

When the shadows are closing in
And your spirit diminishing

Just remember
You're not alone
And love will be there
To guide you home

—— "Anytime You Need a Friend"

　　這首歌鼓舞人心是源自於靈性，並且傳遞了信仰的訊息，這首歌也讓我感到安心，並因而結識德瑞克。我也因此知道他其實是我的歌迷，而歌迷是我唯一真正信任的人。

　　我們開始私下偷偷聯絡，一有空就傳甜蜜的簡訊給對方，找時間聊天。不用說，要是湯米在附近，我就不敢打給他。但我會善用零碎時間，如果我們在錄音室或吃飯的時候，我會假裝需要去洗手間。我跟我的助理串通好，先排個行程，然後坐她的車離開，這樣就可以藉機打給他。有時候我會去助理家，坐在簡樸的小客廳裡，跟他輕聲細語的聊天——我就是那樣懼怕湯米。每通電話都很簡短。我內心害怕不已，卻又覺得刺激。這股能量絕對令人興奮且感到浪漫，但我們實際聊的都是些輕鬆平凡的小事。我不在乎，這件事已經夠意義非凡了。找時間與德瑞克聊天，感覺像是有人把銼刀偷偷帶進我的牢房。每次我們通電話，就好像又磨掉一點囚禁我的鐵欄杆。

　　我們的每一個小小舉動都是朝著另一個更大目標邁進：自由。我已經完全習慣不停工作、隨時保持警惕以及避開絕望的生活，身為一個輕熟女還能體會到飄飄然和少女心，可以說是一種對生命的肯定。我發現在一片漆黑之中，我仍為自己和內心保留一點天馬行空的想法。他打球的時候，我甚至開始在錄音室觀看棒球比賽。更妙的是，德瑞克所打的位置正好與傳奇球星喬‧迪馬喬（Joe DiMaggio，瑪麗

蓮‧夢露的第二任丈夫）在洋基隊的位置一樣，我把對瑪麗蓮‧夢露的迷戀與他連結起來，讓一切幻想更添完美。我真的遇見我想像中的那個人。我活在自己的情歌裡。

經過數週的祕密聯繫，終於安排好一次「巧遇」。我痛苦地意識到自己已婚的事實，但我不打算違背任何誓言。計畫是這樣子的，我會先在他公寓附近一家低調的披薩店與他見面，然後再偷溜出去到他的住所。冒這個險真的快把我嚇死，但我非見到他不可，我必須知道自己還活著。我回想起當初選擇整身裝扮時的謹慎用心。我當然想穿得性感一點，但一定要漂亮、年輕而且時髦。我的穿搭以溫馨巧克力色系為主：柔軟的奶油栗色香奈兒迷你菱格皮裙，搭配深褐色的細肩針織衫，外面套上相稱的開襟毛衣。下半身穿沃芙德（Wolford）的棕色絲襪，配上 Prada 的摩卡色圓頭長靴。我很喜歡那雙靴子。我現在全身上下充滿可可風味。那時候是十一月，所以我想要呈現紐約的秋天。最重要的是，我用棕色棒球帽遮住自己的捲髮，帽沿壓得很低，遮住我的臉。

我很害怕（喔，害怕極了），風險高到不敢想像。以前我從未做過這麼危險的事，因為我親眼見過湯米是怎麼毀掉一個人，他知道的話肯定會想毀掉我。我記得祕密行動的流程是這樣：我的助理和我告訴司機（也就是湯米在我發薪名冊上安排的間諜），我們想去披薩店吃晚餐。我們一起走進去，等德瑞克進到店裡面，我們再趁司機不備時溜走。德瑞克就住附近，我們可以在那裡獨處，放鬆一下。我的助理會充當幌子，讓德瑞克和我能夠順利開溜。

我的緊張感分成好幾個層面。除了害怕湯米憤怒之外，我也覺得自己太稚嫩。雖然我去過世界各地，但我幾乎沒有約會經驗。一想起與德瑞克在一起的那種簡單快樂，我就感到自由解放。

　　我和助理坐在櫃檯前的椅凳上，直盯著店面大窗戶，兩人腎上腺素都沸騰了。接著，德瑞克走進來——當然是穿著基本的運動服，頭戴棒球帽。我的心一直蹦蹦跳。我們終於都進到店裡了，但最危險的一步還在前面：我們必須在間諜沒有看到的時候逃離披薩店。我的助理走回車上假裝要拿個什麼東西，當她走到駕駛座車窗時，德瑞克和我拉下帽沿，低頭走出店門，快步轉進一條小巷。躲在他的臂彎裡，我如釋重負，興奮不已。穿過幾條彎彎曲曲的冷僻街道後，我們悄悄來到他的公寓大廈。

　　我的焦慮到達難以想像的程度，隨著他家的門在我們身後關上，我拼命想掩飾的羞怯感立即湧上心頭。我以前有和單身男子在他住所或任何地方獨處過嗎？我不確定。一切都是全新體驗。間諜會不會發現我失蹤，從而破壞我們的祕密行動？我的心七上八下，緊張到心臟快跳出來。

　　我脫掉帽子甩甩頭髮，深吸了一口氣，試圖把注意力放在熟悉周圍環境，讓自己冷靜下來。我不大記得細節了。那不是個特別令人印象深刻的地方，只是實用且整潔。我站在客廳顯得有點侷促不安，雖然意亂情迷，但心裡還是害怕。德瑞克說頂樓有天臺，問我想不想上去。我說好。

　　他突然離開客廳，回來時拿了一瓶冰透的酩悅香檳。「我一直留著沒喝，因為我想妳可能有天會來這裡。」我笑著說：「對，我們需要這個。」（所以真正讓我感到解放的是一瓶酩悅香檳。）我們有說有笑地走上頂樓，輕聲細語，一口接著一口啜飲沁涼直衝腦門的香檳，陶醉在彼此的擁抱中。

　　秋月皎潔，夜裡瀰漫潮濕溫暖的濃霧。在那個短暫的瞬間，內心滿是雀躍激動，我獨自和一個似乎從夢境走出來的男人站在城市的高

處。我們竊竊低語了幾句，又嘻嘻傻笑了起來，然後沉醉在這一刻的浪漫裡。兩人靠向彼此，寸寸逼近，最後融為一個溫暖、緩慢、令人陶醉的吻。我感覺到身上一層無形的悲傷面紗逐漸滑落，落到我們腳下化作一灘水窪。

就在那一瞬間，雨像天塌似地傾瀉落下。我們繼續擁吻著彼此，沒有鬆開雙臂，維持同一姿勢不動。這場雨來得太突然，但兩人早已消失在如夢似幻的相逢，我們為這次見面期待、計劃許久，並甘願冒那麼多的風險。我陷得太深，渾然忘記我的香奈兒皮裙或 Prada 長靴材質經不住雨淋。感謝主，幸好我天生自然捲，要是因為下雨而變直，我可能已經停下所有動作跑去拯救扁塌的頭髮！

打破出神狀態的不是大雨，而是恐懼。我們離開多久了？湯米已經發現了嗎？我得走了！我告訴助理我們正在回去的路上。德瑞克帶著我穿過濕漉漉的街道，把留我在披薩店前面，助理瞪大眼睛等著我出現。她一看到我就跑出來，然後兩人跳上豪華禮車。我們氣喘吁吁地一屁股坐進後座，摀住嘴不敢笑出聲。司機肯定注意到我全身溼透了，但我不在乎！我不在乎他一定會去舉報我的違抗行徑。我已經偷偷溜走去爭取屬於我的、真實的時刻，我只是在那個屋頂留下一點悲傷，不會再把它收回來了。

司機放助理下車後，我獨自坐在加長型豪華禮車的皮革後座，踏上返回辛辛莊園的乏味之旅。我的腦袋轉個不停，心跳加速。那是真的嗎？我真的這麼做了嗎？湯米會抓狂！我打開收音機讓自己冷靜下來。耳邊傳來一段骯髒、危險、迷人動感的節奏，接著是鉤子：

Scared to death, scared to look, they shook
'Cause ain't no such things as halfway crooks

　　當我們把車子停在通往我家豪宅的高聳、氣派的黑色鍛造鐵門前時，我心頭一驚。在漆黑的雨裡，再加上我剛才所做的事情，讓這道大門更顯威脅感。湯米應該外出了，但我一進到莊園裡面，就不知道等下會發生什麼事。

　　我慢慢走進我的華麗監獄，四周寂靜無聲，沒有那麼可怕。幸好，他不在家，所以至少我不用捏造為什麼渾身溼透的謊話。筋疲力竭的我坐在宏偉的階梯上脫掉長靴，躡腳走進浴室。我懶得開燈，想安靜待在這個周圍都是冰涼、淡粉色大理石的空間。我想盡情享受華麗的水晶吊燈在漆黑反光閃爍的詩意。我脫下已經濕到像液狀表皮的針織上衣，跨出溼答答的皮裙。坐在大浴缸的邊緣，脫掉耐穿的羊毛絲襪。我快速洗了個熱水澡，讓水沖去些許焦慮，然後裹上一件毛絨絨的純白睡袍，走到鏡子前看著自己。我凝視自己的雙眼，眼神變得明亮了一點。我瞥見記憶中那個經歷所有恐怖事情的瑪麗亞樣貌，看到一絲活力、一絲希望、一絲勇氣。我看到了實現自由前景的光芒。

　　經過了這樣一個危險、迷人和骯髒的夜晚，那間純白大臥室和純白大床變得比以往更加陌生。我把鬆軟的白鵝絨被子拉到脖子高度，闔上眼睛。我想立刻回到屋頂，重溫剛才逃離的美景。我的頭不由自主在枕頭上輕輕擺盪，有個節奏微弱地滾動起來。我車上聽到的那首歌，嘻哈雙人團體 Mobb Deep 的〈Shook Ones, Part II〉，開始在腦海裡大聲回放，然後我低聲唱著：

Every time I feel the need
I envision you caressing me
And go back in time

To relive the splendor of you and I

On the rooftop that rainy night

我迷迷糊糊地睡著了。

第二天我打電話給音樂製作團隊 Trackmasters 的波克（Poke）和通恩（Tone），音樂取樣後便忙碌起來。〈The Roof (Back in Time)〉是我第一首完整的紀實歌曲[18]。

It wasn't raining yet

But it was definitely a little misty

On that warm November night

And my heart was pounding

My inner voice resounding

Begging me to turn away

But I just had to see your face to feel alive

And then you casually walked in the room

And I was twisted in the web of my desire for you

My apprehension blew away

I only wanted you to taste my sadness

As you kissed me in the dark. Every time . . .

And so we finished the Moet and

I started feeling liberated

And I surrendered as you took me in your arms

I was so caught up in the moment

---

18 譯註：以真實故事或人物為腳本。

I couldn't bear to let you go yet

So I threw caution to the wind

And started listening to my longing heart

And then you softly pressed your lips to mine

And feelings surfaced I'd suppressed

For such a long long time

And for a while I forgot the sorrow and the pain

And melted with you as we stood there in the rain

—— "The Roof"

事情經過就是這樣。

26 辛辛莊園的最後演出

　　隨著屋頂那場傾盆大雨的洗禮，澆灌了一顆沉睡的自我種子，湯米緊迫逼人的濕氣也稍微消散。我有了足以表現反抗姿態的自信。聽著，早在我離開之前，我（我們）都知道兩人已經走不下去。我開始一點一滴慢慢抽離，最後湯米極力試圖挽留。他買了 Jaguar Carnival 車款的紅色敞篷車給我，採用奶油白皮革內裝，搭配相襯色系的敞篷車頂，雖然頂級奢華，但毫無意義。這輛車停放在我們價值三千萬美元的豪宅車道上，讓我們婚姻製造出來的奢侈廢物堆中又多了一件昂貴的物品。

　　有天晚上，我和兩個男人一起工作，我們在創作與工作方面有很重要的關係，他們的職責就是像黑手黨那樣對湯米忠誠。這三個男人的財富與聲望多半是我貢獻來的，那晚我和他們三人坐在廚房準備休息吃飯。雖然我們都是「朋友」，大家圍坐餐桌邊，面朝鄉村風大壁爐，石灰岩壁爐台刻著如今顯得諷刺的「童話莊園」字樣（這是我取的名字，拼命相信我能夠把自己的噩夢變成童話），但氣氛一點也不溫暖。場面冰冷、靜默、言詞間又帶有痛苦與衝突的尖銳，證明了我的內心已經發生變化。我想這讓湯米很難堪，因為在他的「小弟們」面前，他失去掌控又失去他的「女人」。難堪的感覺激怒了他。

　　他開始令人尷尬又有點發毛的咆哮起來，抱怨他剛送我的那輛漂亮車子，還有我們這座美輪美奐（我設計並出資一半）的莊園，儘管我擁有這些卻還是想要離開他。我靜靜坐著，低頭看著餐桌，此時湯

米走了過來，拿走放在我面前的奶油抹刀，把抹刀平面壓在我的右臉頰。

我臉上的每塊肌肉都繃緊了。全身無法動彈，發不出聲音。湯米把刀架在那裡，他的小弟只是袖手旁觀，一句話也沒說。彷彿過了很久，他才慢慢把這支薄扁冰冷的金屬物從我灼熱的臉上拉下來。他在我的廚房裡，當著我「同事」的面前，表現出可怕、卑劣的行為，讓我感到極度羞辱，氣到怒火中燒。

那是他和受監禁的觀眾我在辛辛莊園的最後一場演出。

So many I considered closest to me
Turned on a dime and sold me out dutifully
Although that knife was chipping away at me
They turned their eyes away and went home to sleep

—— "Petals"

我被鎖在浴室，現在這裡感覺像一座陵墓，坐在冰冷的浴缸邊緣，試著鼓起勇氣離開，徹底離開。然後，我的腦海輕輕閃現這段歌詞：「Don't be afraid to fly. Spread your wings. Open up the door.」我哼著旋律，也就是後來〈Fly Away (Butterfly Reprise)〉這首歌。我最後一次走下宏偉的階梯，真的以為我要死於我在貝德福鎮建造的房子裡，魂魄永遠縈繞於此。我可以想見他們會把這裡變成什麼模樣：毛骨悚然又充滿節日氣氛的旅遊景點，「知名的瑪麗亞莊園鬼屋」，就像有品味的優雅園 [19]，晚上還能聽到我在大廳飆唱高音。

最後離開辛辛莊園時，除了帶走我的衣櫥和私人照片外，我唯一

---

19 譯註：Graceland，貓王故居。

真正想要的是手工雕刻精美的壁爐台。一位技術精湛的東歐工藝師傅按照我的設計方向，把壁爐台刻得相當精緻。離開房子之前，我用手指撫摸著它光滑而複雜的弧線，作為最後的道別。這時我才注意到，心型圖案的中央有隻蝴蝶，就在壁爐台的中間。我沒有要求帶走它，但當身後的門關上，那個張開的翅膀是我迫切需要的信號。

自然災害終究推倒了所有乘載我那麼多痛苦的牆。我離開辛辛莊園幾年後，一場大火將這裡夷為平地，「希爾斯監獄」被龍捲風徹底摧毀。我在曼哈頓頂樓公寓裡接到一名女子的來電，她是我上個房子的前屋主。她已經移走壁爐台，把它放進倉庫了，因為她發現它太個性化，覺得我可能會想留下。於是我把它拿了回來，請人刷成白色，就像瑪麗蓮・夢露將她母親的鋼琴漆成白色一樣。現在，那個壁爐台連同我的家族照片和其他珍貴物品都放在我家裡最具個人特色的房間裡。我沒有讓我的靈魂死去。

27 甜如蜜糖的愛情

　　與德瑞克幽會正是我跨入應許之地[20]所需要的推動力，以此證明我在地獄（我的婚姻）的另一邊也能享受美好的事。湯米對我的暗黑統治逐漸崩潰瓦解。德瑞克不在湯米的領域，湯米摧毀不了他，我也感覺自我消亡接近尾聲的可能。

　　〈The Roof〉這首歌和 MV 以我的經歷描繪出一幅充滿激情且非常寫實的畫面。對我而言這很重要，不是出於什麼淫穢的理由，而是因為我從未與另一個人有過任何親昵的舉動。這種感覺太美妙，我一心想著重溫那次邂逅，幻想接下來可能會怎麼發展。

　　那個夜晚被我過度浪漫化，甚至相信那是命中註定。我以為已經遇到自己的靈魂伴侶了。情不自禁，我整個人都渴望見到德瑞克，或者更準確地說，我渴望體驗在他身邊的那種感覺。

　　在創作〈The Roof (Back in Time)〉的 MV 概念時，我想捕捉那晚的感覺──瘋狂的期待感與強烈的感官暗示。我想讓畫面帶點原始和性感。我們以「回到過去」為主題，走八〇年代流行的老派嘻哈風，這在一九九八年並不是重現經典的常見年代。為了找到愛迪達的運動服、Kangol 的帽子以及 Sergio Valente 牛仔褲，服裝設計師不得不搜遍各家二手服飾店。髮型師塞吉‧諾曼（Serge Normant）超時加班，只為了完成我那層次分明、充滿蓬鬆羽毛感的「法拉頭」（Farrah

---

20 譯註：出自聖經，意指上帝允諾的美好家園。

Fawcett）[21]。我們還找了嘻哈雙人組 Mobb Deep、饒舌團體黑鬼聯盟的成員，以及真正跳地板舞的舞者來助陣。我知道這是非常新潮的MV，有利於打進「都會音樂」市場和「主流」市場。

但是，每次我為自己邁進一步，總會遭遇反彈。這齣我婚姻的劇碼也許已經落幕，但後續的事宜——見面會、舞台的拆除——需要謹慎巧妙的安排。當時相當動盪。因為我與湯米的生活完全牽扯在一起，我需要時間，需要想個（盡量）乾淨俐落的退出策略。我搬到上東城的一家飯店，繼續接受心理諮商。

我依然沉浸那時候在屋頂的回憶中，不想再次陷入絕望的泥淖裡。一部分的我還活著，我打算滋養它。亞曼尼那邊有人告訴我，德瑞克即將去波多黎各。於是在下回心理諮商時，我向湯米宣布我需要去旅行。我提出的理由是，現在是他兌現我們新協議的時候了：他應該讓我出去，我們可以和其他人約會。我已經自己外出社交，參加錄音行程沒有他來接送，自己上表演課程，在老師家過夜（對……），現在是時候自己去某個地方了。（好吧，關於最後的部分，我也許覺得有一丁點罪惡，但為了生存，你必須做你該做的事。）我讓說詞聽起來非常合理：也許我會和助理或是另名女性友人出去過週末，去一個我可以在海裡游泳、在陽光下放鬆與創作的地方（別忘了，我在辛辛莊園從來沒有享受過這類的活動），去一個美麗又不遠的地方，比方說波多黎各。我的助理超級感興趣。她還很年輕，而且這是名副其實的地下戀情。我們都深受吸引。

我們入住征服者渡假村（El Conquistador Resort），一間座落在綠意盎然的私人島嶼上、充滿華麗經典與舊式風格的西加勒比海飯店

---

21 譯註：飾演《霹靂嬌娃》的美國演員法拉·佛西，她當年髮型帶動大眾模仿潮流。

裡面的優美別墅區。藏身青翠山巒間，旁邊就有專屬海灘。我們決定去當地受歡迎的 Egipto 夜店，位於聖胡安舊城區（Old San Juan），離這裡差不多一小時的車程。這裡設計成埃及神廟的樣子，然後彷彿莎翁電影《一代大將萬世情》（*Antony and Cleopatra*）裡的場景，德瑞克走進來了。這次見面不是我們精心安排的，但我就是知道。我心裡非常確定他會出現在那裡，所以我請助理在附近的聖胡安渡假村（El San Juan Hotel）預定一間別墅。我們在夜店短暫停留後，我告訴他，我已經找到一個小小的祕密基地。

為了避開我的保鑣視線，我們再一次躲躲藏藏。我們從夜店後門溜走，穿過棕櫚樹和茂密草叢，伴隨著夜晚悶熱的空氣，終於抵達渡假村到我的別墅。我們走進我的房間，那種熟悉的緊張感又出現。與一個真正吸引我的人獨處，對我來說是如此新鮮。我再次把謹慎拋到加勒比海的微風中，投入他的懷抱，沉溺在那一刻。我們躺在床上擁抱整晚，享受單純的深吻。那是最性感的時刻，我們沒有做愛。

我知道保鑣看到了我，看到德瑞克早上才離開我的房間，但我終於體會到一種比害怕湯米報復更強烈的感覺。現在我擁有這種感覺，無法想像沒有這種感覺的生活。渴望變成我存在的理由、我的全部。在飛回紐約的機上，我沒有睡意，倒是生出了一首歌。我開始寫歌。

I am thinking of you
In my sleepless solitude tonight
If it's wrong to love you
Then my heart just won't let me be right
'Cause I've drowned in you
And I won't pull through

Without you by my side

—— "My All"

　　去波多黎各是個轉變的契機。那次旅行回來，我為自己的心策劃並發動了另一場政變：我把當時的感受都寫進一首歌裡。這樣的舉動風險巨大，因為我知道湯米認為我已經肉體出軌了（儘管嚴格來說還沒有）；但這同時也是啟發，內心的振奮感和覺醒的目標讓我的創造力達到新的水準。我聽到不同的旋律，有了真實的新體驗。於是我為自己做了一件既危險又美好的事，雖然每個人都替我感到害怕。

I'd give my all to have
Just one more night with you
I'd risk my life to feel
Your body next to mine
'Cause I can't go on
Living in the memory of our song
I'd give my all for your love tonight

　　我知道後果將會不堪設想，也非常清楚自己是拿命去冒險，但我覺得若是無法擁有那晚的一切，生活也沒有任何意義。〈My All〉是我寫過最真實露骨、最大膽、最激情的情歌。我把西班牙的低音、溫徐的微風、渴望的狂喜，以及記憶猶新那種分離的痛苦滋味全放進去。

Baby can you feel me?
Imagining I'm looking in your eyes
I can see you clearly
Vividly emblazoned in my mind
And yet you're so far, like a distant star
I'm wishing on tonight

I'd give my all to have
Just one more night with you

—— "My All"

　　這首歌在講述生與死，我不想讓它流為空泛、過度傷感的情歌。我要它強大而簡單。我想以人聲為中心，在混音中成為焦點，背景搭配精簡的旋律。這首歌訴說情感與靈魂，我用彷彿攸關性命的心情來唱這首歌。

　　我第一次放這首歌給湯米和時任哥倫比亞唱片集團董事長唐恩・伊納（Don Ienner）聽，是我們坐在休旅車裡前往紐約上州一間餐廳的路上。唐恩知道這首會紅；湯米知道歌詞絕對與他無關；而在我內心深處，一個藝術家曾經被封鎖的全新地方現在已完全敞開。〈My All〉成了熱門歌曲與白金冠軍單曲。後來，傑曼・杜普利、創作型歌手夢想先生（The-Dream）、拳擊好手「錢先生」佛洛伊德・梅威瑟（Floyd "Money" Mayweather），這三個值得信賴的傢伙告訴我，〈My All〉是他們最喜歡的歌。身為創作者，他們知道愛就是生命，沒有什麼比愛更真實了。

　　我在遇到德瑞克之前就已開始製作《*Butterfly*》這張專輯，但那

些經歷激發了我在歌曲創作與編排方面日益成熟與複雜的靈感，敘事與旋律都來自更新穎的地方。我以一種更具層次、更原始且更複雜的方式來聽音樂。我感覺更加自由，不再擔心展開我創作的翅膀。我開始敢主張自己想要的聲音，於是我聯繫新的製作人，希望他們可以為專輯增添流暢而性感的元素。我與 Stevie J 合力製作〈Breakdown〉，他是壞小子唱片公司旗下 Hitmen 製作團隊的成員，還有吹牛老爹。我把 Stevie、吹牛老爹和 Q-Tip（時下最酷、最具創造力的人）召集起來，共同創作這張專輯的首發單曲〈Honey〉，我在波多黎各時就已經在想歌詞和基本旋律。Q-Tip 從嘻哈團體 Treacherous Three 的〈Body Rock〉找尋素材，展現了高超的取樣技術。我告訴他們，我還想加入一九八四年音樂團體 World Famous Supreme Team 的熱門歌曲〈Hey! D.J.〉：「Hey! D.J. just play that song / Keep me dancing (Dancing) all night long.」他們不知道那是我對德瑞克‧基特的祕密喊話。〈Honey〉是一首表達對 DJ[22] 渴望感覺的歌。

Oh, I can't be elusive with you honey
'Cause it's blatant that I'm feeling you
And it's too hard for me to leave abruptly
'Cause you're the only thing I wanna do
And it's just like honey

—— "Honey"

我放〈Honey〉給湯米聽，他語帶譏諷地表示：「不錯啊，很開心妳得到那麼多啟發。」講話真酸！我當時心想，「什麼？你現在是

---

22 譯註：此處指德瑞克‧基特的名字縮寫。

不爽嗎？那你為什麼不對〈Fantasy〉或〈Dreamlover〉生氣？」很明顯，那首歌裡面寫的並不是湯米！我幾乎沒有在任何抒情歌曲裡面提到他或哪個真實人物。在遇到德瑞克以前，歌裡面出現的人大多是虛構。我確定湯米感覺得到我為《Butterfly》這張專輯所寫的歌，不再是講述遙不可及、虛構的戀人，這些歌曲雖然肯定經過一番詩情畫意的修飾，但內容描寫充滿具體的細節和感官的真實性。

　　湯米和唱片公司也反對我新推出的作品所描繪的事物。我又聽到那句老話「太都會了」，言下之意當然是音樂風格指「太黑人了」。是啊，我再也回不去了。

　　〈Honey〉是我第一次覺得自己在製作影片方面擁有充分的創作自由。當時我們製作了一個搞笑喜劇兼動作驚悚的短片，多虧那筆荒唐的兩百萬美元預算，才讓這支 MV 得以實現。這支 MV 讓我能夠真正探索我的庸俗幽默，並找來法蘭克‧希維羅（Frank Sivero）飾演髮型古怪的黑幫角色。我還邀請搗蛋男孩（Jerky Boys）的強尼‧布倫南（Johnny Brennan）來客串。我喜歡搗蛋男孩團體，他們真的很搞笑。拜託，我不是想嘲笑湯米，我只是想用上電影的老梗，把強尼和艾迪‧葛里芬（Eddie Griffin）的角色放在一起。我眨眨眼，講了一句西語台詞：「Lo siento, pero no te entiendo.（抱歉，我不知道你是誰。）」

　　我在〈Honey〉MV 裡面所做的正是我一直想做的事情，我可以不受唱片公司限制地探索創意與時尚的影響力。造型靈感來自於一九七〇年代〇〇七系列電影的烏蘇拉‧安德絲（Ursula Andress），我想讓自己看起來像龐德女郎般迷人、危險、狂野，而且我終於可以自由接洽適合的創意團隊來完成這些造型。穿著米色性感比基尼從泳池裡走出來？那就是我。我也總算能夠與年輕有魅力的黑人導演保羅‧

亨特（Paul Hunter）合作，他懂我所有的笑話和向詹姆士·龐德（James Bond）致敬的梗，並同時確保影片呈現出當代與時尚的樣貌。整個團隊和氛圍都很年輕、熱情且風趣。這段拍攝經驗和我在紐約上州拍攝的所有 MV 形成鮮明對比，那時候一切的拍攝活動都必須在辛辛莊園方圓二十英里的範圍內進行。整部〈Honey〉MV 傳達出來的訊息是，我正在掙脫束縛，縱使沒有人知道我身陷在水深火熱、病態、虐待的生活之中。他們什麼都不知道。

我們在波多黎各拍攝這支 MV 時，我經常看到我的經紀人站在遠處的岸邊，脫掉皮鞋，卡其褲捲到腳踝，沿著沙灘踱步，手機貼在耳邊，不停跟湯米講話。儘管嚴格來說當時我們已經分居，但我還是索尼音樂最重要的藝人，而且掌握我所有行蹤是湯米難以戒掉的壞習慣。我的經紀人雖然一直向湯米報備近況，但沒有一五一十的告訴他。要是他知道我玩得這麼開心，肯定會氣瘋。

雖然我很喜歡〈Honey〉，但我最大的遺憾是沒有機會讓「大個子」（聲名狼藉先生）客串混音。吹牛老爹和我討論過，想幫〈Honey〉配上一種類似於〈Fantasy〉混音版，融合我磁性、輕柔的音質和骯髒壞傢伙的粗獷而流暢的特質。我從未見過大個子，但當時傳聞我跟他有過節，因為他的歌〈Dreams of Fucking an RnB Bitch〉裡面寫道：

Jasmine Guy was fly
Mariah Carey's kinda scary
Wait a minute, what about my honey Mary?

我有點可怕？什麼意思？去他的。要是他知道我實際經歷過的那些狗屁倒灶的鳥事就好了。有天我們在錄音室工作，吹牛老爹打給

他，然後請我聽電話。他以大個子獨有的口吻說：「沒啦，瑪麗亞，妳知道的，沒有冒犯的意思。」並向我保證這首歌純屬好玩。所以我們之間沒有鬧不合。在電話裡，我們討論了音樂製作與流程的話題，還瞎聊了一會兒。這次對話輕鬆自在，激發彼此的想像。他對於自己想帶給〈Honey〉的東西充滿信心，我完全可以肯定他會來到錄音室，徹底改造這首歌，這就是大個子的作法。不幸的是，他活得不夠久，來不及赴我們的錄音室之約。由梅斯（Mase）與饒舌團體哈草奇兵（The Lox）客串的〈Honey (Bad Boy Remix)〉大獲成功，但我內心深處仍然惦記那首歌錯過的大個子，當然也懷念還在世上的大個子。

製作《Butterfly》專輯是我度過那段人生的動力。我寫下實際發生的一切，這是我另一個療傷階段的開始。在假分居失敗後，在波多黎各回來後，在讓人臉紅心跳類型的性感歌曲開始湧現後，在我們觸發彼此所有傷痛後，在我們佯裝正常的所有荒唐和他緊迫盯人的掌控終於鬆懈下來以後，湯米知道這段婚姻已經無以為繼。

我找了一位新律師，一個不在湯米勢力範圍裡的人，請她擬定離婚協議書。湯米和我簽完名便搭上飛往多明尼加共和國的航班，因為那邊辦理外國人雙方協議離婚的手續很快。我飛到多明尼加首都聖多明哥（Santo Domingo），見完法官，拿到我的自由證書，就跳上飛機直奔佛羅里達州坦帕（Tampa），德瑞克在那裡進行春訓！我終於感覺自己像一隻蝴蝶。

Don't be afraid to fly spread your wings
Open up the door so much more inside

在那趟飛行中我並不害怕，雖然破繭而出的我是如此脆弱和毫無

防備的赤裸。我關上門，又開啟另一扇門。我知道我還有很多人生路要走、還有很多工作要做，但當時的我以為，接下來將與德瑞克永遠幸福快樂的生活在一起。我的美好人生在此之前總是如此黯淡，那何不相信一個童話故事呢？我迫不及待拿著離婚文件投入他的懷抱。終於！

　　我們倆誰也不想因背叛我的婚姻而貶低我們之間的情感。我知道很多女人會在雨中的屋頂上或沙灘的別墅裡與愛人發生關係，那也是情有可原，畢竟當下的氣氛是多麼誘人，加上我悲慘的婚姻形同廢墟，殘破不堪。但這樣做並不對，我想等待對的時機。我等了一輩子才等到真正渴望的男人。等待時機成熟是值得的。

　　我有過太多與男人相處的險惡經驗，所以對於按照自己方式的選擇和被選擇沒有真正的概念。我從來沒有對性的渴望，連新婚之夜也是，從來沒有。我把所有熱情全留給音樂。但這一次，湯米說的沒錯，我受到啟發了。性愛如此美好愉悅，一切是那麼新鮮、那麼甜美，連他光滑的肌膚都如蜜糖浸潤般甘美，這才是性愛應該有的感覺。幾個月以來的期待已醞釀成一股我抵擋不住的熱烈情感，使人興奮、令人陶醉，而我又處於如此脆弱的狀態。我觸碰到自己內心深處未曾發現的激情火焰。

　　德瑞克當時向我坦承，他是刻意參與我們那頓美好的晚餐派對。他顯然告訴過幾個人他想見我，包含他在亞曼尼公司的熟人。他還透露，他和一位朋友在他們倆臥室牆上貼了海報：他朋友的海報人物是艾莉莎・米蘭諾（Alyssa Milano），而他的海報人物……，猜對了，就是我。可想而知，很多人早在我們認識之前就知道他是我的歌迷。

　　「我有個計畫，」他告訴過我：「我打算去紐約，準備加入洋基

隊。我想去見妳，然後把妳從索尼湯（Tony Sony）那裡搶過來，」索尼湯是他對湯米的稱呼。「然後，我們就去結婚。」我笑得合不攏嘴。「好啊，我喜歡這個計畫。」只不過，他並沒有把我從湯米手中搶走，是我解放了自己。

我和德瑞克的關係沒有任何淫穢與下流。甚至在我們終於滾床單的那天晚上，我在他坦帕的家過夜，他妹妹也在家裡，所以基本上像是個八年級生的活動。我記得隔天醒來，滿心雀躍想著，我要為他做早餐！就像電影演的那樣。我套上他的超大號洋基隊球衣，頂著熱情奔放的頭髮，躡手躡腳走進廚房。

我翻找了一下冰箱，發現沒有別的食材，只剩下三顆雞蛋。他妹妹看到我在找東西，彼此為我失敗的浪漫喜劇計畫哈哈大笑。她人很善良，我立刻就和她產生了共鳴。我認識的混血年輕女孩不多。她很漂亮，擁有開朗的心與真誠的笑容。

他的整個家庭感動了我。我這一生都將家庭失衡歸咎於種族問題，但見過基特一家人後便打破了這樣的迷思。我的家庭的破碎比黑人和白人嚴重。這個家庭的組成結構與我家很像，但實際生活卻大相逕庭——他們關係緊密且彼此相愛。他們彼此的互動交流彷彿真的了解並關心對方。他們可靠又實在，奉公守法、循規蹈矩，而且相互扶持。他們所有人都對我很好。他們是強而有力的榜樣：以伴侶和父母身分存在的黑人父親與白人母親，一對以彼此為榮而非相互為敵的兄妹。他們證明了與我家組合相似的家庭也能夠完整無缺。或許這樣的想法，也就是一個黑白混血家庭也可能完美契合的想像，是德瑞克在我們短暫關係裡給予我影響最長久的東西。基特一家人的形象讓我燃起希望。

然而，坦帕只是短暫的週末奇幻之旅，我還是必須回到紐約，繼

244

續籌備《*Butterfly*》。我必須準備巡迴演唱，這將是我迄今為止規模最大的巡演。我的幾位女性友人跑來接我，迫不及待要慶祝我擺脫與湯米的婚姻，然後大夥兒一起搭機回紐約。要離開這個如夢似幻的地方很難，但我也急著回去工作。德瑞克給了我一小條金色腳踝鍊和一隻超大的絨毛狗玩偶當作送別禮物，真可愛。我身上只有去多明尼加時穿的那套短裙，所以他給了我一件他的運動服，讓我在機上穿。

抵達私人機場後，飛機和姊妹們都在那裡等我。德瑞克為我開啟車門，我走出車外，站在佛羅里達的陽光底下，兩頰通紅、雙唇豐潤，髮絲仍停留在早晨嬉鬧後的模樣。香奈兒大框墨鏡掛在我鼻頭，整個身子淹沒在他超大號的運動褲裡，褲管捲起來，褲頭下捲露出了我的腳踝和肚臍。運動夾克的袖口也往上推，任憑寬鬆的下襬隨風搖動，不停拍打穿在裡頭的短版上衣。我腳上踩著六英寸的穆勒高跟鞋，搖搖晃晃，一手拿著巨大的絨毛玩偶，一手提著我的路易威登水餃包。

一靠近姊妹們，我就聽到她們在叫喊「噢喔喔喔喔喔，哈～囉！」她們說我像個穿著足尖鞋的牛仔，大搖大擺走在停機坪上。我們喝著香檳，舉杯慶祝獲得自由證書，最終還注射了一劑優質維生素「D」。整趟飛行笑個不停。

德瑞克是我睡過的第二個男人（碰巧他在洋基隊的背號是二號）。如同他在球隊中的守備位置，我們的關係只是我漫長人生路上的一站。對我來說，這是一個非常關鍵的轉變；對他而言，或許是夢想成真，又或許是成就解鎖。我不曉得。但我很快就發現我們不適合走到最後，首先是運動員和藝人之間差距太大，而且坦白講，不同產業的兩個名人難以長久相處。

雖然與德瑞克在一起的時光是場甜美而短暫的夢，但它帶來的餘韻令人難以忘懷。多年以後，我仍不時想起這段日子。某次，我跟一

位朋友聊起這段短暫的戀情，心中突然百般惆悵。我用像極了瓊・克勞馥的口吻悲嘆道：「他媽媽喜歡我！他妹妹喜歡我！他爸爸喜歡我！這段戀情原本是非常契合的！」當時我內心的情緒激動不已，完全拿不穩手中的香檳杯，它被摔得粉碎。之後我把這種強烈的情緒寫進了〈Crybaby〉。

Late at night like a little child

Wanderin' round in my new friend's home

On my tippy toes, so that he won't know

I still cry baby over you and me

I don't get no sleep

I'm up all week

Can't stop thinking of you and me

And everything we used to be

It could have been so perfect

See, I cry. I cry. I cry.

Oh I gotta get me some sleep

—— "Crybaby"

老實說，身為藝人的我經常忙到吃一口就抵上好幾餐。我拼命擠出、榨取有限時間與 DJ 相處，付出的代價過高。我的第六張錄音室專輯《*Butterfly*》於全球發行後，迄今已銷售超過一千萬張。

雖然我們的愛情只是我人生時間軸的某段片刻，但德瑞克在我生命中扮演了非常重要的角色。他是我需要的催化劑，讓我擺脫湯米的強勢掌控，讓我深入探索自己的情慾。我們擁有共同種族經歷所帶來

的熟悉感也很重要，能夠認識一個與我家結構相仿的健全家庭是非常
激勵人心的事。他在對的時間出現在對的地方，而且他的出現意義重
大。

　　DJ 是我人生中的一段情，而不是我一生的摯愛。吸引我的是理
想中的他，而不是現實中的他。最後，我會將我們的結局歸因於兩人
無法實現彼此的幻想。人永遠比不過想像，你就是無法。就像瑪麗
蓮・夢露常說的：「他們都想和瑪麗蓮・夢露上床，醒來卻發現是諾
瑪・珍。」

　　崎嶇難行的路也是我學到最多的路。沒有「Dreamlover」來拯救
我，也沒有白馬王子或喬・迪馬喬讓我神魂顛倒。我曾被一位游擊手
迷住，但只有全能的上帝是我的全部。

28 會見索尼社長

　　我必須爭取我想要的東西，我要自由。我不僅需要擺脫我與湯米的婚姻束縛，也需要脫離索尼音樂，因為湯米與索尼密不可分。

　　過去索尼高層經常稱我為「看板歌星」（誇張吧？），所以我在準備離開這家唱片公司時受到百般刁難。我們和律師一來一往反覆討論我該履行哪些義務，最後雙方同意發行一張未命名的錄音室專輯（也就是後來的《*Rainbow*》）。

　　他們還想出一張精選專輯，但我不願意，因為我覺得時機還不夠成熟，他們好像試圖把我和九〇年代綁在一起。無論我和唱片公司的誰交談，湯米仍然掌控著整個局面。在索尼音樂裡面，沒有人在他之上，所有事情都必須經過他，只要我開始講到離開公司的話題就會處處受阻撓。湯米對我懷恨在心，所以利用他的個人權勢把我扣住當作人質。由於事情遲遲沒有進展，感覺已經沒有選擇的餘地，於是我決定去拜訪當時索尼公司（Sony Corporation）的社長兼董事長大賀典雄（Norio Ohga）。我從來沒有做過這樣的事。在那之前，湯米是我面對的最大上司。越過他向最上級溝通似乎既瘋狂又危險，是萬不得已才能採取的最後手段。可是我別無選擇，這是我的自由，我的事業，我的人生。

　　我知道我是當時索尼在日本最成功的歌手，所以我想至少可以坐下來談談。我的執行助理為我們兩人安排了行程，沒有其他人，連我的律師都沒去。

　我事前打了通電話說：「我要去日本，想去見大賀先生。」與此同時，索尼公司的員工可能正忙著研發下一項全球性的技術之類的，但那個時候我根本沒想過，與其他業務相比，他們在音樂方面的收益不過是區區小菜。我一心只想著肯定有人位階高於湯米，一定能找到出路，我願意做任何事。所以我決定收拾行囊飛到世界的另一邊，與真正掌管事務的人面對面談一談。

　大賀先生的助理是一位女士，待我非常親切，在整趟旅程給了我很大的幫助，此後我們仍保持聯絡多年。大賀先生會講英語，但身旁總是有位口譯員。我去過日本幾次，對於日本文化規矩多少有些認識，尤其是在表達敬意和絕不丟臉方面，比較難駕馭的部分是關於性別的文化期待。大賀先生非常傳統，我敢肯定，面對一位來談判的年輕女子令他感到震驚，即使那位年輕女子是他旗下最暢銷的藝人。老實說，我甚至認為他不曉得我是黑白混血，自然也不知道這位年輕黑人女性來他的索尼總公司是要為她的自由請願。這項舉動十分大膽，但我有銷量的支持。那時候講的不是串流量，銷售的都是實品，是大家必須出門購買的東西——銷售破億張的專輯、DVD、CD 以及卡式錄影帶！人們還會購買周邊商品與海報。畢竟，我是他們口中「看板球員等級的藝人」。時至今日，我仍然不知道我為索尼賺了多少錢，聽說有數十億美元。

　與他的個人氣質一樣，大賀先生的辦公室風格莊重典雅，在微暗的光線下，中間擺著一張傳統的黑色烤漆大桌子。大賀先生非常正式看待這次會面，而且相當專注。坦白說，我沒料到他這麼重視禮節，所以事前沒有諮詢過幕後團隊或顧問，毫無準備就來了，但我確實有個清楚的目標。這次會見社長的目的是希望由我們自行決定退出策略，我們需要釐清協議的條款，我想確保我發表的音樂作品能得到索

尼的行銷支持。儘管我再怎麼想離開索尼，我都會盡己所能創作出最好的音樂給歌迷，那是我的歌迷應得的。我想讓索尼知道，我會努力工作，密集進行宣傳絕不喊累。我希望被看見、被聽見，我想讓他們知道我在這裡，我很重視、我很認真，我願意為自己發聲。

我必須確定，要是我履行協議完成這些新專輯，他們不會因為拒絕支持專輯行銷而騙我。要是我全身心都投入工作當中，我需要他們承諾會像過去那樣，竭盡全力投入專輯宣傳。這次短暫的會面將產生長久的影響。

湯米自己也曾直接去找日本高層，那時他想把沃爾特‧耶特尼科夫（Walter Yetnikoff）趕下台，昔日的恩師變成競爭對手。這些有權有勢的人不僅精通這類商場的爾虞我詐，別人還會鼓勵他們為自己挺身而出。雖然我不是男藝人，也沒有父母的支持或律師在場，但我現在變得更堅強了，再也不會讓自己任人擺布。

我或許展現出了大老闆的幹勁，但也對於整個過程深感悲哀。我想留在索尼，但在與索尼音樂執行長的婚姻即將結束之際，我不知道該如何繼續前進。我心底其實是希望，只要他們將他開除，這樣我就可以留下來。這也不是他第一次製造麻煩，他曾和喬治‧麥可（George Michael）打過官司。麥可‧傑克森最後與民權領袖阿爾‧夏普頓牧師（Reverend Al Sharpton）在「國家行動網絡」（National Action Network）的哈林區總部發起一場反對剝削黑人藝人的運動，明顯是針對湯米而來。

大賀先生或許不同意隔天就開除湯米，但大家都注意到我去日本了。他們正在聆聽。我的音樂對於那個文化、那個國家以及那間公司都產生了影響。那趟日本行對我來說是個挑戰，也改變我的人生，我靠自己並為自己爭取了立場。我做到了，很快就會重獲自由。

　　雖然我期望能有更多的時間和更深入的會議，但最終還是很感激大賀先生對我的尊重，願意與我見面並達成協議。這就是為什麼多年後我能夠重返索尼發行《Caution》，有趣的是，這張是我最受好評的專輯。等到我回家與美國那些掌權者交涉後，我們達成了最終協議，其中包含未來五年內發行四張專輯：《#1's》、《Rainbow》、《Greatest Hits》、《The Remixes》。《#1's》是我構思後向公司提議的，於一九九八年最先推出。

　　由於我不願意舊歌新發，所以《#1's》專輯裡面除了收錄當時的十三首熱門冠軍單曲，還加入四首重新詮釋的曲目。包括與布萊恩‧肯奈特（Brian McKnight）錄製《Butterfly》專輯內的〈Whenever You Call〉全新對唱版；與傑曼合作，二人翻唱萊尼‧戴維斯（Rainy Davis）的〈Sweetheart〉；還有重唱〈I Still Believe〉。最後，肯定也是最重要一首歌，《#1's》收錄了我和惠妮‧休斯頓在動畫電影《埃及王子》（The Prince of Egypt）中的合唱歌曲〈When You Believe〉。

　　這首歌的錄音過程很有趣。夢工廠動畫的傑瑞‧凱森柏格（Jeffrey Katzenberg）來找我，問我願不願意為一部動畫電影原聲帶錄唱這首歌。該張原聲帶充滿節奏藍調與福音音樂的元素，並找了凱西與巧巧二重唱（K-Ci & JoJo）和大人小孩雙拍檔助陣。看完這部動畫電影，我就知道它是一部非常特別的作品（全球票房高達二‧一八億美元，成為當時最成功的非迪士尼系列動畫長片），我也想參與其中。但最令我感到興奮的是能與惠妮‧休斯頓一起工作！

　　惠妮‧休斯頓與我攜手同台是流行文化圈的大事，就我個人而言是很開心兩人能合作，因為我們最後度過一段美好的時光。當時每個人都想讓我們陷入「天后大戰」的競爭對立，這是音樂界和好萊塢令人厭倦且普遍存在的病態現象，讓女性像情緒化的 UFC 終極格鬥擂

臺選手爭奪銷售冠軍。這套說法正好擁護了那種認為女性心胸狹窄、無法克制情緒的刻板印象，然而這個產業的男性卻可以完全掌控女性。

毫無疑問，惠妮‧休斯頓是名厲害的人物。身為神選的聲樂家兼歌手，誰不受她的成功事業所激勵？但我和她南轅北轍。我喜歡（至今依然如此）進行背景人聲分層（Layering）、寫歌、編曲，從事一些幕後工作；而她是那種天生唱功一流的歌姬。我們從不覺得彼此處於競爭關係，我們相輔相成、彼此互補，兩人都把心交託給神，那才是真實的，縱使我們周遭發生了很多荒誕離奇的事情。最初（因外在因素造成）的冷淡逐漸消失後，我們對彼此產生了真正的好感。她擁有絕佳的幽默感，開始使用我的話叫我「小羊」（lamb）——純粹好玩罷了。

巴比‧布朗（Bobby Brown）也在場，我不知道他們後來怎麼了，但那不關我的事。我只知道當時我們玩得很開心，經常開懷大笑。錄製影片也很好玩，我們一起度過許多不可思議的時刻。我們相處的每一天都格外特別，我將永遠珍惜那段時光和她留下的所有回憶。〈When You Believe〉見證了信仰的力量，對我來說也見證了在世間如同在天上的姊妹情誼。

《Rainbow》於翌年發行，與《#1's》的合輯性質截然不同。該專輯牽涉更多層面。基於某些明顯的理由，背後有股強大的動力促使我完成這張專輯，所以我在三個月內就寫完並錄好《Rainbow》。我非常需要在不受干擾的地方工作，於是我的老友藍迪‧傑克森（Randy Jackson）便提議我去義大利卡布里島（Capri，我最喜歡的地方）一間幽靜偏僻的錄音工作室看看。在這座藏身於拿坡里灣（Gulf of Naples）、被古老石灰岩山脈懷抱的天堂，我有一間小巧可愛的工作

室，陽光每天早晨都會灑進屋內，又能保有隱私。我會窩在工作室的
房間，裡面擺滿蠟燭和創意小物，然後待上幾個小時寫寫歌和編排曲
目。我自己寫歌，偶爾與我欣賞的傑出詞曲作家泰瑞・李維斯（Terry
Lewis）合作，還有吉米・吉姆（Jimmy Jam）加入他的絕佳音樂才華。
（他們共同創作過四十一首美國十大熱門金曲。）沒有他們，這張專
輯就不會如此順利完成。我們三人合力完成了〈Can't Take That
Away (Mariah's Theme)〉，我把這首歌拿給黛安・華倫（Diane
Warren），她在我唱第一節歌詞和旋律時用鋼琴把它彈奏出來。然後
我們一起合寫了第二節。這首歌其實是講述我的職涯和個人經歷：

They can say anything they want to say
Try to bring me down, but I will not allow
Anyone to succeed hanging clouds over me
And they can try hard to make me feel
That I don't matter at all
But I refuse to falter in what I believe
Or lose faith in my dreams

'Cause there's
There's a light in me
That shines brightly
They can try
But they can't take that away from me
　　　　　—— "Can't Take That Away (Mariah's Theme)"

　　從小到大，為了度過難關生存下去，我經常必須求助於「light in me / That shines brightly」。這首歌談到很多事情，但我寫的時候，腦中想的是當時發生的一切，想的是湯米和我在他掌控下經歷的那些年。這是我的主題曲 ——「They can try / But they can't take that away from me / From me, no, no, no」。

　　這首歌的 MV（由我創作兼出資）雖然在拍攝手法和製作價值方面不是那麼精湛，卻是一個真正的改變。我們在日本拍攝。那時在 MV 加入真實歌迷和民眾心情分享的做法並不常見。對我來說，讓我的歌迷為焦點，表達他們對於這些歌的感受很重要，我為他們寫下這些關於我人生的歌曲。我們收集了很多影片素材：一般人的日常生活鏡頭、克服困難成就不平凡的真實人物故事。MV 中有像威廉斯姊妹（Venus and Serena Williams）這類的冠軍球星，不過主要還是我生活上關心的人物，例如我的外甥肖恩，儘管有個問題少女的母親，但爭氣的他仍從哈佛法學院畢業，還有 Da Brat 的祖母。MV 呈現了勝利與感動的時刻，都是真實的生活寫照。我想以我的核心信念為主題，也就是凡事皆有希望。我希望把這段影片獻給所有幫助我度過難關的歌迷們。

　　這首歌在排行榜沒有任何成績，因為唱片公司幾乎沒有宣傳——這也表示他們即將展開破壞行動。但這首歌對歌迷來說很重要，對需要聽的人很重要，對我很重要。直到今天，我還是每隔一段時間就聽它。我還是需要它。

　　《Rainbow》專輯的另一首重要歌曲是〈Petals〉。這首過去是、

現在依然是勾起我痛苦回憶的曲子，它講述我的人生、家庭以及成長經歷。這首歌對於我生命中的有害影響，即是一種感謝，也是一種告別。

I've often wondered if there's ever been a perfect family
I've always longed for undividedness and sought stability

—— "Petals"

〈Petals〉在某種意義上透過那些觸動我和改變我的早期經歷縮影，講述我的一部分人生故事。我想藉由這首歌表達寬恕，並冀望未來能過著另一種生活——傷害少一點、療癒多一點，所以我寫下這首歌來釋放一些傷痛。但有些時候，傷痛的回憶還是讓我激動到唱不了這首歌。

《Rainbow》專輯有兩首冠軍單曲：〈Heartbreaker〉（我的第十四首冠軍單曲，找 Jay-Z 助唱）和〈Thank God I Found You〉（我的第十五首冠軍單曲，與喬〔Joe〕與98度合唱團〔98Degrees〕合作，還有饒舌詩人納斯〔Nas〕助陣的混音版）。對我來說，把我認為是定義當代音樂的歌手召集起來是很重要的一件事，亞瑟小子（Usher）、史努比狗狗（Snoop Dogg）、Jay-Z、Da Brat、蜜西·艾莉特（Missy Elliott）、神祕主義信徒（Mystikal）以及 P 大師（Master P）等人都在該張專輯中獻聲助唱。

在吉米與泰瑞位於明尼阿波利斯市（Minneapolis）錄音室的工作結束之後，我回到紐約與 DJ 克魯（DJ Clue）一起製作〈Heartbreaker〉。後來 Jay-Z 加入，這首歌就變成我們耳熟能詳、廣受喜愛的熱門歌曲。我們在紐約和洛杉磯兩地製作〈Heartbreaker〉

的混音版。DJ 克魯找來各種類型很酷的歌手，像是在〈Thank God I
Found You (Make It Last Remix)〉助唱的喬與納斯。《Rainbow》為
二十世紀畫下句號，對我來說，這張專輯是通往自由的橋樑。但正如
他們所言，自由不等於無拘無束。錄製這張專輯像是一陣旋風，卻也
很充實。那時我對自己的音樂已經有明確的認識，對於如何創作歌曲
也有特定的偏好。我通常會在不同的地方分別創作一首歌不同的部
分。我真的很喜歡以協作方式寫歌，但唱人聲部分對我來說屬於比較
私密的過程。寫歌時，我喜歡隨意哼唱（初稿），有時沒有歌詞或只
有部分歌詞，然後找出基本音軌、填上歌詞，完成人聲部分，修改完
善，再添加和聲。我喜歡沒有旁人在場時唱主旋律，就只有我和我的
錄音工程師。如果我能夠自己操作，那我會像歌手王子那樣獨自錄
音。我喜歡在發想人聲旋律時不必考量別人的意見。我喜歡在安靜的
空間，可以進入工作狀態、集中精神。我需要能夠傾聽自己內心，看
到自己腦中畫面；我需要能夠研究這首歌、調整它，而且肯定需要時
間多唱個幾遍。怎麼唱比較自然？哪裡怪怪的？與現場演唱相比，製
作唱片是一種靈性科學。當我可以按照自己步調、真正與唱片生活在
一起時，那個狀態最好。

　　我們在二〇〇一年為哥倫比亞唱片推出了《Greatest Hits》專輯。
這是張雙 CD 專輯，裡面包含暢銷的熱門金曲、一些個人及歌迷喜愛
的歌曲，例如〈Underneath the Stars〉，還有我和樂壇傳奇人物路德・
范德魯斯聯手重唱的〈Endless Love〉。我在哥倫比亞唱片發行的最
後一張專輯是《The Remixes》，這代表我對索尼的義務宣告結束。
等到二〇〇三年發行時，湯米已經辭去在哥倫比亞唱片／索尼公司的
職務，所以我可以在這張專輯發揮更多創意，投入更多心力。

　　《The Remixes》的精選合輯概念很獨特：與《Greatest Hits》專

輯一樣是雙 CD，但第一張 CD 全是混音電子舞曲，第二張 CD 則都是與嘻哈歌手合作的混音版，如〈Honey〉、〈Loverboy (Remix)〉、〈Breakdown〉，其中也有骨頭惡棍與和聲合唱團（Bone Thugs-n-Harmony）來助陣客串。該專輯內甚至收錄了小鮑沃（Lil' Bow Wow）助陣的 So So Def 混音版〈All I Want for Christmas〉（那時候他還沒改名為 Bow Wow），以及與巴斯・達韻（Busta Rhymes）和 Flipmode Squad 樂團合作的熱門歌曲〈I Know What You Want〉。

　　但在最後兩張專輯推出之前，我為我的自由權利簽下另一份新協議。與各大唱片公司見面後，我選擇了風格兼容並蓄的維京唱片（Virgin Records），一家非常善待藝人的公司（旗下歌手有藍尼・克羅維茲和珍娜・傑克森）。我相信當時如果有足夠的資金和宣傳支持，我們一定會成功。帶著全新、具有里程碑意義的唱片合約，我即將展開另一個改變我人生的計畫——《星夢飛舞》（Glitter）。

第三部　星夢飛舞

29 〈FIRECRACKER〉

「他知道我們剛幫瑪麗亞做完這首歌……他想搞死瑪麗亞。」

——音樂製作人伊爾夫・高蒂（Irv Gotti）

製作《星夢飛舞》（*Glitter*）的整個過程，就是由一連串的運氣不好、時機不對以及蓄意破壞事件碰撞而成。

原聲帶和電影起初名為《*All That Glitters*》，儘管我從一九九七年就開始著手進行這項計畫，但中間不得不擱置幾年，好讓我履行對哥倫比亞公司更迫切的義務。雖然我對原聲帶有很大的創作主導空間，但在同名電影方面幾乎沒有，我最初為這個故事構思的概念幾乎全被改寫掉。我開始和我的表演教練，以及執筆過《與愛何干》（*What's Love Got to Do with It*）的編劇凱特・拉尼爾（Kate Lanier）一起合寫劇本。凱特是才華洋溢的天才作家，我真的很信任她，但我們每天卻收到製片公司越來越多的要求。

湯米無法放棄掌控，尤其當時我正從事著我一直夢寐以求，而他一直害怕不已的事情：演戲。《星夢飛舞》由索尼旗下的哥倫比亞電影公司（Columbia Pictures）製作，與湯米關係匪淺。在我們工作期間，當時的哥倫比亞電影公司董事會主席稱他是「房間裡的大象」，形容他是一股無聲無形、我們無法討論的力量。任何可能挑戰極限的方案，讓電影變成限制級或甚至輔導級的劇情都會立刻遭到否決。所

有內容都不能太真實、太前衛、太情色，或者太平凡無看點。原本我們會有一個非常真實勵志的劇本（拜託，故事背景在八〇年代），但最後卻製作出流於通俗大眾的商業成品。

由於來來回回的不停修改和湯米讓人窒息的掌控，我們的劇本每天都在更動，沒人知道下一刻會變成什麼樣。除了被改得面目全非的劇本，本來我還想讓泰倫斯·霍華德（Terrence Howard）出演男主角（先說一聲，我在電影《饒舌歌王》〔Hustle and Flow〕之前就想過讓他扮演這類角色）。但公司高層對於泰倫斯和我的浪漫電影情節不以為然，我猜測原因是他外表比我更像黑人（即使他也是混血！），而且他們沒搞清楚狀況，如果你明白我意思的話。反正令人非常失望。無意冒犯麥斯·畢斯利（Max Beesley），他是很棒的演員。

缺乏創作主導空間之外，我覺得自己因為表演教練的關係演得綁手綁腳，出於種種原因，我認為那時候她對我的職業生涯過於投入。我不想宰了她，但她把個人的情緒投射到電影裡，讓我沒辦法盡情發揮。我聽說這種情況在合作過程經常發生，有點像瑪麗蓮·夢露與寶拉·施特拉斯伯格（Paula Strasberg）那樣。恕我直言，最後這變成一場自吹自擂大會（我敢肯定她現在會同意我的看法）。重要的是，片場的臨時演員和其他人，從演員到工作人員都知道我很認真、願意學習，願意和他們一樣努力工作。雖然整個過程不是很好，但我真的覺得自己有些不錯的表現（若採取不同剪輯手法，效果會更加明顯）。我並不沮喪，因為對我來說這是全新的媒體環境，每逢轉變難免有失誤的時候。

不過，這條星夢隧道的盡頭仍有一線曙光。法蘭克·辛納屈說過，達妮·詹森（Dani Janssen）是好萊塢「慧眼獨具的女人」之一。而我欣賞優秀的女人，尤其是知道如何辦好派對的女人。達妮·戴蒙

（Dani Diamonds's）的奧斯卡派對（跟她一樣眾所皆知）可說是享譽盛名的活動，我不是信口胡謅。大多數賓客都是得過奧斯卡獎或入圍過才會獲邀參加。她的常客個個是傳奇大咖：薛尼‧鮑迪（Sidney Poitier）、約翰‧屈伏塔（John Travolta）、昆西‧瓊斯（Quincy Jones）、歐普拉、芭芭拉‧史翠珊等等。每年都有一群新的奧斯卡得主和眾多名人齊聚一堂，圍繞在她收藏的大量白蘭花之中。有一年，我很幸運收到一個驚喜且特別的邀請（自然而然，達妮和我一見如故）。當時某位熱門男主角、兩屆奧斯卡金象獎得主（基於對達妮禁止「拓展人脈」或炫耀名人原則的尊重，他必須保持匿名）走到我面前，談起《星夢飛舞》的事：「我知道別人對你的作品指指點點，我也經歷過。你真的打中了一些非常真實的東西，我覺得你應該堅持下去。別讓他們讓妳覺得妳不該再繼續下去。」他的話讓我備感安慰，因為他是我無比敬重的演員。幸好我沒有放棄，因為幾年後，真正「珍貴」的成果就會來到我身邊。

　　《星夢飛舞》發生的大部分問題都出在湯米身上。他氣我的離婚與離開索尼，不惜動用一切權力和關係折磨我。周遭的所有人都知道這件事，連我的新唱片公司也知情。湯米和他的親信居然還從唱片店拿走宣傳品，比如我的立牌廣告。兵不厭詐，這是戰爭。他不想讓大家覺得我沒有他也能自己闖出名堂，所以甚至跑來插手《星夢飛舞》的原聲帶。我和艾瑞克‧班奈特（Eric Benét）、Da Brat 等人花了很多時間在製作原聲帶，他們也有參與電影演出。泰瑞‧李維斯替我們弄到〈I Didn't Mean to Turn You On〉的原創音樂。廢話！因為那是他和吉米‧吉姆共同製作的歌曲。我還找來瑞克‧詹姆斯（Rick James）合作〈All My Life〉這首歌（需要一套白色西裝、白色轎車，或許還要一些其他白色元素的裝備來參加他的錄音會議），無比珍

貴。

　　整個經歷就像一場夢。從許多方面來看，這正是我多年以來的夢想。請別誤會，我不是說《星夢飛舞》是《朱門巧婦》（*Cat on a Hot Tin Roof*）之類的電影，但我認為它不應該是這樣的結果。我認為電影如果按照最初的構想執行，成果應該會很好，但最後卻為了這部片的上映發生這樣的鬥爭。一如以往，我保持信念並且告訴自己，一切都會好轉。我內心滿懷期望。縱然現在困難重重，我告訴自己，前路崎嶇難行，但無論如何，我一定會熬過去。我比以前更加堅強。縱使黑暗來臨，但正是那片黑暗，我才學會點燃自己的光芒。

❦

　　我割斷湯米操縱我的繩索時，他簡直氣炸了。讓我在離開他和索尼之後大放異彩？門都沒有。他不打算讓我或《星夢飛舞》發光發熱，或者應該說，他一心想消滅我們。除非我徹底失敗，否則他不會善罷干休。他過去總說：「做妳該做的，我就會施展我的魔法。」他會在我揭穿他不是魔法師之前把我毀掉。要是《星夢飛舞》的原聲帶獲得空前的成功，他就不得不面對這樣的事實：他並非無所不能，他並非無可或缺，他並非那個一手造就瑪麗亞‧凱莉的人物。更令他火冒三丈的是，他得知我剛剛談成了史上最大筆的天價合約（我家人也知道，但後面會詳細解釋）。除此之外，我還拍攝電影，這是我們在一起期間他所禁止的事，這表示我的事業正在蓬勃發展，這讓他覺得自己正在萎縮。我離開時，他已經嘗過當眾受辱的滋味，如今沒有他，我還能一帆風順？他脆弱的自尊心難以接受這個事實。他整個帝國都建立在威脅恫嚇上面，那我成功的話意味著什麼？如果我沒有他也能

成功，那麼對其他藝人意味著什麼？我完全相信他會致力讓我終日活在他的掌控之中，直到我下葬，他才會滿意。

　　我逃離了一個快讓我透不過氣的男人和婚姻。曾有幾位藝人批評湯米與他的走狗因為私人恩怨而違背公司的最佳利益，我是其中一位。與此同時，新的唱片公司那邊也是鬧得雞飛狗跳，因為《星夢飛舞》原聲帶的首發單曲〈Loverboy〉在排行榜上只排第二，而非第一。我無法理解一部還沒上映的電影單曲排名第二有什麼好恐慌的。但我只能說，拍完《星夢飛舞》之後，我的生活和工作再次承受外界莫大的審視與壓力。

　　接下來是有人蓄意破壞。當時我已經寫完〈Loverboy〉的歌詞，這首歌曲風緊湊，渲染力十足。超級製作人克拉克・肯特（Clark Kent）和我選擇取樣黃色魔術交響樂團（Yellow Magic Orchestra）的〈Firecracker〉，少數幾位參與電影製作的人非常喜歡這首歌。此事當然沒有逃過索尼高層（和奸細）的眼睛。我挑選這首歌，並花錢買下在電影使用的版權。結果索尼聽完我的新歌，也以相同的取樣急忙為他們旗下另一位女歌手（我不認識她[23]）做了一首單曲。他們同樣取樣自〈Firecracker〉，並搶先〈Loverboy〉一步發表。傑魯（Ja Rule）和我也合寫了一首歌，接下來你知道的，湯米打給他的經紀人伊爾夫・高蒂，請他和傑魯替同一位女歌手的唱片製作混音對唱，留下我倉促重新改編這首歌。伊爾夫後來甚至在《Desus & Mero》節目中提到這件事：「他知道我們才剛幫瑪麗亞做完歌……，他想搞死瑪麗亞。」這顯然就是蓄意破壞，簡單明瞭。

　　聽著，要怎麼把該死的爛牌打好，我已經訓練有素；但湯米知道

---

23 譯註：我不認識她（I don't know her.），「她」指的是珍妮佛・洛佩茲（Jennifer Lopez）。後來「I don't know her.」成了瑪麗亞・凱莉的名言。

搞砸我非常簡單。不過我不會讓他變成絆腳石。於是我改變策略方向，從電子合成樂換成更具放克色彩的音樂，取樣 Cameo 樂團的〈Candy〉（選 Cameo 樂團絕對不會失誤），讓克拉克‧肯特再次重新製作。在我們的歌被搶走以後，他用一首愉快的歌曲力挽狂瀾（用了一些〈Firecracker〉的其餘部分，也是這首歌裡面我最喜歡的部分）。在〈Loverboy〉混音版中，Da Brat 以犀利且非常真實的饒舌，幾乎道盡了一切：

> Hate on me as much as you want to
> You can't do what the fuck I do
> Bitches be emulating me daily
> Hate on me as much as you want to
> You can't be who the fuck I be
> Bitches be imitating me baby
> —— "Loverboy (Remix)"

我們甚至找來賴瑞‧布萊克蒙（Larry Blackmon，梳著玉米辮）助陣，在我的傑出好友攝影師大衛‧拉切貝爾（David LaChapelle）拍攝的輕快、豔俗影片中露面。儘管發生諸多事情，我們還是度過一段美好時光。

可惜好景不常，摧毀一切的風暴就要來臨。

30 不得安息

　　離開湯米後，我都住在飯店和進行巡迴演出，後來才終於能為自己找個家。我差點就買下芭芭拉‧史翠珊位於中央公園西側一間精緻、富麗堂皇的頂樓公寓，建築外觀採裝飾藝術風格，令人印象深刻。她對設計的熱愛眾所皆知，室內裝潢擺設展現其講究的品味，完全符合我的喜好。畢竟經過辛辛莊園的一番折騰，現在如果能有間可以即刻入住的設計美宅，我會輕鬆許多。唉，可惜合作公寓管委會觀念守舊，擔心會有太多饒舌歌手和隨行人員（也就是身材壯碩的黑人）在這裡遊蕩，所以我沒有取得入住批准。最後我在紐約市中心翠貝卡區找到一棟理想的大樓，搬進了我小時候夢想的家。雖然擁有自己一間令人嚮往、寬敞的紐約頂樓公寓令我感到興奮，但我也完全迷失了方向。我終於有了自己的空間，卻經常不知道東西放在哪裡或者應該在哪裡。我沒有時間整理我的新家，因為我一直不停地工作。談到工作效率，我在業界素有猛獸之稱。在錄音室裡賣力工作，宣傳與行銷同樣不遺餘力。我是全力以赴的藝人，與我工作過的人都知道。

　　在新唱片公司推行新專輯的計畫已經佔據了我的全部生活，我也竭盡所能投入工作。公司裡的新人很多，沒辦法讓我的經紀團隊因應需求進行調整。而且老實說，所有的變動和陌生、更大的風險已經壓垮他們。我的工作行程排得非常密集，凌晨三點前執行拍攝或其他活動，接著凌晨五點又爬起來接受媒體電訪。這種狀態持續不斷，我的行程裡沒有「休息」兩字，那時候也不知道怎麼要求。當你像機器一

樣工作，生活上還是需要一些人性關懷，例如注重飲食營養、鍛鍊身體、保養嗓音，但最重要的是：睡眠。（我知道這點，即使「自我照護」是十年後才出現的概念）。

毫無疑問，這張原聲帶發行的時機糟糕透頂，任何人都料想不到。沒有人去看這部電影。二〇〇一年夏末，少數能夠搶先觀看這部片的評論人士幾乎全體一致負評。電影口碑不佳，加上唱片公司對首發單曲僅衝到排行榜第二的反應，諸事引起的焦慮逐漸滲入我的心底。說實話，我見過唯一一個在如此巨大壓力下表現出超越自身非凡成就的藝人，那個人就是麥可・傑克森。跟他一樣，我也習慣追逐無懈可擊的成功。我的構想就是製作整張都是冠軍單曲的專輯！然而，如果你問我的話，在新唱片公司推出的原聲帶（並非錄音室專輯）單曲只拿到排名第二的表現，我覺得並沒有那麼差。

壓力越來越大。唱片公司似乎沒有強大的宣傳策略，我也沒有一個協調良好的經紀團隊。我發現身邊沒有人跳出來掌控正在變成「單一情況」的問題，我擔憂的問題好像超過他們計劃與解決能力的範圍。新專輯計畫在公司內部看起來一團糟，於是我創造性的生存本能開始發揮。我覺得我必須**做點什麼**，總是要有人出來做點什麼。

高度焦慮幾乎剝奪了我行程裡少得可憐的睡眠時間。我無法入睡，我找不到東西，似乎沒有人能讓我振作起來。

所以我決定親自出馬。誠如你們所見，為時已晚，而且情況有點混亂，但那真的是某種有計畫的行動。我在緊要關頭搞了個小小的宣傳噱頭，想為〈Loverboy〉爭取曝光：我在 MTV 頻道 TRL 節目 [24] 上演「意外闖入」的戲碼。

---

24 譯註：MTV 頻道製作的實況直播節目《完全現場》（*Total Request Live*）。

　　為了搭配影片情境和現場觀眾的氛圍，我以為打扮帶點懷舊的夏日風情會節慶感十足。就這樣，我懷抱百般緊張與興奮的心情緒跑進攝影棚內，綁個清爽俐落的馬尾，手推一輛裝滿冰棒的冰淇淋車，身穿超大號、印製「Loverboy」字樣的噴墨 T 恤，下半身是個驚喜，正是《星夢飛舞》裡的八〇年代造型。這段演出天真而愚蠢，完全沒有經過彩排。我的對話基本上自由發揮，就像平常那樣，我希望卡森‧達利（Carson Daly）能夠利用我的即興表演，讓觀眾一起參與（就像一般主持人會做的那樣）。但他沒有配合我演出。（我知道可能有人要求他表現出驚訝的樣子，但他連演都沒有。）

　　我發現當下我只能靠自己，所以我想：好吧，讓我來表演點服裝的小把戲，炒熱氣氛。我尷尬地脫掉 T 恤，露出閃亮亮的金色熱褲和「Supergirl」的背心。但卡森的反應一臉驚恐，然後說：「瑪麗亞‧凱莉現正在 TRL 上演脫衣秀！」（噢，他現在倒決定演了。）我才不是在脫衣服，我是真情流露。的確，我的表演有點粗糙，而且顯得有點愚蠢，但卡森沒有即興妙語解圍，只是站在旁邊看我耍猴戲。我的腎上腺素飆升，結果卡森竟然問我：「妳在幹嘛？」你認真？

　　我緊張地回答：「偶爾需要來點療癒身心的事，而今天就是我的療癒時刻。」

　　事實上，我的歌迷是療癒我心靈的一部分。有人靠購物療法，有人靠巧克力療法，而我靠歌迷療法。我總是直接從歌迷身上獲取能量與靈感。在社群媒體問世以前，我就已經和我的歌迷建立起獨特的關係。我會在個人網站上直接與他們交談，留下語音訊息，告訴他們關於我的近況和真實感受。

　　我和歌迷朋友們的交流、我們彼此間的溝通都是坦誠相待，毫無掩飾。所以，當我在波多黎各的船上感到害怕與孤獨時，我打了那通

名聲不佳的語音訊息給歌迷，留下悲傷的內容說我需要休息──**歌迷們**聽得懂。然而媒體報導的方式好像是我精神崩潰，絕望而胡亂留言。那時外界並不理解、也不知道為什麼我會直接和歌迷交談，媒體對我和歌迷之間的關係毫無概念。他們完全不懂。

歌迷們很在乎我，他們會記下我做的每件事，把它當成自己的事。媒體記者不知道歌迷是怎麼開始稱自己為「小羊」（Lambs）的。因為歌迷們注意到特雷·羅倫茲和我經常裝模作樣用古典好萊塢的語氣，說著「小羊兒乖點，給我拿酒來」（Be a lamb and fetch me a splash of wine.）之類的話。我們總是親暱互稱對方為「小羊」，這就是小羊群（忠實歌迷）誕生的由來！現在我們是小羊家族（Lambily）！我的歌迷們拯救了我，而且每天持續賦予我生命。所以坦白講，我才不在乎那些宣傳公關或媒體記者覺得我帶冰棒或留語音給歌迷是發瘋還是怎樣，小羊群就是我的一切，我的每首歌、每場演出、每段影片、每則貼文、每個節慶時刻，我身為藝人做的每件事都是為了他們。

那次 TRL 事件完全是個失敗的宣傳噱頭。來把話說清楚講明白，我，瑪麗亞·凱莉，或者任何一個人，都不可能真的「意外闖入」MTV 的任何節目，何況還推著一輛冰淇淋車。或許卡森·達利不知道我要來，但製作人必須安排我的出場時間，工作人員、宣傳公關、保全人員、整個團隊都知道我要來。這就是宣傳伎倆。當時這樣做似乎是個好主意，畢竟都到了那種關頭，什麼辦法都好。我就像是個搞砸演出的單口喜劇演員。所有表演者都可能搞砸，但我搞砸卻引起連鎖反應，讓我變成眾矢之的。八卦小報和名嘴媒體表現得我好像真的脫光屁股，在直播節目中為卡森跳了一段大腿舞！（現在這只是實境秀明星和饒舌歌手經常做的普通動作──噢，時代觀念轉變之大。）

　　媒體大肆渲染我在 TRL 節目拙劣的作秀，我也隨之淪陷。我第一次經歷在眾人面前失敗，它喚醒了媒體巨獸，這個邪惡的吸血鬼靠吸食傷者的脆弱獲取力量。這個搞砸的作秀迅速演變成誇大其辭、惡意中傷、永無止境的報導。某些主流媒體喜歡報導負能量和恐懼，掩飾他人的痛苦並將它包裝成娛樂新聞。這種現象顯而易見，我感到脆弱不堪。索尼的仙杜瑞拉摔了一跤，國王的人馬沒有一個跳出來陳述真相、扶我起來或是陪我共度難關。相反地，他們以這種出醜奇觀為食，只想要更多的失誤絆倒、更多的尷尬窘境、更多的情緒崩潰、更多的嘲諷奚落。只有見到別人被摧毀，媒體巨獸才會心滿意足。

　　這一切都發生在社群媒體出現以前。沒有人在推特（Twitter）上面反擊回嗆，沒有人說：「女王！把他們拖走吧。」沒有極度忠誠的小羊家族群體衝出來替我辯護。雖然幾千名歌迷與小羊們在我的網站上透過信件與留言評論表達愛與支持，但「外界」沒有注意到。那時候沒有 YouTube，也沒有 Instagram。（不過，倒是有位出乎意料的盟友為我站出來，就是當時講話很有分量的修格‧奈特〔Suge Knight〕。他在接受廣播電台 Hot 97 訪問時表示，「每個人都不該去打擾瑪麗亞，不然他們就是跟我過不去。」相信我，那時候不會有人想跟修格有過節。）

　　如今，透過社群媒體協調宣傳活動或更改敘事風向相當簡單，但那時候想成功打進流行文化世界比登天還難。過去參加大型電視節目時，規劃自己的「宣傳時機」是一項艱鉅的任務，因為身為藝人，你的每個舉動幾乎都受到「公司內傲慢的高層」（我喜歡這樣稱呼他們）所控制。現在若有哪些名人的意外小插曲在網上瘋傳，通常媒體播報個一天就結束了；但過去，妳只要做一件事好像就會一直佔據媒體版面。TRL 事件就是如此。

媒體對我窮追猛打。當時是黛安娜王妃因八卦小報去世的五年後，我開始研究媒體如何像嗜血的鬣狗不斷煩擾她。我與黛安娜王妃有過短暫但難忘的時刻，一次在《時尚》雜誌（*Vogue*）派對上和她眼神交會。她身穿一襲驚豔絕美的藍寶石色系禮服，頸上垂掛同樣的藍寶石項鍊，眼神裡閃爍著那種永遠無法獨處而鬱鬱寡歡的恐懼。我們倆就像外表光鮮亮麗的困獸。我完全能夠理解她，與她感同身受。我們都有那種被人包圍的感覺，也許沒人想傷害妳，但每個人都心有所圖，他們都想要挖點什麼新聞。我不知道她會在我們相遇後沒多久因媒體追殺而亡，我當然也不知道自己很快就會陷入類似的危險處境。獵人們正逐步逼近。

在八月的炎熱高溫下，我的睡眠困擾迅速惡化成根本無法入眠。晚上睡不著覺，連正餐也吃不下。我幾乎沒有吃東西。〈Loverboy〉的成績真的讓唱片公司驚慌失措，他們急著想立刻為第二首單曲製作另支 MV。我們才剛花了幾天時間在炎熱的加州沙漠中完成〈Loverboy〉MV 的拍攝工作，忙到心力交瘁，那裡環境惡劣，沒有水或基本生活所需。在拍攝期間，現場沒有任何遮蔽區域讓我等待或躲避陽光，不但令我精疲力盡還浪費時間，因為熱到一直脫妝，不得不重新補妝。我在 MV 裡可能看起來活力旺盛，但實際上〈Loverboy〉的拍攝工作非常累人。結果唱片公司卻要我立刻跳上飛機飛回紐約，第二天就開始拍攝〈Never Too Far〉的 MV！

我已經徹底氣力耗盡，整個人焦頭爛額、疲憊不堪，當然也沒有辦法再拍攝另一部 MV。至少需要給我三到四天的緩衝期，何況電影裡這首歌的演出非常精彩，他們可以也應該把它拿來製作 MV（最後他們這樣做了）。但唱片公司沒有聽我說話。

對他們來說，我是否累垮並不重要，重要的是他們已在「瑪麗亞·

凱莉」上投入一億美元。他們希望所有星夢飛舞的產品可以立即銷售。周圍沒有人干預，沒有人幫忙指導唱片公司調整專輯計畫和我的生產力。沒有人擁有能力或權力代替我拒絕那些不合理的要求，壓力持續增加，我已經心力交瘁。最令人痛苦的是，八卦小報喜孜孜地要挖掘我最脆弱的時刻。這一切宛如一場不間斷、永無停歇的馬戲表演。我記得在 TRL 形象破滅後看了一個娛樂談話節目，他們居然以過去式的時態在談論我。太荒唐了，我還以為我在看「悼念」瑪麗亞‧凱莉的特別節目。我真正想要的是安靜休息，不是安息。

再加上還要應付湯米和我的家人，我實在承受不了。我累壞了。我非常需要睡覺。睡眠，這個基本的人類需求，這麼簡單的慰藉都變成不可能得到的奢求。我想在我寬敞而空盪的新頂樓公寓裡找尋一處藏匿空間，但唱片公司和「經紀團隊」會不斷打電話給我，企圖說服我拍攝這支 MV。我根本做不到。我已經連續工作好幾年沒有休息了。雖然我沒有出現在工作場合完全不合常理，但我真的一無所有了。腦袋無法思考。他們不聽我說話。電話響個不停。無論我在哪個房間（沒有哪個房間讓我感到熟悉或舒適）都聽得到電話一直響，一直響。等等。湯米知道我在哪裡嗎？湯米也想折磨我嗎？他的人是不是又跟蹤我了？我開始害怕起來。

我必須找個安全的地方。我必須找個地方**睡覺**。我可以信任誰？替我工作的人當中，沒有人會幫我找個好去處。我不過想要一點點時間。所有人都在我的發薪名冊上，卻沒有人勸說讓我放一天假。我試著告訴過他們，我只是需要幾天時間休息、恢復狀態，好好睡個美容覺。

迫於無奈，我去了頂樓公寓附近的一家飯店。我以為只要找個房間、拉上窗簾，鑽進被窩裡，然後睡覺，一切都會變好的。

我曾經在飯店住了很長一段時間，知道沒有人會打擾你的感覺很舒服。在我的頂樓公寓裝修期間，我已經在這家飯店住過好幾次，以前從沒想過需要指示櫃台人員不要聯絡我的經紀團隊或告訴任何人我在這裡。我為什麼需要這樣呢？總之，我搖搖晃晃走進房間，隨即把「請勿打擾」的牌子掛在門把上。雖然我剛剛從我全新的豪華頂樓公寓跑出來，來到一個普通飯店的房間，但我開始感到放鬆。我泡了澡，身體慢慢浸入散發芬香的熱水中，並播了幾首福音歌曲（Men of Standard 團體的〈Yet I Will Trust in Him〉），希望撫平一些創傷。我的心情開始平靜下來。TRL 事件仍沉重壓在我的心頭，我覺得全世界都以為我失控了。我全身包著飯店的浴袍，蜷縮在床上。但眼睛都還來不及閉上就聽到有人敲門，接著砰的一聲！

我跳起來，重重踥腳走到門口，準備破口痛罵那些沒看外頭牌子的人。打開門，看到一大票人——經紀團隊、摩根，甚至還有我媽！

「他媽的現在是怎樣？」我大吼。「我要睡覺！」我太驚慌了，整個人歇斯底里。我被抓到了。我開始尖叫，只是拼命尖叫，因為我說不出話來。整群該死的代表團都跑來拖我回去工作，我不過想要該死的幾天假期。所以我只好大吼大叫。

摩根突然抓住我的胳膊，把我拉到他面前。我變得一動也不動。他盯著我，小聲地說：「整件事情只是羅伊小子的生日（*birthdays at Roy Boy's*）。」[25]

我立刻回過神來。「羅伊小子的生日」是我們之間關於父親的笑話，因為他總是搞混我們的生日。摩根讓我回想起我們天真無邪的家庭語言：只有我們才聽得懂的笑話和蠢事，以及我們用幽默化解的方

---

25 譯註：《加菲貓》某集故事，羅伊是裡面那隻公雞。

式。想起那些這一切發生以前、這些外人出現以前的話語，那個瞬間我一度相信摩根理解我的感受，甚至以為他關心我的幸福。「羅伊小子的生日」讓我以為他可能是我真正的家人。這句話非常私密且風趣，而我處於痛苦之中。這句話彷彿是他給我一個「我懂你」的密碼，像暴風雨中的燈塔一樣出現。我的情感裂開了一個大洞，而摩根趁隙溜了進來。我從家裡和飯店跑出來，一大群人在追捕我，想把我拉回去工作，包含我的母親。我已經絕望到了極點，依然需要睡眠。我的唱片公司合約是條超過一億英鎊的鏈條，套在每個人的脖子上。

我需要找到一個對我沒有任何商業利益或投資的人，一個懂我、關心我，會幫助我或把我藏起來的人。我立刻想到瑪麗安・塔圖姆（Maryann Tatum），又名托絲（Tots）。她從《Butterfly》專輯以來一直是我的和聲伴唱，在她姊妹去世以後，我們就像姊妹一樣。她是我少數幾個朋友之一，我認為她知道如何對付真正混亂的情況（這次情況絕對符合混亂的定義！）她很堅強可靠，出身於堅強的家族。托絲在布魯克林區布朗斯維爾（Brownsville）的公共住宅長大，家裡有九個孩子。雖然她母親必須獨自扶養九個孩子，但她外表總是乾淨俐落、打扮得體。托絲為人親切、熱愛上帝，但她也了解在江湖走跳的規矩。我想她應該可以幫我擺脫所有追捕我的人，讓我好好睡個覺。

我們決定去她在布魯克林區的公寓，因為沒人會想到要去那裡找我。等到我鼓起勇氣溜到布魯克林時，整個人已經被焦慮籠罩了。不只是因為我知道唱片公司正在找我，誰知道湯米是不是也在偷偷跟蹤我？這也不是第一次才發生了。（羅伯特・山姆・安森〔Robert Sam Anson〕一九九六年在《浮華世界》〔Vanity Fair〕對「湯米男孩」（Tommy Boy）的爆料，僅報導了他的一些古怪舉止，但這已經足以證明我說他的控制和監控是千真萬確。）而且八卦小報正對我窮追

不捨，巴不得看到我有一丁點的失誤（現在依然如此）。

我叫了一輛私家車去托絲的公寓。這裡確實是隱姓埋名的好地方，但不適合睡覺。空間擁擠狹小，讓我覺得很不舒服，再加上我的焦慮和疲憊讓我神經緊繃。我跟托絲和她姪女妮妮（Nini）提議，和我一起去外面散步，陪我放鬆心情。

她說：「小姐，等等，妳知道妳是瑪麗亞．凱莉吧？」

我想我大概不能穿這樣走在布魯克林區的街道上，我需要偽裝。妮妮幫我把頭髮編起來，讓我穿上她的瑪麗亞．凱莉蝴蝶 T 恤、運動褲，再戴著一頂棒球帽，帽沿壓得很低。最危險的地方就是最安全的地方，我們三個人在布魯克林街道上閒晃，試圖恢復我最後僅存的一絲神經理智。在布魯克林這個多元文化的社區，沒有人注意到我站在兩個黑人女孩的中間。

托絲向我保證沒什麼好擔心的，開玩笑說道：「別人可能只會以為妳是某個跑去聽瑪麗亞．凱莉演唱會的可愛波多黎各女孩。」

我們笑了一下，稍微得到一點安慰，稍微逃離一下是非，但我仍然覺得自己被跟蹤。我遍尋不著任何解脫，已經記不得自己上次睡覺或吃飯是什麼時候的事了。

時間在我身上瓦解塌陷，所有的日子和活動都在同步運行。經紀團隊和唱片公司不知道怎麼發現我和托絲在布魯克林區的，他們打給托絲，叫她說服我同意拍攝 MV。我的情緒因睡眠不足變得起起伏伏，逐漸凌駕於理智之上。我被逼到走投無路，不知所措。摩根再度被派來接我，因為在飯店的那群「代表團」推測他是我唯一信任的人。但沒人知道，對我來說，信任摩根才是危險的事。

275

　　我從來不知道摩根在想什麼，長久以來他總是捉摸不定、喜怒無常，而且有暴力傾向，然而我母親卻最信任他。他已經變成她心中的強壯男人、她的保護者，幾乎有如父親般的形象，但這個位置不該由兒子來填補。雖然他在小時候經常讓我受驚害怕，但我也認為他是個聰明、強悍的人。摩根非常機靈，反應快，並且自己開發出一套危險的生存技能。

　　他在八〇年代後期搬到紐約市中心，在一些時尚潮流酒吧和夜店工作。因為外表帥氣出眾，偶爾也從事模特兒工作。他在這裡頗有名氣，也很受歡迎，謹慎低調供應粉狀派對小禮給那些光鮮亮麗的人們。他擁有惡魔般的魅力。

　　在我職業生涯起步之際，摩根肩負的使命就是成為那個「發掘」我的人。（Sire 唱片公司的創辦人賽門・史汀〔Seymour Stein〕，也是簽下瑪丹娜的人，他原本有機會得到這個殊榮，因為他是最早拿到我試聽帶的人之一。唉，可惜他說：「她太年輕了。」但這又是另一個故事了。）摩根在音樂產業有些不怎麼可靠的門路，但也介紹我認識了幾位時尚界的重要人物，例如已故的傳奇髮型師歐貝（Oribe）。在某些圈子，我甚至被稱為「摩根的妹妹」，儘管他已經沒把我當作他妹很久了。我只是他通往財富與名聲的入場券。

　　我經常公開承認，是摩根借我五千塊美元讓我完成我的第一張專業試聽帶，對此我仍心存感激，而且我已經償還了五千多次。我會繼續償還，**繼續付出代價**。

　　我從來沒想過，最初那筆小額貸款會演變成我對他有所虧欠，或者應該讓他對我職業生涯有決定權的局面。我當時還很年輕，但我知道別和哥哥想叫我去工作或簽約的可疑音樂人談生意。我確切知道，對我來說和摩根談合作會有嚴格的附加條件。就像一個陷阱。

　　在我簽下第一份唱片合約後不到一個月，母親和摩根提議回小屋舉辦家庭聚會，也許是為了慶祝吧？誰知道？我真的不喜歡回去，在那裡生活時忍受的羞辱和恐懼依然沾黏在我身上。雖然我的直覺很準，但我還是答應了。

　　小屋依舊荒涼，狹小的客廳裡瀰漫一股焦慮與操控的味道。「木質」裝潢板材已經褪色且磨損，看起來更像包裝男士襯衫的硬紙板。陰暗的窗戶掛著從廉價店買來、聚酯纖維材質、髒兮兮的白色蕾絲窗簾；地板的暖氣排風口吐出一層灰色的煤煙，從牆邊爬到那些愛爾蘭尊貴不凡的牆板中間。母親和摩根一起坐在陰鬱的藍色燈芯絨沙發，我坐在他們對面一張破舊的米色躺椅上。整體的重點色是忽視。

　　母親面無表情，偶爾把目光投向摩根以徵詢同意。顯然這次事有蹊蹺的返鄉計畫是他「主辦的」，我可以看得出他正在策劃什麼陰謀詭計。他的眼神專注、目光銳利。我能感覺到他的緊張，但在掩飾自己情緒和意圖方面的演技已到了爐火純青的境界。

　　摩根單刀直入開始怒罵，說什麼母親的第二任丈夫是怎樣陰險狡猾的人渣，以及他們多麼擔心對方可能會是我成名路上的「絆腳石」。他警告我說對方知道我們家所有骯髒的祕密，威脅說對方可能會向媒體透露一切。對方可能會告訴全世界，艾莉森是吸毒的妓女，還感染了愛滋病毒。什麼？母親沉默不語。我記得摩根說過，我需要被保護，我必須小心，那個傢伙可能會讓我職業生涯還沒開始就結束。然後說他會「搞定這件事」，他會搞定那個傢伙。

　　在小屋待不到十分鐘，我又回到哥哥召喚出來的那種熟悉的恐懼風暴裡。用不著說服我也知道那個傢伙是多糟的人，但我不明白為什麼母親和哥哥要把我拖到這裡，跟我講些所謂來自她可怕丈夫的威脅。我才剛簽下我的第一份唱片合約！我才剛把自己從這齣瘋狂、恐

怖的家庭鬧劇中拉了出來。他們到底想要說什麼？他們為什麼要這麼做？我到底為什麼要在那裡？

氣氛變得越來越詭異和恐怖。我記得摩根用他一貫冷靜而陰險的口吻說：「我有個讓他閉嘴的計畫。妳不需要知道細節，但相信我，我能讓他閉嘴。」接著他說，他只需要五千塊美元。就是這樣。

我看了看母親，希望能搞清楚狀況。但她只是一直盯著摩根，顯然摩根已經事先叫她什麼話都別說，由他主導就好。他繼續提醒我，母親的丈夫有多麼卑鄙、心懷不軌（確實如此，那個傢伙從見到我的那一刻起就表露出投機取巧的樣子），那個人會讓我在媒體面前難堪，毀掉我的事業。我一直以來的人生目標就是成為歌手，我才剛簽下一張唱片合約耶！難道這一切都可能瞬間被奪走？他又說了一遍，「只要五千塊美元」，他就可以保護我，搞定威脅。「只要五千塊。沒人會知道。」五千塊是為了什麼？要做什麼？令人作嘔的恐慌感開始在我小腹翻滾。

摩根有過一段很長的施暴歷史，經常與可疑份子在可疑場所鬼混，誰也不知道他會為了錢幹出什麼事。一九八〇年，他捲入索夫克郡一起謀殺醜聞案件，死者約翰‧威廉‧馬杜斯（John William Maddox）遭到妻子維吉尼亞‧卡洛‧馬杜斯（Virginia Carole Maddox）殺害。他們的兒子是摩根的熟人。在她手持步槍朝丈夫脖子開槍的那晚之前，她曾向摩根提議以三萬美元的酬勞殺害她丈夫。摩根收下了一千兩百塊美元的預付款，但沒有執行任務。根據法庭紀錄，教唆摩根殺人一事（摩根被迫在大陪審團面前作證）是推翻她自衛主張的關鍵證據，進而使她的謀殺罪名成立。

我才剛上小學三年級，摩根就捲入一起為錢殺人的陰謀。我記得他和母親討論過這件事，隱約記得在屋子裡看過法庭素描。原來摩根

去告發，所以沒時間接受款項。「拜託！才五千塊，沒有人會知道的。」這句話頻頻在我耳邊迴盪。我猛然起身，開始在小客廳和更小的廚房之間不到五步的距離來回踱步；似乎每過一秒，距離就縮短一英寸。「妳什麼事都不用做，只要把錢給我。」他又說了一遍。我努力想釐清到底發生什麼事情。我連第一筆預付款收到沒都還不知道，我哥、我媽就已經試圖從我這裡拿錢？而且是為了什麼？為了幹掉我媽的丈夫？搞什麼東西。可悲的是，摩根一開始就打算把虹吸管鑽進我體內，從我身上榨取錢財，我一點也不意外，但讓我讓震驚的是，我母親居然也同意。她在整個過程中持續保持無情的沉默，摩根淘淘不絕講著關於勒索敲詐、揭露並羞辱她兩個女兒的陰謀論，她的兒子正為了錢計劃要「幹掉」她丈夫。她真的願意同意讓她的所有孩子置身於情緒、精神都如此沉重痛苦（可能還有法律問題）的危險之中嗎？或者，同樣可怕的是，她是不是和摩根一起密謀敲詐我的錢？也許她只是在摩根施展的咒語下變得無能為力。

　　我還沒有準備好面對這一切對我、對我在這個家庭和這個世界的位置所造成的可能影響。在任何情況下，我都絕對不會考慮參與傷害任何人的計畫，即使對象是像她丈夫那樣的卑鄙小人。我斷然拒絕他們病態的陰謀。但真正讓我大受打擊的是，我知道如果給了摩根這五千塊美元，而且如果他真的幹了什麼暴力或犯罪勾當，他肯定會反過來勒索我。這些在他用來不斷從我身上榨取錢財的水龍頭，只是最前面的五千滴油水。

　　真是痴心妄想！我竟然以為母親和哥哥打算舉杯慶祝我實現唯一的夢想。他們找我回家不是要幫我慶祝，而是要把我掏空。我陷入悲傷的衝擊裡。我忘記自己確切說了什麼話，但我記得自己不停繞圈子，那種噁心的感覺湧上心頭，跑到眼窩。然後我一直搖頭——「不

行、不行」……我內心有個看不見的東西突然斷掉，掙脫了束縛。

我搖搖晃晃走出小屋，毫無疑問，我不屬於他們任何一個人。與父親漸行漸遠，被姊姊出賣背叛。而現在，沒有了哥哥，也沒有了母親。孤苦伶仃。

Still bruised, still walk on eggshells
Same frightened child, hide to protect myself
(Can't believe I still need to protect myself from you)
But you can't manipulate me like before
Examine 1 John 4:4
And I wish you well . . .

—— "I Wish You Well"

因此，按照「正常」標準，一般唱片公司尋求家人來協助與藝人溝通並非什麼冒險之舉，但他們不知道我的家人會做出多糟糕、多差勁的舉動。

小子們哪，你們是屬神的，並且勝了他們；
因為那在你們裡面的，
比那在世界上的更大。

約翰一書 4:4

❦

如果說我在摩根抵達托絲住處時坐立難安，這種說法就太客氣

了。那時候的我又累又餓，所有應得的照顧全被剝奪。他看著我驚恐而疲憊的雙眼，試探性地問：「嘿，去派特家好好玩一下怎麼樣？」

雖然在母親家從來沒有當時愉快的經驗，但以我目前極度疲憊的狀態，我哥倒是提出了頗具說服力的理由，他聲稱沒有人敢來母親家打擾我。他嘴裡講著甜言蜜語，我已經虛脫到無法靠自己的直覺本能判斷。如果現在精力充沛的話，我就會知道在這麼脆弱的時候最不該在我身邊的人，就是我母親和她兒子。

即使她關心我，但那時母親對我一無所知，對於我目前正在經歷的事情什麼也不知道。她完全不了解身為一個創造如此多金錢與能量的歌手所背負的重擔與責任：那麼多人靠妳吃穿、依賴妳、催促妳不停的工作；妳必須唱歌，保持笑容，裝扮造型，旋轉跳舞、飛到各地巡迴、寫歌，除了工作，還是工作！她完全沒有意識到貪婪的媒體巨獸以捕食我維生，我正遭受羞辱的折磨，她無法想像我內心的創傷和被狗仔追殺的感覺。我母親從來沒有承認過我的恐懼。事實上，她還經常引發這種恐懼。

但現在，我就要和他們一起回去。有母親在的房子都不像個安全的避風港，尤其是摩根也在的話，可是我太虛弱了，無力反抗。腦袋昏昏沉沉的我認為去紐約州北部我買給她的房子應該還行，那是我很熟悉的地方，安靜且舒適，每個人都有足夠的空間。喪失更好的直覺判斷，我只好同意去了。但如果要去，我們大家都得一起去。我想，人多勢眾。於是摩根、托絲和我驅車往北，越過河流、穿過樹林，來到了我母親的家。

31 災難與狗毛

　　我母親與唱片公司的代表團還待在城裡的飯店，還沒回家，我鬆了一口氣。這表示我不必面臨被她和摩根一起興師問罪的風險，尤其是我不想用僅存的一點精力跟她解釋為什麼我只是需要睡覺。幸好，我還有姊妹托絲當緩衝劑。隨著我們靠近那棟房子，我的心情開始放鬆了一點。我心想，這是我買給母親和家人住的房子，讓他們安穩生活的地方。如今我卻成為最需要它的人。先前為家裡任何需要落腳處的人設計了一間客房，我知道現在肯定派得上用場，甚至已經可以在腦海中想像出房間的溫馨。我只想在母親進屋之前吃點東西，上樓，關門，然後倒頭大睡。

　　當我們走進屋子，我努力掩飾自己有多麼狼狽，尤其在我外甥麥克面前，他還住在那裡。他只是個孩子，已經和他的毒癮媽媽度過那麼多是非風波。我不想讓他再經歷我、我們所有人遭受過的創傷記憶。但我也恐慌了起來，意識到自己現在已經與紐約市和我真正的家隔絕開來了。我沒有自己的司機，摩根在身旁，而且母親隨時會回來。他們二人組合可能陰險狠毒、操縱人心。我感覺自己盪來盪去，逃離了房子，又回到小屋裡。我現在身處於他們的世界，過去和現在的感覺都沒變，總是令人不安。

　　房子裡瀰漫著災難與狗毛的味道。我環顧四周凌亂不堪的雜物（我向來不喜歡母親打掃家裡的方式，這就是為什麼我總是安排清潔人員到她家打掃）。我和父親一樣喜歡物品乾淨整齊，雜亂會讓我心

情焦慮。我開始把東西歸位擺好，我經常這樣做好讓自己重新振作。我想，如果能讓凌亂的家裡變得整齊一點，哪怕只是一點點，也能保住自我。但我一直振作不了。

我告訴自己，我不是無能為力。這棟是我成年後買下、設計與管理的美麗房子，我已經不是那個住在簡陋小屋的小女孩。我可以讓這裡變得井然有序。但天啊，我太累了。我想或許是因為某個時間和空間裂縫，讓我們真的回到那間小屋了。我需要睡覺，極度想睡。而且很餓，思緒又開始心頭亂竄。

我去廚房看看能不能弄點東西吃。一般來說，我去探望母親前都會備好所有吃的喝的東西，包含免洗餐盤和餐具，確保每個人都夠吃的量，吃完也容易清洗整理。進到廚房，我發現水槽裡堆滿了髒兮兮的碗盤。我知道專注於某項簡單的任務有助於我穩定情緒。洗點碗吧，那樣做會有幫助。我心想，就這麼辦。我要去洗碗。我要用一個乾淨的盤子吃東西，吃完就去睡覺。

伸手打開水龍頭時，我突然想起，六天了，我已經六天睡覺都不超過兩小時。當我準備執行自己設定的任務時，我的雙手在顫抖。我能聽到胸口的心跳聲撲通撲通。我在幹嘛？洗碗，沒錯。似乎過了很長一段時間，我終於洗好一個盤子，放到架子上。接著拿起沾滿泡沫的碗，但我感覺它從我指尖滑落，嘩啦一聲掉到地板。我又試了一次，結果拿一個掉一個。最後不得不打掃地上的碗盤和水滴。水流聲、鍋碗瓢盆的鏗鏘聲和他們的講話聲，聲聲交錯。我發瘋似地想把所有東西都收拾乾淨，在母親回家以前離開視線範圍。我彎下腰，想撿拾地上盤子，燈光頓時暗了下來，聲音也漸漸變小。周圍空間變得越來越窄，我開始失去意識，昏過去一下子，但在完全昏倒之前又馬上恢復。

我整理完了。湧現的焦慮感消失，但我的每一滴精力和每一盎司

意志力也隨之消失。不過呢，要是無法自然入睡，昏倒也沒關係。在托絲的攙扶下，我跌跌撞撞爬上樓梯，朝著客房走去，還沿路撿拾階梯一團團狗毛（雖然意識不清晰，但生活習慣倒清醒得很）。我是筋疲力盡的流亡者，心想那裡就是我找到的避難處。一頭倒在舒服的床上，臣服在它的柔軟之中。四周很快變成期待已久一片漆黑，我沉沉睡去。終算得以平靜。

「瑪麗亞！妳在幹嘛？他們在找妳耶！」一個宏亮又誇張的聲音，猛然把我從平靜的水池裡拉了出去。我整個人迷糊又恍惚地驚醒過來，發現母親在我身邊走來走去。我的親生母親把我從將近一星期以來的第一次睡眠中叫醒！更糟的是，她挖我起床是為了告訴我，唱片公司正在找我，要我回去工作。她彷彿不是我的母親和監護人，而是某種機器的代理人，三番兩次把我的收益潛力置於我的幸福之上。那是最後一根稻草。我真的豁出去了。我體內深處有某種東西迅速往上竄，從喉嚨冒出來，那是怒不可遏的凶狠咆哮。

「好了，我已經盡力了！『我已經盡力了！』妳只會說這些！」我模仿她誇張的語氣，對著她大吼。那是我這輩子從她那裡聽到的一次又一次的辯解。經過被窮追猛打的六天，六天躲藏、焦慮和瀕臨死亡、六天沒有休息、六天的心理創傷，我好不容易在自己買的房子裡睡著，卻被自己的母親吵醒。我的母親，她在我辛苦工作買下的房子裡卻可以那麼安穩地休息！

我沒期待過她給我一個擁抱或額頭親吻、煮雞湯或烤餅乾給我；我沒期待過她幫我放好浴缸熱水；我沒期待過按摩、倒熱茶或唸睡前故事。生病的孩子能夠從正常母親那裡得到的任何安慰，我都沒期待過她能給我。我知道我母親沒有那種母性光輝，畢竟處理事情的人都是我。是我照顧她，打點她的其他事情。我沒期待過她會做什麼讓我

感覺舒服一點，但我更不期待她來叫我起床！我的怒火爆發，氣得看不到、聽不見、感覺不到自己的身體。

如同觸發生存反應般，我使出渾身解數挖苦她，惡狠狠地嘲笑她一番。面對極度壓力或創傷時，切換到幽默模式是我從小就養成的一種防禦機制。

「好了，我已經盡力了！我已經盡力了！」我以嘲弄的方式模仿她，一遍又一遍。我試圖用她自己的話來喚醒她，讓她意識到此刻有多殘酷荒唐。我知道這樣做不好，但所有可以阻止我口無遮攔的過濾器全被扯掉。我大叫著：「**我・只・是・想・睡・覺！**」我的所有恐懼、怨恨以及這些年來我看著她背影留下的印象，所有憤怒都隨著我對她說的每句話爆發出來。

「好了！我！已！經！盡！力！了！」我吶喊著。

沒有人看過我這麼生氣，我母親更是從未見過。在我整個童年時期，歇斯底里的人總是摩根和艾莉森。他們會大呼小叫，朝對方亂扔調味罐。他們會打架，會尖叫，會威脅我母親或將她打量。哥哥和父親也曾經拳腳相向。但現在輪到我爆發了，我沒有使用暴力，也沒有口出惡言，但我還是情緒爆炸了，對我來說。

我怒火中燒，歇斯底里地抓狂，但心裡仍想起外甥麥克。我不想讓我們都經歷過的惡性循環繼續下去。我站在他的房門前，把身體擋在母親、我的咆哮和他的無辜之間。在我們來之前，我已經請托絲照顧麥克，我相信她，因為她多年來照顧過無數的外甥姪兒們。我不知道我的家人會幹出什麼事，所以她在房門後安慰著麥克。我大喊：「不能再這樣下去了！我們必須打破這個循環！」

我裝在心裡面所有的恐懼和憤怒，現在都衝著我母親而來，她處於我亟欲打破的惡性循環中心。母親終於見識到我情緒全面爆發的情

形，但她沒有準備好去理解它或化解它，甚至連那個笑話都聽不懂，反而覺得尷尬與受到威脅。她甩開困惑，然後一臉冷峻，向我投來一個眼神說，喔，是嗎？妳敢嘲笑我？妳敢威脅我？妳根本不知道妳招惹的是誰。

母親感到害怕時，那股從歷史證據得到白人永遠受到保護的強烈自信就會啟動，她經常打電話給警察。她曾經好幾次為了我哥、我姊、甚至我姊的小孩而報警。我母親報警不一定是她感到威脅的時候。某年聖誕，我帶著家人來到亞斯本。那是離開辛辛莊園的第一年，我決定打造自己的終極聖誕傳統，因此帶上整個凱莉家族出遠門。對我來說，聖誕節代表家庭。我租下一棟房子，這樣就可以好好佈置，煮點家常菜，想的話我們可以盡情歡唱聖誕頌歌，我還安排家人入住一間頂級飯店。

有一次，我們都在那棟房子裡玩，摩根喝得酩酊大醉。當他消失了一段時間之後，我母親直接切換成她一貫的戲劇性口吻。「摩根在哪兒？」她大聲叫喊。「我找不到摩根了！」提醒一下，此時的摩根已經是三十多歲的成年男子，但我母親仍處於自我誘導的恐慌裡。「我找不到摩根！」她多次打電話到他的飯店房間，但沒有人接聽。那麼接下來，她做了什麼呢？她居然打給警察。我母親在科羅拉多州 26 亞斯本打電話給警察，來找我那個非白人、有時販毒、問題人物、酗酒的哥哥。警察來到飯店，過程簡直是一場大鬧劇。她要求警察撞開他飯店房門，結果發現摩根一絲不掛，光著屁股醉倒在床上。這項消息如野火般傳遍整個小鎮，然後，各位觀眾，這是摩根與打電話給警察的媽媽最後一次受邀來亞斯本與我共度聖誕節了。我真的不

---

26 譯註：該州黑人居民比例非常低。

想要太多聖誕禮物，特別不希望警察來訪。

於是，在韋斯切斯特郡的那晚，她也報警來抓我。

警方火速趕到，如同他們在富裕白人區的一貫表現。母親開了門，我聽見一位警官問，「有什麼問題嗎？女士？」

「對，我們碰上麻煩了。」她邊回應，邊歡迎兩位白人警察進屋。我看得出來他們好像有點認出我，儘管我仍處於激動狀態，看起來狼狽不堪。我稍早才暈倒在床，近一個星期以來第一次沉沉睡去。在一陣混亂動盪的激烈爭吵中，我迅速將頭髮挽成髮髻。身上穿著緊身褲和 T 恤（就像一般人準備休息的居家裝扮）。我稍微整理了一下儀容，任何人在警察介入時都會如此。但我沒有戴上我的超級巨星面具，幾乎所有人都是從那副面具認識我（當然，除了小羊家族以外）。卸下光鮮亮麗的外衣，我的確顯得慌亂不安，也許有點失控或精神不濟。

雖然嚴格來說警察是在我的房子裡，但他們注意力都在我母親身上。她給他們一個莫名、會意的眼神，感覺相當於祕密社團的握手，某種白人婦女遇險時與警察的密碼。她一直遭受藐視，而我竟敢挑釁頂撞她。我對她咄咄逼人，把她嚇壞了。他們清楚接收到她的信號。這是他們的訓練，這個密碼存在她的文化裡，這裡就是她的世界、她的人、她的語言，她擁有掌控權。即便是瑪麗亞．凱莉，也無法與一位默默無名、遇險的白人女性競爭。如果能給我一、兩天的休息時間，我一覺醒來就會準備去製作影片；但現在我卻站在這裡，和警察一起在我母親（實際上是我的）房子裡。

最可怕的是，我累到感受不到我的能量來源。我母親、摩根和警察的負面能量（整個場面）擋住我的光。我需要去看看托絲。她的生命中也有一位偉大的神，如果我無法接近我的神，我想也許我能感受到她的神。我相信她能以姊妹般、靈性方式讓我感到安全。我想緊緊

抓住她，但她也真的很害怕警察。能怪她嗎？完全可以理解，因為她是整間屋子唯一顯眼的百分之百黑人。多年來，她已在布朗斯維爾公共住宅成功躲過與警察的麻煩，她要怎麼向她母親解釋，她在富裕郊區被逮捕，還被關進某個上州監獄？天曉得他們會在那裡對她幹些什麼（這是發生在「黑人的命也是命〔#BlackLivesMatter〕」與手機興起之前的事，但即使一場民運也阻止不了大部分的暴行）。所以托絲盡量讓自己和麥克遠離混亂，避過旁人耳目。面對兩名白人警察和一位白人婦女，托絲知道自己身處劣勢，完全無能為力。由於摩根長久以來與警察的關係不佳，所以他一直低調躲在我們稱為「愛爾蘭窩」的小房間裡。沒人試圖向警方解釋這只是一場家庭糾紛。一切都很好，我只是過度勞累，發了一頓脾氣。我需要的是有人照料，不是條子來關照。可是沒人替我辯護，警察只看到一位受驚嚇的白人婦女待在整間都不是白人的屋子裡。

被背叛、羞辱，重新經歷兒時那種被疏於照顧與創傷的感覺讓我不堪負荷，我放棄了。雖然並不是說我還有什麼反抗的餘地，但我知道不該跟警察硬碰硬。我受夠了。很諷刺，此時我反而慶幸警察把我帶離這個充滿傷害與背叛的房子。我哥哥誘騙我回到了我小時候，他、我姊姊以及我母親都經歷過的那種不健全家庭的深淵；我母親偷走我的睡眠，然後把我交給警察當局。除了投降，別無選擇。我同意警察把我從自己的房子帶走，只有一個簡單的請求，讓我把鞋子穿好。我的家人也許能奪走我的驕傲、我的信任以及我最後的精力，但他們奪不走我的尊嚴。

我踩上高跟鞋（八成是雙穆勒鞋），梳理一下馬尾，塗了一點唇膏，坐進警車後座。被警察拖走當然心裡不舒服，但我被打敗了，需要採取任何必要手段離開。堅固的坐墊與車內的防彈戒護給人一種扭

曲的安全感。我的身體想起它仍然非常需要休息。摩根溜進後座，坐在我旁邊。

我看著他，內心被掏空，無法接受我的家人剛才對我所做的一切。完全無法置信。恨不得把痛苦丟給別人，把問題怪罪到一個替補的反派人物身上。我回想這一切的開端，究竟是從什麼時候開始分崩離析？

我迷迷糊糊低聲地說：「一切都是湯米‧莫托拉的錯。」

摩根瞇起眼，又露出陰險的笑容。「沒錯，」他點點頭，「沒錯。」

我們驅車駛入黑暗。

32 情緒崩潰

　　那晚我並沒有「精神崩潰」，我是被原本該讓我心靈完整的人搞到崩潰的。我知道附近有個當地稱為「水療中心」的地方，我問警察能不能帶我去。他們答應了。雖然不熟悉那裡的服務品質或評價，但我想至少終於可以好好睡一下，吃點營養的食物，也許還能得到一些醫療照顧。經歷這麼多，我非常擔心自己的身體狀況，我知道自己需要從剛剛經歷的複雜心理創傷中復原。我的身體在這裡，但我的心理、情緒以及精神完全斷電，現在處於一種保護模式。

　　我記得自己從警車走出來，在停車場踱步，雖然清楚那個地方不是我的歸屬，但我家人的家也不是我的歸屬。我不知道自己的歸屬在哪裡。經過漫長而昏沉的掙扎，摩根說服我走進去，我毫無知覺。我簽字進去，以為我也可以簽字出來，完全不知道自己簽的是什麼。和幾位員工談過之後，摩根把我留在那裡。那個地方的空間大小、顏色、氣味、人們的名字、長相，這些細節我都沒什麼記憶。有人把我帶到大廳盡頭的一個小房間。我注意到房間沒有窗戶，儘管實際可能不是如此。有扇門把我關進去，裡面有張床，我全身緊繃蜷縮在床上。

　　恐怖的事來得很快。

　　我可以聽到遠處傳來拖把使勁在地板摩擦、甩動所發出的沉悶聲響，還有幾位年輕女孩壓低音量、交頭接耳的講話聲和笑聲。每隔一會兒就清楚聽到她們說「瑪麗亞‧凱莉」。拖把發出的聲音和人聲越來越近，越來越大，就在我的門外。她們的笑聲一直在我腦中迴盪。

我把身子縮得更緊,閉上眼睛,試圖就此消失。沒有解脫的感覺。我非常害怕,而且完全獨自一人。祈禱沒有得到回應,陪伴我的只有恐懼。像我這樣躲在門後的其他人,他們驚慌而嗚嗚咽咽的哭泣聲從未停止,隨著折騰的夜晚緩慢爬向黎明。

到了隔天,既沒有休息到,腦袋也昏昏沉沉,但我不再完全麻木無感。我知道自己需要療傷、平靜、治療、食物、休息和復原。我需要受到照顧,前一晚草率選擇去最近的地方顯然不是正確的決定。腦袋被一連串的問題轟炸:我的錢包在哪裡?我的東西在哪裡?我他媽的在這個亂七八糟的鬼地方幹嘛?還共用一個我嚇得不敢尿尿的廁所?怎樣才能離開這裡?

這裡明顯不是什麼水療中心,根本沒有治療或恢復身心的作用。這裡更像是監獄。四處都是困惑的年輕人,難以管束,令人不安,簡直是個高檔的青少年拘留中心。食物難吃死了。我的大腦快速運轉回想。我母親真的報警來抓我嗎?羞辱我?真的押送我離開我買的房子?我現在真的在這個冒充「水療中心」的機構嗎?

最可怕的是我無法控制自己的處境。我沒有車,沒有隨身物品,沒有錢,沒有呼叫器可以跟我認識的人聯絡。只有一台公用的付費電話。趁沒人注意時,我試著打電話給幾個人,但都沒有回應。這裡毫無隱私,我四處走來走去,像是洩了氣的瑪麗亞.凱莉,專業形象的面具和能力被剝奪,完全暴露在天才曉得會發生什麼事情在地方。

雖然對於自己與醫護人員和其他病患的互動記憶大多很模糊,但我清楚記得自己被帶進一個簡陋的小辦公室,感覺像是警察偵訊室,由一位年長禿頭的白人主管隨意進行個案初談。我顯然依舊心煩意亂,難以立即說明前一晚在那棟房子裡發生的誤會,以及我面臨的所有沉重且嚴苛的工作義務。我繼續說我得去拍音樂影片、要準備《星

夢飛舞》的首映、說很多人需要我回去工作。我整個人焦慮不已，這個男人不理解這些事情的重要性讓我相當沮喪。他不僅毫不在乎，還心懷敵意。

「看來你需要服一劑謙虛藥。」對於我所說的事情，他給了一個傲慢的答覆。噢，他非常愛講這句台詞。這是非常明顯、可悲的奪權行徑。我幾乎可以看到他洋洋得意，自以為已經把這位歌后撂倒，喜歡看巨星殞落的可不只有八卦小報。我毫無防備，前夫在背後捅我一刀，親生哥哥和母親也在我心裡捅了一刀，他們把我丟在某個鬼地方任憑我血流不止。

我想要簽名離開這裡，但令我害怕的是我發現我居然走不了。我不知道我哥哥跟工作人員說些什麼，但大家都以為我已經失控、喪失理智（而且很多人似乎在看好戲）。最後跑了幾天繁瑣的流程和文件，我才得以脫身。

我知道摩根和母親一直互換情報，而且我強烈懷疑他們策劃整起事件。後來當我回到犯罪現場，回到我母親的房子（更正：是我的房子），狗仔隊「碰巧」在樹林裡迎接我。次日《紐約郵報》（*New York Post*）的封面是一張我的照片，拿長鏡頭透過樹林偷拍來的，我身穿睡衣、戴著深色小墨鏡、綁著凌亂的包包頭，正用吸管喝果汁。照片印上斗大的標題「全球獨家！取得瑪麗亞第一手照片」。

我母親很激動。她驚呼：「妳看，就像瑪麗蓮‧夢露！」（並沒有。）《每日新聞》（*The Daily News*）的封面甚至提到她：「瑪麗亞情緒崩潰！天后失控，母情急撥打九一一。」當我和巡演經紀人一起回去那裡拿我的東西時，母親一身單調的家居服，坐在門廊地板上，在雨中玩著抓石子遊戲，看起來神情恍惚。我的巡演經紀人感覺有點嚇到。多麼可悲的諷刺。

她看到八卦報導幸災樂禍的樣子，我一點也不意外。即使我從小就是不會破壞任何規矩（違反法律或酗酒）的孩子，但母親似乎仍無法由衷讚美我成為一位傑出的藝人。有時我甚至懷疑，她是不是見不得我成功。我經常覺得她的笑容裡夾雜嫉妒的情緒，但我還是讓她參與我人生中的許多大事。

❈

獲得國會獎（Congressional Award）是我職業生涯中最大的一項榮譽。我曾夢想在音樂或表演方面得到葛萊美獎和奧斯卡獎，但能夠因為服務他人而受到自己國家表揚，是我作夢也想像不到的殊榮，而我的志向遠大。我是一九九九年國會地平線獎（Horizon Award）的獲獎人，該獎項旨在獎勵致力於促進青少年個人發展的慈善工作，此次是表揚我透過清新空氣基金會成立的「瑪麗亞營隊」（Camp Mariah）。我從未深入參與過政治活動，當時真的不太理解這個獎項與獲獎的意義。這是絕無僅有的兩枚由國會立法頒發的勳章之一（另一枚是榮譽勳章〔Medal of Honor〕）。我和前國務卿柯林・鮑爾（Colin Powell）共同受到表彰。

我們受到貴賓般的款待，頒獎典禮前還有一場非常優雅、正式的晚宴。我和母親周圍都是兩黨重量級人物，包含湯姆・謝立克（Tom Selleck）、前共和黨參議院多數黨領袖特倫特・羅特（Trent Lott）、前民主黨眾議院多數黨領袖狄克・蓋哈特（Dick Gephardt，他參選過幾次總統）。這是少數幾個兩黨都將政治立場擱置在旁，以美國人身分自豪地參與的活動之一。這天夜晚，在滿屋子的政客中，大家都明白不會有人談論政治（連我都知道）。一個從小覺得被社會排擠的

小女孩如今能在世界上備受尊敬的場合獲得尊貴的一席，我引以為豪。

我幫媽媽打扮得漂漂亮亮：從髮型設計到美甲，再到專業彩妝，還買了全新別緻的禮服，應有盡有。這是呈現我們最好一面，展現良好言談舉止的場合。

嗯……

從紐約飛往華盛頓特區的短程飛行途中，她已經先乾了幾杯雞尾酒，然後晚宴期間繼續縱情豪飲。隨著酒精後勁開始發作，她的禮節也逐漸消失。她高談闊論起自己的政治觀點，任何人在這樣的盛會上都絕對不會這樣做，即使是完全清醒的狀態。她從表達想法演變成辱罵，最後化成輕蔑而令人不安的激烈言論。每個人都知道不能做的事，現在我母親正全神貫注進行中。我覺得非常丟臉。

我的保鏢靠過來低聲說：「我們得讓她離開這裡。」我同意。他們迅速將她帶離用餐區，把她藏在靠近頒獎典禮舞台的我的更衣間。時間顯然抓得剛剛好，因為有人告訴我，她被帶進那個房間就開始大叫「我討厭瑪麗亞！我討厭我女兒！」等到我離開餐桌去看她狀況如何時，她整個人已經爛醉如泥了。

我溜回我的座位，一臉笑呵呵的樣子，彷彿一切都很好（上帝知道我經過多少次的偽裝練習）。兩位來自清新空氣基金會的年輕黑人女孩陪同我走上舞台，感謝她們支持我達成今晚的目的。我順利完成得獎感言並接受獎項。當我走下舞台，顯然必須盡快把我那位憤怒又醉醺醺的母親帶離會場，因為她現在正大發脾氣。我的保鏢迅速將她抬上車，送到機場，搭上飛機。在機上，她仍然穿著我買給她的設計師禮服，溜進她的頭等艙座位，繼續喝酒，嘴裡嘟囔著：「摩根是我唯一愛的人。摩根是唯一愛我的人。」保鏢將我母親安全送到家，扶

她躺到床上。我獨自坐在轎車後座,一身黑色絲綢長禮服,抱著自己國家授予的獎章,我哭了。

她也許已經喝到斷片、神智不清,不知道自己做了什麼、說了什麼,但我卻不得不經歷這段悲傷、尷尬與痛苦的過程。翌日早上,我很擔心她的酒後表現會被媒體大作文章。結果沒有。我保護了她。我不知道誰見過她,但欣慰的是她在國會的災難舉止並沒有登上八卦小報。

她沒有打電話道歉。她一句話也沒說。

�֍

當瑪麗亞・凱莉是一項工作,是我的工作,而我必須回去工作。我知道眾人的眼睛和鏡頭無所不在。我需要有人照亮出路,協助我走出那個已經變得漆黑的地方。那時候我只信任少數的人,所以在我能夠順利走出陰影籠罩的「樹林小木屋」之前,我向我最信任的朋友兼化妝師克里斯多福・巴克爾(Kristofer Buckle)求助。他讓我振作起來,為我重新補上一層公眾形象,與我一起走到陽光下。

雖然受了傷,但我還是回到了曼哈頓頂樓公寓,因為還有很多修復需要完成。我當時仍然相當虛弱,非常擔心我與維京唱片新簽訂的鉅額合約狀況,而且距離《星夢飛舞》的發行日只剩短短幾日。可想而知,關於我「情緒崩潰」的新聞報導讓每個人都感到震驚,尤其是我自己。我的情緒或精力都尚未恢復,依然身處噩夢之中,摩根仍握有很大的掌控力。但我當時還不認為他是操控木偶的人,我依然對他抱有一絲絕望、扭曲的信任。他說了句「羅伊小子的生日」,讓我從在飯店尖叫的狀態中清醒過來;警察來到韋斯切斯特郡家中時,他不

在視線範圍；他陪我一起去了「水療中心」。所以我還沒把他和目前發生的災難連結起來。說好聽點，他似乎是盟友；說難聽點，他似乎是無辜的旁觀者。我需要有人陪我，我需要相信不是每個人都對我不利。

對哥哥的崇拜在我還是小女孩時就已蕩然無存，但我一直試圖重建對他的敬意。雖然那時我看不清局面，但兩人關係顯然無藥可救。如果當初我頭腦清醒點，或者底下哪個員工看得更清楚，就會有專家和專業人士團隊在我家一字排開替我進行評估與治療。我確實有必要躲在真正的水療中心幾天，在那裡至少可以獲得一些休息、健康養身的飲食，或許還有護膚療程，這些都是我去第一個地獄般的「水療中心」路上想做的事情。我也想藉機整理思緒，保護自己（與唱片公司）不受到聳動標題的傷害。

摩根建議我去他目前住的洛杉磯，說那裡有真正的水療中心（真的），而且沒有紐約的新聞媒體（這也是真的）。在洛杉磯享受水療似乎是不錯的主意。我讓摩根安排行程（無論何時來看這都不是個好主意，但我已走投無路）。

我們抵達洛杉磯後，聽聞艾莉亞（Aaliyah）的悲劇意外驟逝[27] 讓我的焦慮和迷惘加劇。就在幾天前她才對媒體說：「我明白這個行業不好走，壓力很大。我非常喜歡瑪麗亞凱莉，希望她能盡快好起來。」她的逝世震撼整個音樂界，節奏藍調與嘻哈圈也大受打擊。她是我們真正的小公主。

發生太多事情了，我還無法理解這些對我造成的傷害有多深。摩根隨便找了一位說會幫我們的傢伙。我記得好像在高速公路開了很久

---

27 譯註：因墜機而身亡，得年二十二歲。

的車，最後停在一個根本不像水療中心、更像是勒戒所的地方。我仍處於極度疲憊的狀態裡，所以雖然我並不開心，但我也沒有抵抗。摩根甚至誇張地說：「來嘛！會很有趣的。」一點也不有趣。這是我人生最痛苦的時刻之一，而我已經經歷過好幾次。

我又一次控制不住局面。我無法為自己發聲，即使說話也被忽略、聲音被蓋過去。

在洛杉磯的水療中心原來是一個硬派作風的勒戒復健機構。他們對我做的第一件事就是讓我服用大量、高強效的麻醉藥物，那是顏色像 Pepto-Bismol[28] 腸胃藥的超大藥丸。剛開始我拒絕服用，但我沒有力氣反抗到底。我太虛弱了。我想，也許我可以小睡一下。（女孩需要安眠藥時，安眠藥在哪？）最後我確實睡著了，只是睡得斷斷續續。藥物讓我喪失一切儲備的反抗精力與意志，把我心中神聖、充滿光芒的神推到更陰暗之處，讓我變得反應遲鈍、身材浮腫、而且聽話順從。

我大部分時間都精神恍惚。

身上穿著醜得要命的某機構套裝困在這裡，我覺得身心疲憊、心力交瘁。已經好幾天沒有保養，這讓我的臉變得很脆弱。這就是化妝的功能，即使只是化個自然的妝容，也可以當成戰鬥的保護色，讓人形成一股無形的力場，對我來說通常很有效。化妝可以保護我，不讓別人深入我的毛孔和皮膚看到真實赤裸的我，但我在那個地方沒有這種的保護層。

某天早上，我待在黯淡無光的房間裡，感覺昏昏欲睡。這時有位護理人員走進來，把我帶到公共區域。這裡擠滿了工作人員與囚犯（我是說，病人），所有人都默默盯著大電視看。螢幕畫面看起來像

---

28 譯註：藥錠或胃乳為粉紅色。

是我在紐約市頂樓公寓，從廚房窗戶看出去的天空景色，但此時這幅畫面被蒙上一層灰灰白白的濃霧。閃耀銀色光輝的雙子星大樓頂端迸出了橘紅色火球，宛如以明亮藍天襯托的流星。接著，那個引以為傲的地標型建築物從內部開始崩解，以令人痛苦的慢動作接連轟然倒塌。我一直服用的藥物安撫不了眼前正在經歷的震撼。那一瞬間，我的神情呆滯，望著壯麗的天際線變得支離破碎。我的家鄉正在燃燒和崩塌，我卻遠在幾千英里外，被困在一個陰鬱的勒戒所，受到藥物控制、身心摧殘，而且孤獨一人。

我僵在原地，目光緊盯著眼前恐怖畫面，突然有位工作人員拍了拍我的肩膀。他們告訴我，報導說恐怖份子攻擊了世貿中心，他們現在要釋放我，我可以走了。說得好像我突然間奇蹟似不再需要被關或服用鎮定劑，我不再發瘋和失控了。

只因為恐怖份子襲擊美國，「情緒崩潰的歌后」不再是有趣的話題，所以我就可以神奇地「康復離開」？（有事嗎？）但我沒有問太多。對我們所有人來說，那天就像世界末日來臨。如果這就是末日，我想快點離開這個地方。在那裡、離開以及遭受恐怖攻擊與混亂，這段期間我都沒有意識到那天就是《星夢飛舞》原聲帶的預定發行日。

突然從「復健中心」獲釋、《星夢飛舞》原聲帶發行日以及九一一恐攻，全部同時發生的巧合一直縈繞在我心。在科幻恐怖電影中，末日預言發生時不是會有位孤獨的倖存者四處徘徊、調查災情嗎？那就是我在洛杉磯溫暖多雲天氣的情況。二〇〇一年九月十一日，我從充滿毒素的勒戒機構走出來。洛杉磯是堅固的城市，但我卻搖搖欲墜。我感到孤獨、無依無靠，只剩下軀殼。我住進一家飯店，享受數週以來第一次不受打擾的休息。休息後恢復了一丁點體力，我終於能去真正的水療中心，因為我仍得「盡全力」去準備《星夢飛舞》電影

首映，距離首映只剩十天。

　　雖然過程記不太清楚了，但我還是有讓自己振作起來。我做了一些挑染，修剪頭髮，吹整造型。穿上一件單肩小可愛，就像我在《星夢飛舞》海報上面的那樣，只是前側有一面耀眼的美國國旗，以紀念受害者和無名英雄們。下半身搭配款式簡單的低腰牛仔褲，打起精神、面帶微笑走上韋斯伍德村戲院（Village Theater in Westwood）的紅地毯。很幸運有很多孩子和年輕人來參加首映，因為他們是我預期的觀眾。《星夢飛舞》不是針對嚴格的電影迷和藝術電影愛好者製作的片，它是一部不盡完美、趣味的普遍級電影。

　　《星夢飛舞》的票房慘澹，很大原因是國家還沒從九一一恐攻的衝擊走出來。傷痛尚未平息，沒人有心情去看純屬娛樂性質的《星夢飛舞》。出於對我們集體哀悼的尊重，大家可能以為媒體的目光也會從我身上轉移開，但跟拍情況似乎只是變得更嚴重。《星夢飛舞》首映會結束後，我留在洛杉磯準備《聲援九一一：向英雄致敬演唱會》，緬懷在攻擊事件中喪生的數千人。在喬治・克隆尼（George Clooney）的召集下，這將是我從那個家人、警察及勒戒所惡夢走出來的第一場表演。娛樂界的大牌巨星如湯姆・漢克斯（Tom Hanks）、歌蒂・韓（Goldie Hawn）、布魯斯・史普林斯汀、史提夫・汪達、拳王阿里（Muhammad Ali）、搖滾樂團「珍珠果醬」（Pearl Jam）、保羅・賽門（Paul Simon）、比利・喬、勞勃・狄尼洛等人都站出來，以身為美國人團結一心。我唱了〈Hero〉，因為美國人——這些第一線搶救人員和許多勇敢的無名人士向世界展現出真正英雄的模樣。我當初寫這首歌的時候，從沒想過在如此可怕的歷史時刻，它的意義竟會如此重大。

　　我很想趕快回到紐約。這座城市在恐攻事件後馬上恢復運轉，重

新振作起來，令人相當感動，我也迫不及待想讓我的生活回歸正軌。但我還沒辦法回到我的頂樓公寓，因為基於安全與防禦考量，大部分曼哈頓下城區仍處於封鎖狀態。所以這段期間我待在一家飯店，不讓家人與其他人接近我。我正努力從他們製造的惡夢中醒過來，而我必須自己找人幫忙，我拼命想要恢復正常。

我找了一位在紐約上州的心理治療師。專業資歷深厚，敏銳度夠高。他的洞察力不僅靈敏，而且讓人感覺舒服，我覺得他有一種現代版白人佛陀的氣息。在他合格專業的照料下，我終於能夠慢慢卸下稍早經歷的那些令人沮喪、非人性的折磨。失去能力、被母親和哥哥送進一個可怕且不恰當的機構，同時媒體又來破壞我的名聲，那段期間簡直是我的末日。

我的心理治療師說出了我多年來一直感到身體不適的病名。那些被小朋友和老師羞辱而產生的噁心感、蕁麻疹發作、湯米壓力引起的上背部和肩膀嚴重疼痛、對哥哥的恐懼所引起的暈眩和反感，所有我承受的、對我身體造成傷害的心理壓力都有一個名字——那就是體化症（somatization）。長久以來的問題終於有個極受重視的專業名稱，證實了我當時的身體狀況都是真的。突然間，一切變得如此真實。事業是我的一切，卻因為母親、哥哥以及湯米差點被奪走。坦白說，我覺得他們差點毀掉我，差一點，但他們沒有毀掉我或我的靈魂。他們並沒有對我的理智或靈魂造成永久的傷害。可是，神啊，他們真的試圖這樣做。

沒有什麼比從逃過死陰幽谷，帶著重生光芒回家更令人感到強大的了。找回自我、回歸上帝，一路走來並不容易，但我已經重新站起來，邁步向前。我決定，從今以後再也沒有人可以阻止我，或者再次奪走我所有的力量。

在心理治療過程中，我安然無恙走出心寒的求生模式，我感到他媽的極度憤怒。我提供周遭每一個人援助，他們竟然厚顏無恥把我扔進勒戒所，給我藥物，試圖控制我的人生。當我告訴心理治療師整個事件經過，他向我保證我絕對沒有發瘋。他說，頂多是「天后症狀發作」（diva fit）。考量到我所經歷的種種，精神沒有受到永久性的傷害實在是奇蹟，但我可能永遠都得與創傷後壓力症後群對抗。他還明確表示，我完全有理由生氣。他非常坦白地建議我，好好檢視金錢在我和家人相處過程中扮演什麼角色。我太沉溺於童年的回憶、背叛以及我曾經對每個人的愛，所以對動機視而不見。母親與哥哥選擇與唱片公司站在同一邊，而非選擇保護我、為我的幸福發聲，他們在我簽下史上最大筆個人唱片合約後立即宣稱我情緒不穩定，試圖將我送進勒戒機構，這些都不是純屬巧合。我可以接受我是唱片公司的金雞母，畢竟我是「看板歌星」。這只是圈內的稱呼，聽起來可能低俗骯髒，但重點是我很清楚音樂產業是殘酷無情的行業。雖然我沒有與母親或兄弟姊妹簽訂商業協議，他們卻樂於像唱片公司和媒體一樣，把我帶去屠宰場任人宰割。

我很久以前就知道，在家人眼中我是一台「戴著假髮的提款機」（我替自己取的綽號）。我給了他們那麼多錢，而且給母親特別多，但依然不夠。他們試圖摧毀我，為的是完全掌控我。心理治療師清楚講出一點：要是他們能證明我的情緒不穩，勢必認為這樣他們就能順理成章代理我的事務。他教我以客觀角度看他們：他們是怎麼看待這個世界的？他們從未有過一份真正長久合法的工作，為何仍覺得世界虧欠他們？我們家每個人都有不同程度的痛苦經歷，但我們面對人生的方式截然不同。我不認為這個世界虧欠我什麼。我只是相信，我會用自己的方式征服我誕生的世界。當我工作到筋疲力盡的時候，他們

只是袖手旁觀，像禿鷹般等待我倒下，這樣就可以掌控我努力協商、經營、打拼奮鬥而來的財富。

❈

多年以後，這樣的互動模式依然存在，一如既往。我的家人沒有改變。人們常說，精神錯亂的定義之一就是一遍又一遍重複做同樣的事情，卻期待會有不同的結果。而我的精神錯亂是允許同樣的人，一遍又一遍重複做同樣的事情來糟蹋我。「請改變一下妳家人的角色。」這是我的治療師最後提出的簡單而強烈的建議。雖然我改變不了母親、哥哥和姊姊的個性，但我有能力去改變生活上描述他們的方式。因此，為了保持理智與心靈平靜，我的治療師鼓勵我改變稱呼，重新定義我的家人。所以我將母親改稱為「派特」，摩根改稱「前哥哥」，艾莉森改稱「前姊姊」。我必須停止期待他們有天會奇蹟似變成幻想中的媽媽、哥哥與姊姊，我必須停止再讓自己受到他們的傷害。這個作法很有幫助，完全斷絕與前哥哥和前姊姊的往來對我的身心無疑是比較安全的作法。另外，與派特的情況相對複雜許多。我的內心和生活還是為她預留一點位置，但必須保持適當距離。要與生育我的女人劃清界線並不容易，這是我目前正在進行的工作。

❈

走過崩潰之後，我得到了祝福。那些痛苦紛擾與創傷不只在情感上，心靈上也承受不少，因此我需要為我的靈魂尋求醫治，而且我深知自己必須恢復並重建與上帝的關係。我永遠感激那個時候遇到了我

的牧師克拉倫斯‧基頓（Clarence Keaton）。我是透過托絲認識他的。我們曾經一起去真敬拜教堂全球總部（True Worship Church Worldwide Ministries）參加禮拜聚會，就在紐約東城的路易斯粉紅之家（Louis Pink Houses）公共住宅對面。我和托絲還一起在那裡重新受洗。我在真敬拜教堂開始研讀聖經，參加為期三年的密集課程，將舊約到新約全部讀完。我做了筆記，把那些醫治人心的經文記下來。

　　基頓牧師曾是一名桌球高手，在成為牧師之前過著完全不同的生活。他已經得到了鄰近居民的尊重，那時候在光天化日之下躲避子彈的情況並不罕見，所以他有保護措施，人們也不會去招惹他。教堂提供我安全的保障，教友也尊重我的隱私，都有牧師看守著。我在教堂裡找到朋友，從我的牧師那裡得到家人，他待我如女兒。他經常找我聊天，即使在他生命最後階段碰到健康問題的時候。

　　能夠邀請基頓牧師來為我的歌〈I Wish You Well〉和〈Fly Like a Bird〉助唱，穩固他作為我人生乃至於世界上最偉大屬靈導師的精神遺產，我感到非常榮幸。他在於二〇〇九年七月三日安詳主懷之前，和真敬拜教堂唱詩班與我一起在《早安美國》節目上演唱了〈Fly Like a Bird〉。

　　在上帝那裡有了一個家使我重返光明之中，但是派特無法理解。她在我的黑莓機留下一則冷嘲熱諷的簡訊：「妳跟妳的新朋友還有最近參加的禱告活動是怎麼回事？」我的原生家庭不明白如此親近上帝代表什麼意思，但我必須這做。回到上帝身邊是我逃離死陰幽谷的唯一出路。我相信我的前哥哥姊姊都去過他們的地獄，也許仍困在原

地。他們藉由毒品、謊言和陰謀尋求解脫，卻似乎只是越陷越深，變得更加怨恨我。但我依然會為他們禱告。

Maybe when you're cursing me

You don't feel so incomplete

But we've all made mistakes

Felt the guilt and self-hate

I know that you've been there for plenty

Maybe still got love for me

But let him without sin cast the first stone brethren

But who remains standing then

Not you, not I, see Philippians 4:9

So I wish you well

——"I Wish You Well"

　　於是，我逐漸克服了家人拉我進去的黑暗時期。而且經歷了所有鳥事之後，〈Loverboy〉最後成為二〇〇一年美國最暢銷的單曲。**這就是真實的我。**

第四部　解放咪咪

33 我的表親維尼

　　在整個《星夢飛舞》電影與原聲帶慘敗之後，維京唱片感到非常驚慌，想要修改我的合約，這讓原本的意義大打折扣。他們覺得沒有理由把錢都花在這樣一個「不穩定」的人身上。簽下我的人被解雇了，維京唱片從英格蘭找來兩個新人取代她。我還記得我坐下來與他們協商的第一天，基本上他們真他媽的糟透了。他們嘗試改變協議，所以我知道我必須離開那裡。

　　進入維京唱片似乎是一場勝利，因為當時的我不顧一切想離開索尼。維京唱片雖然規模沒那麼大，但它是一家獨立音樂廠牌，我知道它對旗下藝人藍尼・克羅維茲與珍娜・傑克森的照顧有多好。他們之所以提供我這麼好的待遇，一部分是因為他們不像其他唱片公司那樣手段精明具有影響力，當然也不知道索尼和其他大型唱片公司所知道的行銷策略。他們不拘一格，並且認為我是耀眼的大明星。起初我會選擇維京唱片而不選擇競爭更激烈的大型唱片公司正是因為他們提供的合約，但現在他們想要「調整」合約，共事成員又換來新的一批，我實在沒理由留下來。所以當他們提供一份修訂後的協議，內容是他們將減少支付給我的報酬、增加更多的控制權時，我拒絕了。

　　不過，環球音樂集團總裁、唱片界大人物道格・莫里斯和有遠見卓識的嘻哈音樂高層萊爾・寇恩（Lyor Cohen），他們反而來到我的頂樓公寓（自從我和威爾・史密斯在街上遇到寇恩以後，當時他正在唱嘻哈雙人組 Rob Base & DJ EZ Rock 的〈It Takes Two〉，我們兩

人都已經走了一段很長的路）。我們三個坐在客廳，室內擺著瑪麗蓮‧夢露的白色小三角鋼琴。幾杯香檳下肚後，道格宣布：「瑪麗亞，妳知道嗎？我們打算就這麼做。我覺得我們真的應該這麼做。」我感到安心並獲得賞識，雖然他們必須支付一大筆錢才能讓我解除與維京唱片的合約，但他們願意。我心想，去他媽的所有討厭鬼。我還是過得好好的，我還在這裡。我是說，兩位世界頂尖的音樂製作人就坐在我家沙發上，沒有中間人。一切都會變好的。在我經歷所有創傷之後，道格對我展現出的信心、信任以及他對未來令人興奮的願景，種種都讓我重新振作起來。我現在就要這麼做！我不打算像湯米預言的那樣，跟著九〇年代一起死去。我一直知道我能夠比他想像得更強大，我還有很多很多音樂靈感。準備重新開始後，我簽下新的合約。

《Charmbracelet》是我在環球音樂旗下製作的首張專輯。在《Glitter》那場災難之後，錄製《Charmbracelet》是一次恢復與挽救的機會。我依然相信《Glitter》走在時代的前端。在二〇〇〇年代初期，大眾可能還沒辦法接受八〇年代的復古曲風，但我知道它將成為一種潮流。後來真的成為潮流了！我還是熱愛這張原聲帶。非常開心，而且感激不盡，近二十年後，小羊們和我發起了「還給《Glitter》一個公道」（#JusticeForGlitter）運動，讓這張專輯於二〇一八年登上排行榜冠軍。我很高興現在能夠演唱這些歌曲。歌迷們讓《Glitter》重現光芒，再顯璀璨，給予它應有的評價。

在通往自由的《Rainbow》橋盡頭，等待我的是一個天堂、一片綠洲。一點都不誇張，我在巴哈馬群島和卡布里島（一個半隱密、充滿復古魅力的渡假勝地，就像義大利的好萊塢）錄製這張專輯的大部分內容。在巴哈馬期間，我們與肯尼斯‧克勞奇（Kenneth Crouch，傳奇的克勞奇福音樂家族）、藍迪‧傑克森，還有一群才華洋溢的歌

手進行了幾次現場音樂錄音，包含當時與亞香緹（Ashanti）製作許多熱門歌曲的 7 Aurelius。掃除陰霾後，我重新找回自己的甜蜜點[29]，在沉重的嘻哈歌曲中唱出輕快的嗓音。我們所有人都在美麗的巴哈馬群島單純地創作。

我喜歡那些錄音行程。很開心能夠安排這些，因為我需要一個讓一切重新恢復如初的時刻。傑曼和我一起完成了〈The One〉。我想拿〈The One〉當作主打單曲，但道格選了〈Through the Rain〉。這是一首感傷的抒情歌，道格認為它會成功，因為這首歌就像是催淚的故事，正是我在電影《星夢飛舞》失敗後需要的那種重返榮耀的歐普拉時刻。雖然是首好歌，但表現沒有達到應有的水準。唱片公司在「成人當代音樂」流派真的相當投入，我可以輕而易舉完成這類音樂；但就我個人而言，我一直都是喜歡所謂的「當代都會音樂」。

後來我回到卡布里島，回到山上那間舒適宜人的錄音室。那裡真的很棒：沒有汽車、沒有汙染，空氣和能源都很乾淨。當時我還沒有小孩，但小孩子在那裡可以自由自在地奔跑，因為非常安全。那裡只能搭乘渡輪過去，所以是我藏身的絕佳地點，我可以休生養息和專心錄音。有些人會來拜訪我。萊爾曾帶著肯諾（Cam'ron）來這裡錄了一天的〈Boy (I Need You)〉。肯偷抽了一點紫色草葉（大麻），還使用非常有效的餵煙方式（親愛的，基於聲帶考量，我不直接吸）。我們沉浸在節日氣氛中，一起看了梅爾・布魯克斯（Mel Brooks）的電影《帝國時代》（*History of the World: Part I*，我最喜歡的電影之一），笑到不行。

〈Subtle Invitation〉是我在《*Charmbracelet*》專輯裡很喜歡的

---

29 譯註：最佳擊球點。

一首歌。這首歌是一個最佳例子，說明了我如何經常利用生活中發生的小時光，引導出更大的意義，這樣我的音樂就可以連接到世界各地正在經歷不同體驗以及處境和立場不同的人。雖然這首歌講述短暫、轉瞬即逝的戀情，但它並不是一首悲傷怨恨的歌，而是寫給那些失去過愛情但仍對愛情敞開心扉的人。

> *See it's hard to tell somebody*
> *That you're still somewhat attached*
> *to the dream of being in love once again*
> *When it's clear they've moved on*
> *So I sat down and wrote these few words*
> *On the off chance you'd hear*
> *And if you happen to be somewhere listening*
> *You should know I'm still here . . .*
> *If you really need me, baby just reach out and touch me*
> —— "Subtle Invitation"

另一首對我來說很重要的歌曲是〈My Saving Grace〉：

> *I've loved a lot, hurt a lot*
> *Been burned a lot in my life and times*
> *Spent precious years wrapped up in fears*
> *With no end in sight*
> *Until my saving grace shined on me*
> *Until my saving grace set me free*

Giving me peace
Giving me strength
When I'd almost lost it all
Catching my every fall
I still exist because you keep me safe
I found my saving grace within you

—— "My Saving Grace"

　　《*Charmbracelet*》最受歌迷的喜愛。小羊們一直想要「還給《*Charmbracelet*》一個公道」（Justice for *Charmbracelet*），這張也確實是非常好的專輯。曲目包含與 Jay-Z 和 Freeway 合唱的〈You Got Me〉、肯諾跨刀的〈Boy〉，以及與饒舌團體西岸藥頭（Westside Connection）聯手的〈Irresistible〉。還有喬（Joe）與凱利・普萊斯（Kelly Price）參與我的〈Through the Rain〉混音版。這張專輯是真正的過渡期，讓我離開過去，走入新的篇章。環球唱片一直支持我，站在我身邊，不像湯米時代的索尼唱片那樣充滿敵意。雖然從商業角度來看，《*Charmbracelet*》的表現沒有非常亮眼，但道格並沒有放棄我——感謝上帝，解放就在眼前。

　　大約是二〇〇三年左右，在《*Charmbracelet*》發行之後，我記得那是一段難得感到自由與無拘無束的時光。當時我和某個男子走得有點近，只是曖昧，沒有別的。我只想享受愉快的時光。那晚我和肯諾、吉姆・瓊斯（Jim Jones）、朱爾斯・山塔納（Juelz Santana）以及托絲，我們整個晚上都玩在一起，泡夜店、喝雞尾酒之類的，你知道的。最後一夥人回到我的住處，來到摩洛哥室裡。很多事情都始於摩洛哥室。第一次去摩洛哥旅行時，我就深受這個國家的吸引，每樣

事物的風格都讓我得到啟發。那裡的色彩、布料、文化特色、氣味、鬱鬱蔥蔥、異國情調以及其散發的迷人魅力，一切都是那麼神祕與性感。當地的餐廳、住家、飯店設計得非常漂亮，既舒適又引人注目。親愛的，一定要保持那種鮮明絢爛的戲劇性（*Dramatique!*）我才會喜歡。

我想在家中重現那種豐富、迷人的感覺，以營造出一個美麗的天地，讓我輕鬆逃離現實的避風港。到處都是絲質枕頭、皮革簇絨設計、裝飾性小桌子、吊床、華麗的燈罩。我穿上一身北非風情的服裝來搭配自己的城市綠洲，為鍾愛的頂樓公寓增添了一點異國情調。

那是貧民區富豪（Ghetto fabulous）穿搭時尚蔚為風行的年代，我們就生活在這樣的年代，男孩身上隨處可見鑽石與丹寧布的奢華元素。（肯諾可能是一身浮誇的淺粉皮草絨毛服裝，那陣子他都穿粉紅色。）我確定我當時穿著某款令人反感的設計師連身裙。我們都盛裝打扮，慵懶躺在一堆各式各樣的墊子中。天快亮了，從落地窗望出去，如 IMAX 畫質般的景色，看著夜空像心情戒指漸漸由深轉成紫粉色調。整個房間的氣氛都呈現紫色，畢竟知名饒舌團體 Dipset（正式團名為 Diplomats）喜歡所有紫色的東西。突然間，肯諾大喊：「我們去上城吧！」

我們仍沉浸在過節的氣氛裡，所以覺得這個主意聽起來不錯。肯諾來自哈林區，我們相信他清楚深夜到凌晨期間有什麼好玩的。我和肯諾跳上他的藍寶堅尼，當然是紫色的，其他人也興沖沖跳進自己的進口車裡。我的保鑣沒那麼瘋癲，他開著黑色大休旅車跟在我們後面。就這樣，我們幾位饒舌歌手與美女組成的小型車隊，開著貴得嚇人的汽車往東呼嘯而去，穿過沉睡的堅尼街，很快就有中國和塞內加爾攤商在這兒搭起他們的露天市場，販售山寨的名牌提袋與手錶。但

接近凌晨六點，除了掃街的清潔人員或偶爾出現的垃圾車之外，只有我們在寬闊的街道上奔馳，年輕又活力充沛，劃破這座沙塵之都的寧靜。

我們要前往羅斯福公路（Franklin Delano Roosevelt Drive），一路沿著整個曼哈頓平順的東邊延伸。羅斯福公路沒有紅綠燈，所以我知道肯諾那群男孩已經準備全速衝刺了。

那個時候（當然，時至今日也是如此）年輕黑人男子開著進口跑車在高速公路上奔馳是會有生命危險的，尤其是在曼哈頓的東邊。但我們經過整夜的放縱和其他紫色食物的催化下嗨到不行，一路衝進清新的早晨。我們感到年輕、性感和自由，對於逮捕（或者死亡）毫無恐懼。我們追逐快樂與自由，也得到了，即使只是在紐約市高速公路上短短的幾英里。

正如大家所想，我大部分的生活一直受到其他人的監控與評論，所以在那種刺激的時刻，我突然有股衝動想要甩開我的保鑣。肯迫不及待接受挑戰，換了檔，踩下油門。就像從大砲發射出去一樣，保鑣大壞蛋開得那輛黑色大車立即變成照後鏡裡的一個小黑點。我們從頭到尾狂笑不停，感覺像是剛完成嘻哈版《一窩小屁蛋》（Little Rascals）式的惡作劇，當然，由我扮演達拉（Darla）。我經常覺得，想要玩得開心、保持內心的童真是一件困難的事情。但我曾經對自己承諾，永遠不要忘記當小孩的感覺。我絕對不會讓我內心的小女孩離開。

我們從一百三十五街離開羅斯福公路時，太陽已經升起。早安，哈林區！我們把車子停在萊諾克斯大道（Lenox Avenue）轉角處的交通號誌前，旁邊是哈林醫院（Harlem Hospital），我發現我們距離我的瑞斯奶奶的教堂很近。雖然只是透過轉述和一張照片得知，但我想如果有誰能幫我找到這棟紅砂石建築外觀的地下室教堂，那個人一定是肯。他也確實幫我找到了。眼前不是裝在相框內的一紙照片，我人

就站在這裡。我可以觸摸有家人痕跡的牆磚，這裡是他們曾經居住、禱告、唱歌、哭泣、讚頌、結婚、喪禮以及受到啟發的地方：這裡是他們的教堂。我對於父母原生家庭的認識大多從鍍金相框裡一個個凝結的瞬間而來，家人的照片很神聖，它們讓我感到踏實，提醒我來自哪裡，誰在我身邊來來去去。這些照片都保存在我那間好萊塢風格大理石鏡面更衣室另一側的私密小房間裡。在一排排高跟鞋、掛滿衣架的迷你裙、落地澎裙、閃閃發光的小飾品、胸針和包包後面，在所有華美服飾的後面有一扇隱藏的門，可以通往我的小聖殿，關於我家族歷史的私人教堂。每張照片都是一個故事，證明我與這些人都有關聯，都有不同、美麗複雜的故事。我把它們都小心翼翼、按順序擺放整齊；我想把家人拼湊起來，透過照片擁入我懷裡。我通常會一個人走進這個房間，看看他們，和他們在一起。我在這個房間仔細研究我那美麗、支離破碎、一團糟的家庭，把他們的臉記在心裡面。

❈

讓我那天走進一百三十一街的是我的瑞斯奶奶牧師的一張照片。看起來像是在一九五〇年代拍攝的，在幾經風吹日曬的紅砂石牆映襯下，她的身軀顯得嬌小而優雅：亮棕色皮膚、深邃的雙眼、烏黑的頭髮，身上沒有配戴任何首飾，只有肩膀附近別了一朵胸花。她穿著一身飄逸的白色傳教士長袍，搭配半透明白絲襪以及教堂女性風格的樸素低跟方頭鞋。手上拿著舊式提袋（不是現代手提包喔，是手提袋），把柄處纏綁一條手巾，在聖靈 30 降臨而激動落淚或參加禮拜儀式太熱

---

30 譯註：基督教術語，係指三位一體的第三位，聖父、聖子、聖靈；等同 Holy Spirit。

的時候，可以用來擦拭額頭上的汗水。她的腳邊靠牆處放了一塊小黑板，大小寫字母尺寸一致，用白色粉筆粗略寫了幾個活動選項：聖經學校、佈道會、Y.P.H.A、夜間禮拜，以及各活動對應的時間。瑞斯奶奶只有約一百五十二公分，她的頭甚至不到窗台的高度。但她在照片上、在鄰里間格外顯眼，穿著長袍，準備向會眾傳福音。

我的表親維尼（Vinny），全名拉維尼亞，由瑞斯奶奶扶養長大，所以維尼都叫她「嬤嬤」（Mama）。那時候關於我父親家族那邊的大部分故事都是透過表親維尼轉述。瑞斯奶奶與維尼的姨婆艾迪（也就是我的祖母），她們兩姊妹各育有一子，但是艾迪的兒子羅伊即我的父親，是唯一倖存下來的孩子。從來沒人提起瑞斯奶奶的兒子，但根據表親維尼的說法，她兒子小時候因「肺癆」過世。聽起來很籠統的診斷，對吧？癆病。

「嬤嬤說他不聽話，不肯穿上外套，所以人就死了。」維尼說。瑞斯奶奶是超級虔誠的基督徒。維尼小時候住在教堂樓上的一間公寓。瑞斯奶奶和她丈夫——德高望重的羅斯科‧瑞斯牧師擁有這間教堂所在的紅砂石建築和隔壁棟，我的祖母艾迪則在街角另一邊盡頭擁有兩間房。教堂一樓是提供典型五旬節教派聖滾服務的場地，但維尼說真正的聖靈醫治是在教堂樓下地地下室進行。她回想起小時候曾經目睹一位女士去見牧師：「她的腿部撕裂，像被剁碎的肉，」維尼說。「嬤嬤將蜘蛛網放在那位女士的腿上，為她祈禱，等到那位女士回來，她的腿已經好了，完好無缺。」從小到大，我聽過許多在那個地下室發生的奇蹟。瑞斯奶奶是上帝派來的。

我父親的母親艾迪雖然與瑞斯奶奶是親姊妹，但兩人性情迥異。瑞斯奶奶和藹可親，艾迪堅持己見、一意孤行。退一步來講，她和我

母親之間有些過節、合不來，我記得有次母親還把她趕出我們家。因為她們的衝突，母親不讓我與父親那邊家人聯絡，所以我對於他們的理解主要來自於那些聳動而自相矛盾的故事。我緊緊抓住那些大概的情景和我祖母留給她兒子羅伊的珍貴照片，在父親逝世後把它們保留下來。我很愛惜並守護著這些回憶。

所以，在那個陽光明媚的早晨，我站在西一百三十一街七十三號門前擺出拍照姿勢，就像五十年前那位牧師、我的瑞斯奶奶、我的親人那樣。只是我沒有穿唱詩班長袍，身上的洋裝大概跟瑞斯奶奶的擦汗巾差不多大小，挺著胸，秀出美腿，珠寶首飾閃閃發亮。前面拿著相機的男人是世界上最酷炫、最浮誇的饒舌歌手之一，他拍下這張照片時，身子還靠在價值十萬美元的跑車上。

我所站的位置在這棟莊嚴而逐漸朽壞的紅砂岩建築前面，就是我母親和父親結婚的地方。他們的婚禮是另一齣八點檔，另一個從別人那裡得知、東拼西湊而來的故事。不過，至少我大部分家人都可以確定的是，我母親在婚禮上暈倒了。至於她暈倒的確切原因仍有待商榷。表親維尼也在現場，雖然她當時還是小孩，但她清楚記得我母親那天打扮得有多漂亮。她形容母親的婚紗是「漂亮、閃閃發亮的藍色」，也許是緞面布料，她穿著這件藍色婚紗暈倒在地，新郎不得不打她一巴掌才讓她醒過來。有人告訴我，母親在婚禮儀式進行中見到一隻大老鼠在地板亂竄後昏倒，但後來我得知是因為她當時已經懷有身孕。無論哪種情況，對一個在哈林區地下室教堂舉行婚禮的歌劇女伶來說，其實都相當驚心動魄。

當我們的車子駛離街區的時候，我想到當年的瑞斯與艾迪姊妹倆該有多麼、忠誠且足智多謀啊！兩位沒受過什麼教育的黑人女性，在哈林區擁有四棟紅砂岩房屋。除了位於一百三十一街的教堂，瑞斯奶

奶在北卡羅來納州威明頓（Wilmington）還有一間磚造教堂，這座教堂非常大，裡面有專屬的洗禮池。由於該教堂的規模與堅固程度（當時是威明頓黑人社區唯一的磚造建築），這裡也成為鄰近地區的避難場所：黑人居民都會聚集在這裡躲避經常侵襲沿岸的龍捲風。

瑞斯奶奶和教堂在許多方面成為城鎮上不可或缺的一部分。每天早晨，名為「拯救之聲」（Voices of Deliverance）的唱詩班都會在地方廣播電台唱歌。她在社區是相當有影響力的精神領袖，但對於某些人來說卻是一種威脅，尤其是在實施種族隔離時期和暴力盛行的南方州。某天，幾位身穿制服的白人來拜訪瑞斯奶奶，他們是警察與消防隊長。表親維尼還記得，他們高大魁梧的身材聳立在她嬌小五英尺高的個子面前。這次「會面」結束後沒多久，她一句話也沒說，便帶著孩子們離開忠誠服務那麼久的磚造教堂與會眾，再也沒有回來。

❧

當我擺完拍照姿勢，爬回副駕駛座之前，我想起了那些女性，這輛車的價格比她們畢生賺的錢還要多。我的女性長輩們白手起家，她們的遠見卓識超越了種族歧視、三流政治家與恐懼。我好想知道，她們對於她們家小羅伊的寶貝女兒是否曾經懷抱怎樣的期望？

最近許多壓力都已經解除了，我還有了一份新的唱片合約。人們對於我的復出感到興奮，給予熱烈支持。我曾經以為《Glitter》將置我於死地，但它讓我重獲新生。我把這次當成一個撤退、休息與更新目標的機會。如果說《Rainbow》是通往安全的橋樑，那麼《Charmbracelet》就是一個繭、一個遮風避雨、療傷與成長的地方，讓我有機會再度綻放。

34 拉丁歌王

　　某一年，我帶著一群親如家人的密友到亞斯本過聖誕節。負責處理我在亞斯本租屋事宜的房產經紀人與另一名同事在我不知情的狀況下替我安排了一次相親，計謀很簡單：他們告訴那位神祕男子我真的很想見他，接著反過來跟我說對方很想見我。這位神祕男子原來是國際巨星路爾斯·米格爾（Luis Miguel），人稱「拉丁歌王」。我們第一次約會是在一家餐廳，我覺得那次幾乎稱不上是約會。我當時想，這傢伙是誰？他喝了很多酒，頭髮被風吹得亂七八糟。但我有一小部分受吸引。不可否認，他擁有渾然天成的熱情，我可以看出他身上的冒險潛力。不過，他得先將頭髮梳順。（順帶一提，我赴約可是都有做到這點：梳順頭髮，打理儀容。你知道的，我上過美髮美容課程，經過五百個小時的培訓！）

　　我們倆都喝了幾杯，吃了一頓尷尬的晚餐之後，我還是無法擺脫他。我走到外甥肖恩的房間，「肖恩，你得來幫我搞定這件事。」我才剛認識這位仁兄，他就已經喝得爛醉！我在心裡對自己說，我們兩人這樣是不可能發展下去，不可能有機會。於是，肖恩隨便編了個藉口把我帶走。

　　到了第二天，路爾斯的助理帶著一條華麗的寶格麗鑽石項鍊出現在我的門口（鑽石雖然不是我最好的朋友，但我們關係很好）。我很驚訝，當然也很感動，但我內心深處在想，搞什麼？難道他隨身攜帶一堆鑽石項鍊以備不時之需嗎？我知道亞斯本有精品珠寶店，但我同

時也知道必須謹慎，因為他和戴西‧佛恩特斯（Daisy Fuentes）、莎瑪‧海耶克（Salma Hayek）約會過，她們都是非常漂亮而且知名的拉丁裔女性。我很快就發現那是他慣用的把妹招式。他真的是一位道地、極致誇張的拉丁情人。

跟路爾斯在一起很刺激，他出手也相當闊綽。我們都是牡羊座，都給人精力充沛的感覺。他非常浪漫而且自然率性，我們會去冒險：甩開保鑣出去兜風，或者東西收一收直奔墨西哥市。他在純樸不受汙染的阿卡普爾科（Acapulco）海灘擁有一棟美輪美奐的房子，那裡居然有真的粉紅火鶴！他的豪宅富麗堂皇，處處可見木門、門廊和露臺上面引人注目的雕刻。當我們在溫暖的墨西哥夜晚於戶外用餐時，他經常找來整團墨西哥街頭樂隊在旁演奏小夜曲。我最喜歡做的一件事就是和我心愛的狗狗傑克（Jack）一起從主臥露臺往下跳，跳到下方波光粼粼的泳池。（這裡只有我和傑克不會講西班牙語，語言隔閡並不容易。）工作人員對他非常忠誠，路爾斯之於他們就像神一樣。路爾斯受到所有員工的愛戴與保護。

某次我開玩笑說他沒有按摩浴缸（I got a pip penthouse with a sick hot tub / We can watch the flat screen while the bubbles filling up），你猜他做了什麼？他在聖誕節給了我一個驚喜，送我一個可以在裡面游泳的天文館式按摩浴缸！一九九九年準備迎接二〇〇〇年的時候，我們在那裡舉辦了一場精采的跨年派對，其中洞穴式的按摩浴缸就是主要亮點。路爾斯毫不吝惜在物質方面展現他的愛慕之情。有一次，他想給我驚喜，於是用紅玫瑰花塞滿一整架私人飛機。他充滿戲劇性的浪漫舉動讓我內在永遠十二歲的少女心動不已，因為真的很像電影裡會看到的場景。

一切都看似那麼快樂，令人為之心動，但遠遠稱不上是完美。其

中一個原因就是文化衝突，這也是我們關係的最大問題。雖然我們都很年輕、事業成功，但他想法比我古板得多。我們的朋友圈完全相反。他的朋友個性比較保守、嚴肅、正經八百且無聊，但我有 Da Brat、托絲、特雷和其他圍繞在身邊的朋友。更難解的是我們之間在種族問題方面的文化差異。他總是堅持他沒有把我當成黑人。每次出現這些爭執，我都得解釋：「不對，當你爸是黑人，你就會是黑人，所以你必須接受我這一點。」但在他看來，只要我外表不像，就不是黑人。他覺得不過是膚色深淺，我很難向他解釋為什麼對美國人而言這是非常複雜的問題。我想對他來說，越簡單越好。

　　雖然我們是一對活力四射的情侶，但在鎂光燈下生活與戀愛總是非常困難。他也許是西語世界的貓王，但當他來到美國的時候，無意冒犯，大多數情況我才是「耀眼的巨星」。他經歷許多坎坷，年幼喪母。據我所知，他和父親相處非常辛苦，他父親的控制欲很強。我盡量在情感上給予他支持，但我也正在克服自己的痛苦，後來漸漸走到我再也無法負荷的地步。我們沒有幫助彼此療傷。路爾斯狀態好的時候，為人慷慨、自然率性、熱情洋溢；但狀況差的時候，他的性情反復無常、焦慮不安、頭頂籠罩一片烏雲。

　　過了三年，我知道我們是時候分道揚鑣。我們走過一段美好的旅程，回憶起來依然美好快樂，只是最終他並不是我的那個人。

　　如同偉大的作曲家柯爾・波特（Cole Porter）寫的，「It was great fun / but it was just one of those things.」。

> *Okay, so it's five am, and I still can't sleep*
> *Took some medicine, but it's not working*
> *Someone's clinging to me, and it's bittersweet*

'Cause he's head over heels, but it ain't that deep

—— "Crybaby"

35 解放自我

　　《*Charmbracelet*》之後，形勢迫使我進入新的環境。我對自己說，我要完全做自己想做的事，然後開始著手下一張專輯的籌備工作。我要做一些發自內心的事，一些使人強大的事情。二〇〇四年，LA里德（L.A. Reid）成為島嶼好果醬音樂集團（Island Def Jam Music Group）的執行長。我非常期待，因為我們一直想要合作。他聽了幾首我在進行中的歌曲，譬如〈Stay the Night〉這首我和「肯爺」肯伊·威斯特（Kanye West）合作的歌。我們倆還聯手了製作人組合海王星（The Neptunes）和史努比共同創作了〈Say Something〉。LA里德表示：「如果這就是你們正在創作的東西，那我加入！」某天晚上，LA里德與我坐在我紐約頂樓公寓的美人魚室，談到新專輯的基本概念和我認為這張專輯將是關於個人自由、關於我的解放。我們討論到「解放」的意涵，甚至去查了字典裡的定義。然後我告訴他「咪咪」（Mimi）是我的綽號，只有很少部分人會這樣叫我。於是，我提議：「那麼專輯就命名為《*The Emancipation of Mimi*》。」

　　LA里德一直喜歡我與傑曼合作的〈Always Be My Baby〉。儘管這張專輯已經收錄了一些非常棒的歌曲，我也找來一群出色的音樂人才合作，包含海王星、肯爺、史努比、推斯塔（Twista）以及尼力（Nelly），但LA里德還是興起重新找回我和JD的念頭，想看看我們這對夢幻組合接下來會有怎樣的表現。我當時回他：「那就這麼辦！」隨後便打電話給傑曼說：「我們來合作吧。」我們坐在南方錄

音工作室（Southside Studios）地板上，這個激發出傑曼絕佳創作靈感的綠洲，然後幾個星期過後就寫完了〈Shake It Off〉與〈Get Your Number〉。在南方錄音工作室的第二場錄音行程，我們錄製了〈We Belong Together〉、〈It's Like That〉，以及最後收入在該張專輯白金升級版裡的〈Don't Forget About Us〉。

這麼長一段時間以來，我第一次真正地讓聲帶休息（路德‧范德魯斯告訴過我讓聲音休息的重要性），而且我思路清晰，有著對創作的掌控感。我開始在巴哈馬寫歌，在那裡錄製一些人聲部分；海邊的空氣與溫暖潮濕的氣候有益於我的嗓音，對我的詞曲創作亦然。吉米‧吉姆與泰瑞‧李維斯先前曾介紹我認識傑出的音樂家「大塊頭吉姆」萊特（"Big Jim" Wright），他是我生命中一位才華洋溢且非常特別的人。某一回，大塊頭吉姆和我在巴哈馬的一間屋子裡進行創作和錄音。我想寫一首有七〇年代現場樂團演奏味道的歌，想像著娜妲莉‧高（Natalie Cole）、甚至艾瑞莎（Aretha）當年會怎麼詮釋。由於大塊頭吉姆是十足的音樂家，他和我幾乎輕而易舉寫出了〈Circles〉。錄音結束後，他正準備離開。就像我在走去洗手間的路上創作出〈Hero〉一樣，在我上樓時，突然有一段旋律湧入我的腦海。

我馬上折返回來。

「等等！等下！在你離開前，想讓你聽聽這個。」我對吉姆說完，然後唱出「Fly like a bird / take to the sky」。我知道這首歌一定會很有意義，拜託他先別離開。「我們可以寫這個嗎？」我問。他喜歡這個想法，便留了下來。我們一起編排音樂，然後我寫了下面這些歌詞：

Somehow I know that
There's a place up above

With no more hurt and struggling

Free of all atrocities and suffering

Because I feel the unconditional love

From one who cares enough for me

To erase all my burdens and let me be free to fly like a bird

Take to the sky

I need you now Lord

Carry me high

Don't let the world break me tonight

I need the strength of you by my side

Sometimes this life can be so cold

I pray you'll come and carry me home

—— "Fly Like a Bird"

　　大塊頭吉姆在紐約加入了令人驚嘆的樂器伴奏。後來，我在卡布里島錄音室錄製人聲。我關在錄音室兩天進行背景和聲工作，整個人沉浸在這首歌裡，最後它成為了經常幫助我擺脫憂愁的一首歌。我不眠不休地工作，等到整首歌編排完成準備試聽的時候，天已經亮了。我推開錄音室的玻璃滑門，走進清晨的空氣，望著伸入湛藍海中的巍峨峭壁，聽著歌聲從哄亮的喇叭中流瀉而出。太陽冉冉升起，背景和聲正好來到高潮段落：「Carry me higher! Higher!」閉上眼睛，我知道上帝已經將手放在這首歌和我的身上了。

後來我邀請基頓牧師到錄音室來為〈Fly Like a Bird〉抹上膏油，朗讀詩篇第三十篇第五節：「一宿雖然有哭泣，早晨便必歡呼。」《聖經》這段經文反映出我經歷的一切，對我來說真的意義重大。〈Fly Like a Bird〉這首歌如實描述世界多麼混亂：「Sometimes this life can be so cold / I pray you'll come and carry me home.」講述人生的困難與堅強：我一個人無法面對這樣的人生，但上帝會幫助我度過難關。我很感激能夠用一首之於我最重要的歌來永遠緬懷牧師。

《The Emancipation of Mimi》能夠成功，我認為很大部分要歸功於當時已是朋友的 LA 里德。他和環球音樂依然對我抱持信心。我的專輯《Butterfly》是情感的覺醒；《The Emancipation of Mimi》則是心靈的進化，裡面有許多我的真實感受與原始情緒，也有很多美好的時光。譬如，並非每個人都知道我有多麼喜歡〈Your Girl〉（原本應該作成單曲）。整首歌天真無邪，仍有一點小小使壞。我第一次聽到史克拉姆‧瓊斯（Scram Jones）的伴奏是在 N.O.R.E. 的錄音室用保麗龍杯喝酒的時候（我知道保麗龍影響生態環境，但他們只有這種杯子）。歌裡多了一點自信與更多的解放：「I'm gonna make you want to / Get with me tonight」。〈I Wish You Knew〉這首歌中間的一小段口白，靈感來自黛安娜‧羅絲。在那張專輯中，可以看到很多我獨有的親密、特殊、內在、幾乎無形的細節。你可以真切感受到我的真實情感，沒有激動煽情、刻意營造出來取悅唱片公司高層的抒情歌曲。精簡、單純、真實。我想，這就是為什麼它能夠與這麼多人產生共鳴。

在《The Emancipation of Mimi》專輯中，我首次與新的音樂技師布萊恩‧葛特恩（Brian Garten）合作（感謝菲瑞〔Pharrell〕的牽線），我們倆合作起來天衣無縫。儘管沒有在電視播出（因為屬於節

奏藍調音樂類型），我仍然靠這張專輯拿下三項葛萊美獎（他們前一年也替亞瑟小子做了同樣的事）。而且它還是一場勝利，我相信《*The Emancipation of Mimi*》值得擁有這樣的獎項。它打敗了那些試圖傷害我、利用我的人（我的家人、湯米、唱片公司、媒體以及其他形形色色的人）並戰勝了我自己的創傷與恐懼。

天后再臨（The Adventures of Mimi）巡迴演唱會非常好玩。雖然過程中少不了一些典型的意外插曲，但大致上給人一種解放的感覺。《*The Emancipation of Mimi*》的熱門歌曲非常多，所以每一場演出都是從頭嗨到最後，成千上萬名聽眾唱著專輯內所有新歌的一字一句，有些熱門歌手也會來客串擔任驚喜嘉賓助陣。不僅在商業上大獲成功，觀眾也聽得很盡興。

我們採取一種老派、幾乎是回顧摩城的方式，安排一支巴士組成的小車隊，驅車行遍美國各地。我們在二十五個城市舉辦大型演出（也分別在加拿大七個、亞洲七個、非洲兩個城市舉行），儘管巡迴旅途很多人與我同在，包含編制齊全的樂團、和聲歌手、舞群以及工作人員，但我還是覺得孤獨。我正處於聲勢大漲時期，而且如往常一樣，我肩負每個人的生計。我必須確保自己處於最佳狀態；嗓子得到休息，這樣我才能優先為歌迷盡全力演唱（我從來沒有把歌迷來演唱會所花費的金錢、努力和時間視為理所當然），當然也包含所有依靠我吃穿的同仁。雖然我對每個人都很友善（特雷與托絲也在場），但每次演出結束後，一般我會躲回巴士，靜靜地紓解壓力與放鬆。通常是個簡單的儀式，慢慢沖個熱水澡，蒸汽瀰漫，再喝點加蜂蜜的茶。雖然我的銀彈巴士已經徹底改裝，配備各種舒適用品和我所需的一切，但它無法提供陪伴。

其他表演者和工作人員的巴士上更充滿了典型的巡演氣氛，伴隨

著喧鬧的嬉笑聲、酒精飲品、紙牌遊戲、抽煙、笑話、電影和音樂。數日巡演下來，樂師與舞者們都在高速公路待上好幾個小時，他們自然形成一股鬧哄哄、如家人般的情感。而作為「老闆」的我，經常置身於他們發展出來的革命情誼之外。

　　某天晚上，我覺得自己需要一點放縱，於是我去了舞者們的巴士，巡演車隊中玩得最瘋狂的一輛。就像在地下室開派對，非常熱鬧。我很快就融入了胡鬧搗蛋行列，感覺像是高中時代和朋友們偷溜出去玩，而不是參加我自己的大規模、座無虛席的巡演。簡單又有節慶味。其中一位舞者特別顯眼。我以前見過他，但這個晚上感覺有點不同。他愛開玩笑，加上富含表現力的肢體動作和感染旁人的笑聲，無疑成為全場的焦點。我一直都覺得他很可愛，但這個晚上感覺不太一樣。他身上散發一種難以抗拒的特質，巧妙融合了成熟男人的紳士優雅與可愛小鮮肉的帥氣魅力。我打算在這輛巴士待上一段時間。毫無疑問，這是一趟快樂之旅。

　　那時候午夜已過，大概接近黎明時分。我們一直飲酒作樂、狂歡了好幾個小時，最後停在某個荒蕪人煙的小鎮，走進了一家整晚營業的餐館。我們一行大概十多人闖入這家安靜的地方小酒館，大聲喧鬧嬉笑，而且各種膚色都有。小酒館裡幾乎沒什麼人，也許有一名卡車司機、幾名晚班工人，但完全沒有白人以外的客人。他們全部停下嘴巴的動作，緊盯著一群可能是環球精靈馬戲團的傢伙衝進城鎮、來到他們的地盤。

　　我們都有點嗨過頭，沒有意識到自己誇張的言行舉止已經照亮了整間昏昏欲睡的小酒館。眾人四肢癱軟在幾張餐桌和沙發雅座區。剛才那位舞者叫做田中（Tanaka）。我們在約莫二十英里前的巴士上已經開始眉目傳情，互送秋波。我們像國中生似的面對面坐在隔間雅座

裡。派對上眾人喧嘩不休，沒人察覺我們在桌底下正輕柔地撫摸對方的腿。

田中和我很快成為朋友，隨著時間漸漸發展成一段友達以上的關係。他始終在那裡，一個可以輕鬆炒熱聚會氣氛的靈魂人物，當所有人都指望著你，身邊有這樣一個人非常重要。

❁

感謝上帝，讓我們迎來了徹底轉變的「咪咪」時代。我需要獲得如此巨大的成功，才能讓公眾最終原諒我那「反人類的罪行」——《星夢飛舞》。

很多人在《星夢飛舞》之後都不看好我。但如同吉米・吉姆所言，「永遠都不要看扁瑪麗亞・凱莉。」而我會說，「永遠都不要看扁任何人。」因為你永遠不知道力量會從哪裡來。我總是尋找我的主要力量來源對神的信仰，還有歌迷以及所有沒放棄相信我的人對我的疼愛。這並不表示我沒有因為自己童年、婚姻和《星夢飛舞》黑暗時期的種種事件飽受創傷後壓力症候群的煎熬，但我每天還是很努力修復傷痛。不過，在形塑或破壞藝人的職業生涯、捏造對於我們的輿論敘述方面，八卦媒體已漸漸變得無足輕重，真是令人欣慰。雖然我仍然覺得有些媒體正耐心等待我再度上演驚天動地的情緒崩潰（事實上，我現在注意到有些人會靠情緒失常博取知名度），但現今世界已經變得不一樣了，八卦媒體沒那麼重要。如今所有藝人都可以真實表達自我，擁有社群媒體這個廣大的公共平台。小報已經變成了可悲、無用的包裝紙，我一直都這麼認為。他們失去了權力，不能再獵殺或毀滅我們任何一個人。我們的歌迷可以挺身辯護，搬出所有證據，凝聚成

強大的團結陣線，讓乏善可陳的主持人、名嘴或貪婪的狗仔都無法與之抗衡。我們就是媒體。真希望黛安娜王妃能夠活到 Instagram 或推特問世、看到人人成為媒體的時候，那麼也許她和其他人就能在有生之年講述自己的故事。我很感激能夠在有生之年講述我的故事給我的歌迷聽。

36 父親與日落

　　多年來，我父親一直過著井然有序、作息規律的生活。他擁有一份體面且穩定的工程師工作，維持身體健康，從事健行和登山運動。注重均衡飲食，避免甜食。平時鮮少飲酒，也不抽菸（在我出生以前，他一天之內戒掉所有壞習慣，就是這樣）。艾爾弗德·羅伊不是那種會縱容自己的人。這就是為什麼我在卡布里島錄製《Charmbracelet》時聽到他生病的消息會如此震驚，我那位堅強、不屈不撓的父親病倒了？這個消息就像頭部挨了一拳，快又猛烈的重擊，讓人暈頭轉向不知所措。我父親打電話來建議我去一趟。不是去挽救他，也不是去支付他的醫療費用，他不需要這些，也沒開口要求這些；他總是自己賺錢，自己存好積蓄。他需要的是我陪在身邊，然後好好道別。

But I'm glad we talked through
All them grown folk things separation brings
You never let me know it
You never let it show because you loved me and obviously
There's so much more left to say
If you were with me today face to face

—— "Bye Bye"

　　我立即飛去看他，他正在醫院治療癌症引起的腹痛。我記得第一

趕去的時候，他看起來還是我記憶中那位強壯、充滿活力、不顯老的男人。但後來情況急轉直下。癌症如同身手矯捷的強盜，在你反應過來以前就已經入侵你的身體，偷走你的生命。經過數次誤診後才確認他罹患了膽管癌，是一種罕見的癌症，沒有相關的預防或治療措施。這種癌症發生在輸送膽汁和連接肝臟與膽囊的管道裡。對我來說，這種病不僅只是個象徵：一位身體健康的男人罹患癌症，他體內吸收與代謝廢物的功能遭到破壞。而我父親的內心囤積太多東西，幾乎沒有機會將他消化的苦澀代謝出來。當時他在醫院進進出出，我也展開了在卡布里島錄音和回到紐約守候在日漸虛弱的父親病床旁的兩地奔波。

> *Strange to feel that proud, strong man*
> *Grip tightly to my hand*
> *Hard to see the life inside*
> *Wane as the days went by*
> *Trying to preserve each word*
> *He murmured in my ear*
> *Watch part of my life disappear*
> —— "Sunflowers for Alfred Roy"

探望父親時，我會帶著一大束鮮花去醫院（因為每家醫院每間病房都很黯淡淒涼）。然而隨著病情惡化，他漸漸受不了大多數鮮花的香味。難以想像，我以為我帶給他的美麗事物竟然會害他病得更重。在那前一年的父親節，在和肖恩開車去他家的路上，我突然心血來潮在市集停下來，抓起一大束用紙包裝的鮮豔黃色向日葵要帶去給他。

我還是改不掉帶花去醫院的習慣，所以我帶了向日葵。我想，向日葵沒有味道，不會讓他不舒服，但又能保有強烈的存在感。向日葵是我們的象徵。

很快地，癌症治療開始失效，顯然沒有任何方法可以阻止這種有毒疾病在他體內肆虐。他的時日不多了。我們知道在人世間相處的時間很有限，所以我和父親開始認真講起內心的事，他的病情讓我們關係的療傷變得非常緊迫。這是我第一次向他（或其他家庭成員）透露我成長過程遇到的痛苦。

「在我小時候，」我解釋說：「身分認同對我來說真的很困難，因為白人讓我覺得做自己很羞恥。我從他們一些人那邊感受到的仇恨太過真實，我不知道用什麼方法或技巧來處理這些問題。而且我永遠都不想讓你覺得好像這一切都是因為你的關係。」

我想解釋自己感到多麼孤單，在沒有任何人指導的情況下試圖去處理這樣一個複雜的情況。準備就讀幼兒園的時候，父母親曾告訴我，我應該說自己是「跨種族（interracial）」（那是當時的說法，那時候還沒有「混血兒」〔biracial 或 mixed-ish〕的說法）。但情況並沒有那麼簡單，尤其當時我們還住在白人社區。如果我們繼續住在布魯克林高地區，情況就會單純許多，至少那裡的思維觀念會比較多元和進步，我也不會那麼顯眼。在我居住的社區裡，孩子們甚至不知道「跨種族」是什麼意思。他們只知道自己是白人，不是白人就是其他人種，而黑人是其他人種中最差的一種。

我試著向父親解釋，從小到大沒有兄弟姊妹或同儕團體支持我。沒有人替我上過黑人必修課，「要是有人叫你黑鬼，就一拳往他臉揍下去。」所以當我被一群「朋友」逼到角落，叫我「黑鬼」的時候，我不知道該怎麼辦。當一名白人男孩等我單獨走上校車，他才能朝我

臉吐口水的時候，我不知道該怎麼辦。我不知道為什麼沒有父母出面插手，因為他們看我的眼神，我也不知道我不能相信父母。我更不能去找老師，因為有些老師也有問題。最重要的是，我不知道該相信誰，這場戰役我至今仍未打完。

這些事情對於小女孩來說太難了，所以我感到很孤獨。但這些絕不是他的錯，我們都會有些不知道怎麼表達的事。在內心深處，我相信父親理解我為什麼鑽研音樂、為什麼與我的家庭決裂，這是我的生存之道、我的身分認同、我存在的理由。我向他道歉，沒有早點來找他。「我不知道該去哪裡，」我坦白說：「我不知道該聽誰的。我不知道你是否在乎。」

> *Father, thanks for reaching out and lovingly*
> *Saying that you've always been proud of me*
> *I needed to feel that so desperately*
> —— "Sunflowers for Alfred Roy"

父親不想最終在醫院病逝，所以我們得趕緊將他送到他女友珍（Jean）的家，讓他可以在熟悉而舒適的環境裡度過最後時光。外甥肖恩也在那裡陪伴我，協助我準備東西。我們回父親家拿他的私人用品時，他住處灰暗淒涼的景象讓我大感震驚。雖然不至於凌亂不堪，但顯然與我對他一向將物品排列整齊、擦得晶亮的印象不同。我想，隨著年齡增長和體力衰退，要保持這麼高標準的井然有序是很困難的。

看到他整潔有秩序的空間擺設鬆散下來，讓我感覺他身體惡化的跡象更加真實。我們在父親家裡翻找東西時，發現一大疊報紙與雜誌

的剪報。我仔細翻看，發現每一篇都與我有關——全是關於我成功與榮譽的報導。他在頁邊空白處留下一些筆記，將自己喜歡的段落圈起來、劃線。我從不曉得他一直在遠方默默關注我，不曉得他關心我的事業。最重要的是，我從來不知道原來他為我感到**驕傲**。我的淚水盈眶，那疊剪報比我和昆西‧瓊斯的全部獎項加總更有價值。

我和姑姑們、表親維尼、肖恩在他女友家的客廳裡安置了一張病床和其他設施，盡量讓他的空間感到舒適與溫馨。由於癌細胞擴散和藥物治療的副作用加深，他對生命的欲望開始消失，我不希望我們兩人的回憶也隨之逝去。我做了一些小事。我煮了他的招牌蛤蠣白醬，只是想讓他聞到，這樣他才能聞到屬於我們的味道，記得我們共度的星期天。為了與我最快樂的時光保持聯繫，我到現在每年聖誕夜都會煮我父親的細扁麵和蛤蠣白醬。

他最後的遺願是希望我和前姊姊艾莉森能夠再度交談。他不知道我們經歷的地獄之深，脆弱的姊妹情誼已化為灰燼。然而，我們為了他能夠短暫地共處一室，又或許是因為醫生和其他家族成員來來去去，分散了我們的注意力才得以實現。出於對我父親的尊重，人們把各自的極端情緒隱藏起來。唯一一次的緊張場面是我前哥哥摩根來醫院的時候，父親拒絕見他。他們這輩子對彼此引發和造成的痛苦心結太深，即使到最後仍然無法解開。我們的父親此時已經相當虛弱和明顯瘦小，因為他們爭執的問題主要是關於權力、力量以及男子氣概，我相信父親並不希望被摩根看到如此脆弱的狀態。父子倆無法在人世間和平相處，但也許有朝一日，天父可以為他們實現。

Now you're shining like a sunflower up in the sky, way up high

—— "Sunflowers for Alfred Roy"

直到最後我父親已經連話都說不出來，卻仍然努力踐行節制。服用止痛藥的時候，他會伸出一根手指，示意自己只要一毫克。即使到了臨終之際，他仍害怕自己藥物成癮，害怕失去控制。

他對宗教與信仰問題更加糾結。我坐在他身旁的床邊，開始唸聖經給他聽，他清楚表示自己不想聽。雖然他從小在教會長大，但他的人生卻充滿了五旬節教會與天主教教義的矛盾。

關於葬禮的儀式程序，他沒有提出任何要求。這麼多年來他都在一神普救派團契參加聚會，出於尊重他被非傳統會眾接納的感受，他的葬禮將在團契舉行。但我決定把教會帶進儀式上面。過去他在生活上經常不受待見，因為他常常是群體中唯一的黑人，所以我下定決心讓他離開人世時，他不會是在場唯一的黑人。我要為他辦一場崇高的送別會。我把教會變成一個美麗的向日葵花園（我後來在〈Through the Rain〉的 MV 裡重現了這座花園），並且與才華出眾的友人梅洛妮‧丹尼爾（Melonie Daniels）、托絲合力組織一個完整、陣容龐大的福音詩班。我想讓父親的靈魂乘著只有詩班能夠唱出的昂揚嗓音飛翔。大型唱詩班身穿莊嚴的詩袍，沿著走道魚貫而入，擠滿整個聖殿。我閉上眼睛，托絲開始唱：

If you wanna know
Where I'm going
Where I'm going, soon
If anybody asks you
Where I'm going,
Where I'm going, soon
I'm going up yonder

I'm going up yonder
I'm going up yonder
To be with my Lord.

　　唱詩班讓聖靈充滿整個會堂。這是五旬節聖靈降臨的時刻，安靜的團契會眾還不知道是什麼觸動了他們。那就是上帝在受膏者歌聲中的力量，你可以感覺到所有人的精神為之振奮。我可以感覺到父親的靈魂已得到自由。

　　我父親最終仍相信理性可以幫助他在一個荒謬的世界中生存。在一個對黑人沒有什麼愛和理解的時代背景與地方，艾爾弗德・羅伊・凱莉仍努力嘗試去愛人和理解他人。我知道他愛我，他為我感到驕傲，我會帶走這些記憶。我很珍惜他留給我的幾樣物品：他的古銅紀念童鞋、家族照片、信件、一個煙灰缸、兩座非洲雕像以及美國政府為表揚他的服務所頒發的美國國旗。對於一位不崇拜任何事物的人來說，他最喜歡的只有一樣，也是我最珍惜的：他的保時捷跑車。他的雙手在那輛寶貝車子裡擺動方向盤好幾個小時，我們坐在裡面開著車、哼唱搞笑歌謠好幾個小時。保險桿摸過一遍又一遍，他的觸碰、他的專注、他對於井井有條和優雅的渴望全都注入那輛車子的每一寸。

　　為了向他致敬，我讓那輛車子恢復原本的光彩。修復汽車需要對細節下功夫，投入極大的耐心與資金。有些零件從德國空運送來，最後終於恢復了閃亮的蘋果糖紅色，完美無瑕的烤漆。雖然花上好幾年的時間，但它總算像我父親夢想中那樣完好如初。它大部分時間都停放在車庫裡，但我每個一段時間會把它開出來。我最喜歡的一張洛奇（Rocky）照片中，他坐在我父親保時捷的駕駛座上。我兒子在雙門

跑車裡看起來像小司機，戴著大大的飛行員墨鏡、柔軟的捲髮，充滿自信。他不知道我或他素未謀面的外公，為了讓他坐上柔軟舒適的豪華駕駛座，走過多少坎坷的道路——但他不應該知道。現在還不行。他還是個小男孩，但我能用比我以前所知道的更好手段來引導他、保護他。今日我看著這張照片，我忍不住覺得，雖然他從未見過自己的外公，但洛奇臉上的神情卻捕捉到了艾爾弗德‧羅伊‧凱莉的不朽精神。

37 《珍愛人生》

《珍愛人生》（*Push*）的原著小說立刻吸引了我的目光，它是少數幾本我讀完後直接翻到第一頁再讀一遍的一本書。某次我與友人郎達（Rhonda）去海灘共度閨蜜之旅，她堅持要我看這本書，於是我整個人就此陷進天才作家賽菲爾（Sapphire）所創造的故事裡。她從相當獨特且耐人尋味的角度來描述一位女孩和一個經常被忽略的世界，是一個具有挑戰性且極為出色的題材。

我第一次與李・丹尼爾斯（Lee Daniels）合作是在二〇〇八年拍攝《田納西》（*Tennessee*）的時候。他擔任製片，但基本上是我的導演，他完全了解我。一得知他得到《珍愛人生》電影的拍攝版權，我非常激動，但那時候我壓根沒想過自己會參與演出。

我有一位值得信賴的朋友、演員兼導演凱倫G（Karen G），她當時擔任某些演員、尤其是年輕女性的表演教練，經常會告訴我一些片場發生的有趣事情。有一天，李突然在拍攝前一天通知我，請我扮演社工韋斯小姐（Ms. Weiss）的角色（這個角色原本預計由演技卓越的海倫・米蘭〔Helen Mirren〕出演）。我欣喜若狂，但也有點嚇到。我只有一天多的時間準備，背好我的台詞，並與凱倫進行一些深刻、應急地即興演出練習和背景故事建構。我大致以湯米和我過去在紐約上州見過的那位「親愛的，那並不正常」心理治療師為原型，來扮演韋斯小姐。整個拍攝過程跳脫常規而精彩。李相信我，我也信任他。我相信演員陣容傑出，當然也相信劇本內容引人入勝。李最關心的是

我不能「長得像瑪麗亞‧凱莉」，他堅持不要我化妝，甚至替我做了假鼻子道具。雖然最後沒有使用，但害得我鼻子周圍的酒糟膚質惡化，諷刺的是，這樣的膚況竟然還滿適合這個角色（最後既有蟹足腫又有酒糟肌，是不是個有些奇怪的組合。）我記得某次李在拍攝現場發現我塗了一點腮紅，便大喊：「瑪麗亞，不要化妝！」他給我的另一個肢體建議是「正常走路！」（噢，我總不自覺用腳尖走路）。我對於詮釋韋斯小姐這個角色很有信心，最困難的部分是情緒不能被莫妮卡（Mo'Nique）精湛有力的表演影響。韋斯小姐必須保持客觀超脫，但我內心的人性在糾結。我曾經一度被莫妮卡高超的演技深深打動，眼淚不自主流出來，還偷偷拭淚，希望沒被鏡頭拍到。

她和加比‧斯迪貝（Gabby Sidibe）各自詮釋的角色簡直令人驚嘆、精采絕倫。我很高興能參與這部電影，雖然我當時的經紀公司並不鼓勵我接拍攝工作，因為戲分少、預算又低，但我知道這個是少見且細膩鋪陳的人物故事。拍攝電影也是一次創作延伸，豐富我的藝術層面，能夠參與演出讓我感到相當自豪。《珍愛人生》於二〇〇九年日舞影展（Sundance）上映，並贏得劇情片類觀眾票選獎和評審團大獎（加上莫妮卡的評審團特別獎）之後，泰勒‧派瑞（Tyler Perry）和歐普拉宣布加入擔任執行製片，攜手為該片提供行銷、宣傳支持，並突顯其應有的光彩。

接下來《珍愛人生》開始廣受注目。坎城是紅毯的縮影，聚集了大批的國際狗仔隊（那還用問，大螢幕上有韋斯小姐，瑪麗亞‧凱莉也在那裡）。歐洲記者試映會非常精彩，到處都是紅毯、數十件頂級訂製禮服、上千場派對，其中包含在羅伯特‧卡瓦里（Roberto Cavalli）遊艇上舉辦的私人派對。《珍愛人生》無論到哪裡都能獲獎。最盛大的一場晚宴是第八十二屆奧斯卡頒獎典禮，該片獲得包含最佳

影片、最佳導演及最佳女主角等六項提名。莫妮卡贏得最佳女配角獎，傑佛瑞‧佛萊徹（Geoffrey Fletcher）拿下最佳改編劇本獎，他也因而成為第一位獲得這個獎項的非裔美國人。

我也因為自己飾演的重要小角色而贏得一些獎項。我在棕櫚泉國際電影節（Palm Springs International Film Festival）獲得最佳突破演出獎，我和李格外開心，在台上互叫對方暱稱（我是「小喵」、他是「小棉花」），邊笑邊竊竊私語。好啦，我們也許是有點醉，但那可是一場滿桌都擺酒的頒獎典禮耶！主要是我們太開心了。

我非常興奮。《珍愛人生》不僅讓我在《星夢飛舞》後的演出獲得大眾認可，而且因為李對我的信任，讓我能夠再次相信自己是演員。此次表現證明了，只要有合適的劇本與合適的角色（還有眼光要好），我就可以認真投入演出。後來李給了我另一個意想不到、具有挑戰性的角色，在《白宮第一管家》（*The Butler*）飾演棉花田奴隸海蒂‧波爾（Hattie Pearl）即主角塞西爾‧蓋恩斯（Cecil Gaines）的母親。李一眼就看出我身上幾乎沒人敢去尋找的的特質，而且我們之間有種難得可貴而真實的關係。信任。

38 那些天后們

　　天后（名詞）：才華出眾且遠近馳名的女歌手；在歌劇界（通常是女高音）乃至於戲劇、電影、流行音樂領域中才能卓越的女藝人。

　　我對於天后的定義很經典。

　　艾瑞莎‧富蘭克林（Aretha Franklin）是我的標竿和北極星，一位大師級音樂家和天賦異稟的歌后，不會讓任何音樂流派侷限或定義她。我聽她所有的歌，並向她學習。她在十幾歲的時候從福音樂轉到了爵士樂，或者更確切說，她在作品中融入了爵士樂元素，因為她從來沒有離開過福音歌曲（我最喜歡她的其中一張專輯仍是福音歌曲：《*One Lord, One Faith, One Baptism*》）。而她唱流行歌曲的時候，演唱風格一點也不流於俗套。所有歌曲都能唱出屬於她深情的靈魂味道。

　　艾瑞莎對自己懷抱更大的夢想。她的首張專輯裡〈I Never Loved a Man (The Way I Love You)〉、〈Do Right Woman, Do Right Man〉和〈Respect〉，使她登上節奏藍調與流行音樂排行榜冠軍。在我生命的每個時代中，都有一首偉大的艾瑞莎之歌。

　　我相信大多數人仍然不知道她是多麼出色的鋼琴家和編曲家。我想，如果妳是一位擁有驚人歌喉的女性，妳的音樂才能就會常常被人低估。我非常榮幸曾能與製作人兼音樂總監「大塊頭吉姆」萊特合作。

大塊頭吉姆和艾瑞莎‧富蘭克林共事過，他告訴我，每當艾瑞莎靈感一來，就會輕拍他的肩膀，示意大塊頭吉姆從鋼琴旁起身，然後換她坐下來開始彈奏。

我第一次見到富蘭克林女士是在葛萊美獎典禮。那是我第一年參加，當時獲得五項提名。讓我緊張不安的並不是我剛出道六個月，也不是在葛萊美獎典禮上透過電視直播演唱給數百萬觀眾聽，音樂界的巨星都在台下觀看；我最擔心的是必須在「她」面前唱歌。她，我心目中的那個大人物──艾瑞莎‧富蘭克林女士。我必須與坐在前排的艾瑞莎‧富蘭克林一起唱〈Vision of Love〉。我夢想過很多次在大型頒獎典禮上演唱，但我從沒想過第一次就得在我的偶像面前唱歌。前一晚我連覺都睡不好。彩排當天，我鼓起勇氣走到她面前。她靜靜坐在前排左手邊。我蹲跪在她座位旁（在場所有人都會這麼做的）。

「富蘭克林女士，我只是想跟妳說聲謝謝。我叫瑪麗亞，」我說。繼續以謙虛的態度說：「我只是想說謝謝妳，謝謝妳啟發所有的歌手。感謝妳，很榮幸認識妳。」

幾年後，她告訴我：「瑪麗亞，妳總是很有禮貌，這正是大多數年輕女孩所缺乏的東西。就是禮儀。她們沒有這樣的東西。」對於一名為世界貢獻如此之大的人，我無法想像連這點都做不到。我順利完成〈Vision of Love〉的表演，並獲得最佳新人獎和最佳流行歌手獎。後來我仔細檢視那晚在葛萊美獎典禮的表現，聽見自己沒注意到的每個微小差別。但我在歌后面前唱了歌。

我和她的第二次碰面是在一九九八年，那時我受邀在美國VH1音樂頻道舉辦的天后演唱會《世紀天后的喝采》（Divas Live）獻聲，他們打算以此向艾瑞莎‧富蘭克林致敬。我當然答應，因為那可是艾瑞莎耶，當妳被召喚去向歌后表示敬意，妳絕對會迫不及待立刻行

動。我在演出前一天抵達現場彩排，艾瑞莎正在給製作人一些建議。肯‧艾利克（Ken Ehrlich）是娛樂界大人物，製作過的頒獎節目不勝枚舉，包括三十多屆的葛萊美獎（以及我在賭城凱薩皇宮圓形劇場舉辦的《#1 to Infinity》演唱會）。他和艾瑞莎有一段過去。好的是，他曾製作艾瑞莎在葛萊美頒獎典禮的首次歌劇風格演唱；不太好的是，他們似乎發生過爭執，就像一對老夫老妻。其他受邀演唱的「天后級」歌手有席琳‧狄翁（Céline Dion）、仙妮亞‧唐恩（Shania Twain）、葛洛麗雅‧伊斯特芬、卡洛‧金（Carole King，因為艾瑞莎很喜歡她寫的〈[You Make Me Feel Like a] Natural Woman〉，並將這首歌唱成經典之作）。肯告訴我，艾瑞莎好幾次在不同場合上說，「瑪麗亞是唯一一個這天晚上我會和她合唱的女孩」。這就是為什麼我是演唱會上唯一一個與她二重唱的人。

肯與富蘭克林女士兩人的氣氛越來越緊張，因為空調現在開著，而她不會在空調開著的時候唱歌（也不會在寒冷的戶外唱歌）。

路德‧范德魯斯是第一個警告過我別在冷風中唱歌的歌手，他說我需要照顧身體支撐肌肉、肌腱和振動發聲的脆弱部位。注意，如果冷風會讓手指凍僵，那麼對敏感的聲帶會造成什麼影響也就可以想見！我有過這樣的經驗，寒風刺骨的天氣裡，身穿閃亮單薄緊身衣，踩著八吋的 Louboutin 高跟鞋，站在全世界最繁忙的十字路口演唱，散發惡臭的腐爛垃圾近在咫尺，似乎每個人都想記住那場表演，但坦白說我經常忘記。對我來說，就好像小時候在沙坑玩，沙子跑進眼睛裡讓我嚎啕大哭起來，引起一陣騷動；二十年後出席同學會，我已經拿到博士學位並成為知名學者，結果我的同學還在問：「是喔，那妳的眼睛還好嗎？」

在那個寒冷的短暫時刻，外界對我有很多的說法，但我可以肯定

一件事，就是我沒有被打倒。差得遠了。我經歷過更糟糕的事情。親愛的，並非所有失敗都是同樣原因。

這位靈魂樂歌后當然很清楚最好別在冷風中唱歌。來到彩排現場時，我既興奮又緊張。艾瑞莎跟我打招呼，「瑪麗亞，他們在耍花樣，我不來這套，所以我們今晚不必彩排了。」她語氣平淡地說。

等等，他媽的誰在耍花樣？我想尖叫。要和艾瑞莎·富蘭克林一起唱歌已經夠讓我緊張了，現在居然不能和她彩排？我可以看見肯正在來回踱步、冷汗直流、頭髮掉光、急到抓狂。「她還是這個老樣子！」他氣急敗壞地說。我不知道他們兩人的老樣子是怎樣，但這是我第一次要和世界最偉大的歌手、我的偶像唱歌，我卻連個彩排的機會都沒有！為什麼他們就不能關掉該死的空調？我死定了。

沒有彩排的那個晚上簡直是一場惡夢，除了她告訴我她真的很喜歡〈Dreamlover〉並提議一起唱之外。我高興得要命。她居然知道我的歌，還要跟我合唱，真的令我太驚訝了。幾年後，她真的唱了我的幾首歌，例如在傑西·傑克遜（Jesse Jackson）的生日唱〈Hero〉，還有巡演時的〈Touch My Body〉，她即興改編了所有挑逗的段落。她說：「告訴瑪麗亞，我是上教堂的女人，現在不能唱那種東西了。」底下觀眾也跟著鉤子一起哼唱。真是棒呆了。

回來講剛剛的《世紀天后的喝采》演唱會。我謙虛地問她我們能不能唱一首她的歌。我想我的心臟承受不起艾瑞莎在這種場合上演唱我的歌，所以我提議唱〈Chain of Fools〉。幸好她答應了。到了演出當天，我被帶到她的保母車上，她坐在琴鍵前方，我們就這樣一起排練。我們聊了一會，稍微改編一下這首歌。但說實話，我覺得自己有點暈頭轉向，因為能夠與她近距離接觸實在令我又驚又喜，加上準備時間不多就得與她同台表演的期待感，而且她信任我能夠順利完

成。

我們的第一場演出時間到了。她告訴觀眾，她和「我最新的女朋友」沒有彩排，「但她會出來跟我一起唱歌」。樂隊開始演奏〈Chain of Fools〉，我走上舞台。她的能量非常強大，我的注意力只集中在她身上，她叫我唱的時候就唱，一起唱完整首歌。最後我鞠躬說：「女王萬歲！」不然這種時刻還能怎麼離場？她向我比個手勢說「凱莉小姐」，我已經心滿意足。

每個致敬場合結尾總有一個「We Are the World」的時刻，所有歌手一同合唱某首偉大金曲（我們喜歡每個人，但我向來不愛這個環節，但來了就來吧）。所有天后齊聚舞台，準備以〈(You Make Me Feel Like a) Natural Woman〉出場，理所當然的選擇。每個人都知道自己的角色，而且這可是艾瑞莎的歌，大家心知肚明。好吧，至少我們大多數人幾乎都知道。所以聽著，如果艾瑞莎想要即興哼唱或改變任何地方，那是她作為女王的特權，誰也不能把它當成挑戰——再說一次，不可以。其中一位天后不懂宮廷禮數，演唱時試圖挑戰女王。沒關係，但是我就不會那樣做。套句富蘭克林女士的話，「有些事不得體」。

到了最後尾聲，艾瑞莎決定帶我們去教堂，開始唱起福音歌曲。她走過來用手臂摟著我，我高唱了幾聲「Jesus!」，因為她居然邀請我加入合唱。就像爵士樂，她是樂團領隊，妳必須跟著她走。以我淺見來看，剛才那位競技天后已經走得太遠，她似乎想技壓艾瑞莎。接著事情就這樣發生了。我不敢相信有人試圖在艾瑞莎‧富蘭克林的致敬演唱會上搶走她的鋒頭，還是在唱福音歌曲的時候。或許是因為文化差異巨大，但這在我看來完全是愚蠢至極的舉動，我不想參與其中。就在這時候，我的身體開始不由自主地退出天后陣容，回去加入

合音天使的行列，他們大多數人我都認識。在我看來那個行徑像是褻瀆，我想在閃電打下來時遠離打擊範圍。

我感到羞愧，但艾瑞莎當然不在意。她擁有比我們所有人加總還要多的唱功、靈魂以及與生俱來的天賦。那天晚上她唱得很開心，事情過了就過了。

後來，我把這件事告訴佩蒂·拉貝爾（Patti LaBelle），我都稱她為教母。（有天我榮幸與她在電視特輯《Live! One Night Only》中共同演唱〈Got to Be Real〉，之後她開始自稱是我的教母。她真的是史上最真性情的一位歌手。）她總是會給我很好、經驗老道的建議，在我遭逢困境之際伸出援手。所以當我打電話告訴她那個場面的時候，她回我：「瑪麗亞，如果妳加入那種對尬行列的話，我一定會來賞妳巴掌。」

希望我們在那次舞台上都學到了一課：尊重。

我將永遠敬重艾瑞莎·富蘭克林，並永遠對她心存感激。

❦

「對尬」之後的第二年，VH1《世紀天后的喝采》節目組打來請我回去為黛安娜·羅絲致敬演唱會獻聲。The Boss[31]、唐納·桑默（Donna Summer）和我預計呈現至上女聲三重唱（Supremes）的風格。當然，我很愛這個想法，因為……對象可是羅絲女士！不過，這種方式對我來說有點困難，雖然我非常熟悉羅絲女士與桑默女士具代表性的迪斯可女王時代（我是聽她們的舞曲長大的），但至上女聲的

---

31 譯註：黛安娜·羅絲的同名專輯，作者於此處以此代稱黛安娜。

年代仍需要研究一番。我喜歡羅絲女士八〇年代的舞曲風格，例如〈I'm Coming Out〉和類似〈Endless Love〉這種經典的抒情歌（我和路德・范德魯斯曾翻唱過），所以我可以捕捉到這種味道。我當然也知道一些至上女聲的經典曲目，例如〈Stop! In the Name of Love〉，但我沒有真正了解她們的具體表演風格和特質，也不知道所有的歌詞。

為了事前籌備，我向好友特雷請教羅絲女士的背景與幕後故事。這時候我才發現，羅絲女士與我都在三月同一週出生，兩人只差一天。（艾瑞莎也是。我和富蘭克林女士坐在她保母車裡，準備短時間學會〈Chain of Fools〉的時候，講了幾句諷刺的評論〔當然對她還是畢恭畢敬〕。她說：「就喜歡這種幽默感，典型的牡羊座。」夏卡・康和比莉・哈樂黛也是牡羊座！）儘管我從小就愛黛安娜・羅絲，但特雷是黛安娜・羅絲的超級忠實歌迷，他為她而活。

在我發行首張專輯之前，特雷和我就已經結識。我在錄音室工作，他在隔壁間進行合音。當時我聽到這個歌聲在空中飄盪，心想非得知道是誰的歌聲這麼棒。後來我們一拍即合，不只是因為他強而有力的唱功得以與我互補，也因為他個性陽光且充滿朝氣。我們懂彼此的幽默，尤其是在扮演復古電影和音樂巨星以及模仿偉大音樂的時候。羅絲女士是無窮無盡的靈感來源，我們有很多名言，譬如我們的「某某主義」都是源自於她。談到有關她的習慣動作和即興創作，特雷是專家，他在看摩城和至上女聲的經典片段，或是在電影和錄音帶觀察到這些細節。特雷崇拜她的一切。他喜歡羅絲女士的程度，就像我喜歡瑪麗蓮・夢露那樣。

有一次，我在倫敦與羅絲女士一起上《Top of the Pops》電視音樂節目。在那個時候，而且在很長一段時間裡，《Top of the Pops》

是讓歌曲首次亮相、並成為國際流行歌曲的最重要節目，你在節目上的演唱表現將決定這首歌的成敗。這裡不是頒獎典禮，而是經由電視播出的打歌舞台，亮相後，一首歌就可以登上流行歌曲排行榜冠軍。幾乎全英國和大部分地區都會觀看，美國沒有同性質的節目。這裡是少數幾個可以在走廊見到王子或滾石樂團之類超級巨星的地方。

羅絲女士在棚內對我非常好，她告訴我：「我很喜歡妳，我的小孩也喜歡妳。」她真是太可愛了。她甚至只是要聊聊而跑來我的更衣間！我立刻想到，現在正好輕鬆地與黛安娜·羅絲在一起，我必須打給特雷！我打了，她用音調高但壓低音量的聲音，留了一段非常甜美的訊息給他：「噢，給特雷嗎？送給特雷，生日快樂，特雷。」

他聽到這則留言時，心臟差點停止，而且就在他生日當天。他永遠保存那則語音訊息，也許到現在還留著。為了準備參加《世紀天后的喝采》向羅絲女士／至上女聲致敬，特雷跟我講解了所有摩城音樂的重要時刻，我也開始理解她的想法，但如何與唐納·桑默融合還不是很清楚。我有一段美好的回憶與唐納·桑默有關。當時我年紀還很小，參加了一個紐約市政府出資的兒童夏令營。我只能說，這個並不是什麼組織完善的夏令營，工作人員幾乎本身就是小孩。營隊成員以黑人佔絕大多數，我是裡面極少數黑白混血或淺膚色的孩子，也是唯一的金髮小孩。但我在營隊裡根本沒有玩得更開心，反而變成敵意的導火線。沒有任何女孩喜歡我，她們為什麼不爽我？我很納悶。我那時候不明白，不單是因為我的淺膚色和金頭髮，還因為克利爾（Khalil）喜歡我。克利爾是全夏令營最帥的男孩，一頭深棕色捲髮、焦糖色肌膚、綠色眼睛。而且我長得比他高，我想女孩們可能覺得我對他來說太老了（即使我們都同齡）。

無論如何，至少這個惡夢般的營隊裡最夢幻的男孩覺得我很可

愛。營隊最後一天有場閉幕舞會，就在第一聲鳥鳴般的悠揚長笛響起，隨著翱翔的音符與悅耳的「ooohs」，克利爾朝我走過來。他牽起我的手，接著「Last dance, last chance for love」歌聲開始慢慢縈繞整個室內。我們走到舞池，踩著華爾滋的步伐舞動搖擺，直到歌聲突然轉變成歡樂的快板節奏。我們沉浸在迪斯可舞池裡跳來跳去，讓那些因為惡劣環境變得刻薄的妒忌女孩們默默消失。

　　政府單位主辦的營隊讓我留下不太理想的經驗，因而激發我想出開辦瑪麗亞營隊的靈感，專注於探索職涯興趣的夏令營。我深刻體會到，有無數的孩童沒辦法獲得手邊的資源、沒有立足的空間、不能展望他們的天空。第一次募款活動是一九九四年在哈林區聖約翰大教堂（Cathedral of Saint John the Divine）舉行的聖誕音樂會上，我在那裡第一次現場演唱了〈All I Want for Christmas Is You〉。這場音樂會是瑪麗亞營隊的絕佳合作夥伴，也就是清新空氣基金會辦過的幾場大型募款活動之一。清新空氣基金會的瑪麗亞營隊使我能夠為眾多需要幫助的孩童創造我以前所沒有的東西，不僅讓我感到充實，也治癒了我的心。

　　所以對我而言，桑默女士的經典熱門歌曲是「克利爾營隊」的配樂，那是一段天真單純的童年時光（那種時候並不多）。我從未見過她。《世紀天后的喝采》是現場音樂會，但在無線電城音樂廳（Radio City Music Hall）的觀眾面前錄製。四周都是工作人員和熙熙攘攘的人潮，每個人都對偶像羅絲女士的到來興奮不已。而我當時正經歷自己重要的流行文化時刻，慶祝《Rainbow》大獲成功，這是我連續第七張誕生告示牌百大單曲榜冠軍單曲的專輯，〈Heartbreaker〉是我第十四首冠軍單曲。當時我們正在舞台彩排，準備排練至上女聲的組曲（沒有羅絲女士）。唐納‧桑默悄悄走了過來，顯得有些害羞與不

自在。她走到旁邊講話，沒有人說什麼，我想是在講提詞機的事情，上面正播放〈Baby Love〉的歌詞。然後有人走過來，舉起三件難看的綠色亮片禮服，都是廉價的衣服款式，跟高級訂製時裝根本沾不上邊。醜死了。我心想，他們以為誰會穿這個？我才不要穿這件衣服。我相信羅絲女士也會覺得衣服品味太差（一點也不誇張）。接下來，有人來告訴我桑默女士不會跟我們一起演出。她離開了。喔，好吧。沒有時間再去找辛蒂·伯德頌（Cindy Birdsong，她取代離隊的佛羅倫斯·巴拉德〔Florence Ballard〕）了。我不知道是什麼原因讓桑默女士退出（如果是因為禮服的關係，我絕對不會怪她），看來這一年的《世紀天后的喝采》演唱會又是一場瘋狂之旅。

所以現在我要重新調整成與羅絲女士二重唱。與天后合唱當然令人興奮，但那幾件綠色災難？不可以，這個特別的夜晚，我不能讓糟糕的時尚設計毀了，尤其是在羅絲女士面前，她可是舉世皆知的國際時尚偶像。

從小到大，我一直清楚記得在紐約市看到黛安娜·羅絲的黑白巨幅海報。她穿著捲起袖子的白色 T 恤和仿舊牛仔褲，頭髮不完全又完美地往後撥並塞在耳後，塗著淡妝。非常時髦，她實在太美了。我的視線不由自主盯著她的目光看，海報上只是簡單將她的名字「Diana」用大大的小寫字體擺在旁邊。我把那張形象黏貼在我內心的靈感板上，後來拿出來作為我《#1's》專輯的封面構想。雖然構圖不同，但我受到海報的簡單與強烈所啟發。打從一開始，我追求的就是永恆而非時髦的形象，羅絲女士則是創造現代、經典、充滿魅力的開拓者。

我明確表示自己不會穿上那件閃亮亮的綠色恐怖禮服。我出門從來不會忘記帶上自己的造型裝備，因為在這個行業誰都不知道到底會發生什麼事，而這天晚上就發生了很沒品味的事情。我有個計畫。既然唐納‧桑默已經退出，我向羅絲女士提出了這項建議：

「嗯，我有件裙子。其實我有兩件款式相同的裙子，如果妳想看看的話。」

凡賽斯（Donatella Versace）幫我設計了兩件精緻的金屬光感綁帶托加袍式短禮服，一件金色、一件銀色，而兩件我都帶來了。（擁有選擇的夜晚多完美！）

「好啊，讓我看看裙子。」黛安娜說。

眼前這位是穿過無數件華麗禮服、用各種語言發表過時尚宣言的女人，而我正恭敬地將我的裙子（真的很美）獻上。不用說，我很緊張。我把那兩件露背小禮服拿給她，她拿走了銀色那件。太好了。

「我保證不會彎腰。」這是她踮著腳尖走上舞台的第一句話，她就像一位阿福羅頭造型、身穿銀色金屬光感迷你禮服的天后女神。她穿出了自己的風格。我也穿上同款金色禮服加入她，然後為大家獻上〈stopped! in the name of love〉一曲。她教我這首歌的手勢動作，那段記憶一直珍藏在我存放所有珍貴時刻的寶盒裡。我感覺到「至高無上的愛」[32]。

最近我一直回想起羅絲女士在倫敦對我說的話。當時我已經賣出了數千萬張唱片，事業也不斷發展，身邊有個龐大的團隊，包含化妝師、髮型師、服裝造型師、公關、經紀人和助理群們。她在幫自己完美均勻上妝時（她也去過美容學校！），說：「瑪麗亞，總有一天，

---

32 譯註：Love Supreme，至上女聲於一九八八年發行的合輯名稱。

妳會希望身邊沒有那麼多人圍繞著妳。」我相信，那個「總有一天」
不遠了。

　　最後要聊的「天后」時刻，是一九九八年 MTV 音樂錄影帶大獎
頒獎典禮上，我與惠妮要為節目開場並頒發最佳男歌手獎。我們預計
上演一場「天后對決」的劇碼，兩人從舞台兩側進去，走到中間才發
現都穿了同款禮服——巧克力色的王薇薇（Vera Wang）細肩長禮服。
我們講了幾句無傷大雅的調侃：「裙子不錯」和「他們跟我說僅此一
件」。我接著這樣說，「幸好我有備而來」，把手伸到後面解開長裙
部分，露出不對稱裙擺後：「看看我這件！」

　　然後惠妮回「我的更好」，也扯掉她的長裙部分，秀出另一件不
同樣式的裙擺。我們笑到不行，但原本這段插科打諢的搞笑橋段差點
無法實現。當我抵達會場的時候，我的禮服卻還沒到。因為整個開場
都圍繞著禮服進行，所以我或任何人都不可能隨便拿出一件替代品，
頓時場面一片混亂。看樣子禮服還擺在展示間，於是製作組安排了警
察護送，清空街道讓這件禮服能夠準時抵達會場。

　　那天，警察解救了我那個「僅此一件」的時刻。要是誰也能解救
我們那位世界上「僅此一人」的惠妮·休斯頓就好了。

39 關於幾個好人的小故事

―卡爾・拉格斐―

卡爾・拉格斐（Karl Lagerfeld）總是對我很好，那種好與一些相對傲慢的高級訂製時裝品牌不同。我們倆曾合作為《America》雜誌拍攝一組時裝照。《America》是二〇〇〇年代初新發行的「奢華都會風情」刊物，當時「奢華」結合「都會」的概念還不常見。該雜誌和卡爾都願意和我一起嘗試更現代、更新鮮的視覺饗宴。卡爾指導並拍攝了這次的封面照片，捕捉到我既私密又迷人的眼神，給人有一點「伊芙・亞諾德（Eve Arnold）鏡頭下瑪麗蓮・夢露」的味道。時至今日，這些一直都是我最珍惜的照片。在《The Emancipation of Mimi》發行的期間，卡爾也拍攝了我在流行時尚雜誌《V Magazine》的封面照「V Belong Together」。特大的「V」標誌以我的迪奧鑽石手鐲圖案所設計，極致完美（我超愛史蒂芬・甘 33〔Stephen Gan〕）。

有次卡爾替我設計了一套出席大型宴會相當別緻的高級訂製禮服。美到不行！黑色緞面材質，深 V 露背。我穿上這件，將頭髮中分，全部紮在腦後（我很少梳這種造型），再用髮飾別住固定。給人一種非常典雅的高級時尚感。不過，由於這件衣服採用會反光的絲質緞面，需要適當的光線（在我看來，每個場地都是如此）。結果背後

---

33 譯註：《V》雜誌創辦人暨主編。

的細節特色讓我在大多數照片裡顯胖，閃光燈讓屁股看起來很大。別忘記，（無論是人工還是天然的）豐腴的臀形在那個年代尚未受到主流社會的歡迎或讚賞，所以那時候我是不被允許有屁股的。

所以傳統媒體的反應是「喔，我的天啊，貝姬，瞧瞧她的屁股！」真令人沮喪。我穿上這身華麗的禮服，搭配經典的時裝造型，媒體卻非批評我的屁股不可，硬是來破壞這個時刻。我那時候的體型和過去買不起真正食物的時期差不多，所以沒什麼好攻擊的。幸好，我當時的髮型師盧·歐布里吉尼（Lou Obligini）有拍下我穿那件禮服、和朋友瑞秋（Rachel）坐在一塊兒的照片，然後把瑪麗蓮·夢露的照片擺在我的另一邊，改變了我最初對於被拍到曲線畢露的不良感受。這也說明了創意和視覺是怎樣改變觀感、人的外觀以及觀點。那件黑色小禮服帶來的影響甚大，就如同卡爾·拉格斐本人一樣，對我來說都是獨一無二的。

—納爾森·曼德拉—

收到歐普拉去南非的邀請，任誰都會放下一切說走就走。（雖然說收到歐普拉的邀約我哪裡都會去，但這次是非常重要的事。）這件事對她來說也是一件意義非凡的大事：歐普拉女子領袖學院（Oprah Winfrey Leadership Academy for Girls）的落成典禮。能夠成為她邀請的少數人之一（受邀者包含蒂娜·特納〔Tina Turner〕、薛尼·鮑迪、瑪麗·珍·布萊姬以及史派克·李），已經是我畢生的榮幸，而我又是她從少數人當中挑選出來，與改變世界的非凡人物納爾森·曼德拉（Nelson Mandela）見面的人之一。

我被帶進一個小巧、簡樸而典雅的房間，曼德拉先生穿著他的招

牌花襯衫坐在一張純灰扶手椅上。看起來既像國王，又像父親。我與他會面雖然只是片刻，卻是一個不可思議、強而有力的時刻。我俯身擁抱他，在短暫的擁抱中感受到古老祖先與未來的能量，感受到戰爭與犧牲的能量，感受到不可動搖的信仰與期盼的能量，感受到革命之愛的能量。曼德拉先生對我微笑，在那瞬間，我感覺到自己內心起了微妙變化。

─穆罕默德・阿里─

拳王阿里邁入六十歲之際，哥倫比亞廣播公司正準備製作一個特別節目來頌揚他輝煌的一生。那是二○○二年，就在威爾・史密斯在電影《叱吒風雲》（Ali）中飾演他之後。我獲邀以獻唱一首「生日快樂」為節目收尾。我從小就非常欽佩阿里先生，他是少數幾位能夠讓我離散的家人凝聚起來的人之一。只要他出現在電視上，我們大家就會聚在一起；我們都認為拳王阿里是最棒的拳擊手。對我來說，他是重要的大人物，重要性和麥可・傑克森一樣。

受到瑪麗蓮・夢露為總統甘迺迪獻唱祝福歌曲的啟發，我將這首經典歌重新做了一點編排，在開頭用輕柔氣音唱著：「Happy birthday to you / Happy birthday to you / Happy birthday to the Greatest」接著後面轉換成強勁、福音詩班風格的聲樂演唱方式。我當然很榮幸擁有這次機會，但我沒有意識到，在夢露的靈感啟發下對著我的另一位偶像唱歌可能有點不妥。你知道的，我當時一襲剪裁簡單的冰絲粉色細肩小洋裝，演唱過程還拋拋媚眼、搖晃身子。我那時認為，當然，每個人都是參考對象。我沒有考量到阿里先生是穆斯林，他的妻女也是穆斯林，我當時也不知道穆斯林婦女的打扮和舉止都很

端莊。

　　阿里先生和他的妻子坐在舞台下方的特別席。演出到一半，我走下樓梯，站在他前方唱歌。在他和他妻子面前，我肯定看起來就像只穿內衣。鏡頭切換到他身上，觀眾可以看到他有多麼雀躍，似乎激動得想從椅子上站起來。帕金森氏症進展到他那個階段行動已難以自如，但此舉也引起觀眾們（嗯，大部分觀眾）的熱烈回應。感謝主，在演出過程我不知道是否冒犯到他的家人，沒有任何製作人提醒我注意這個微小但重要的宗教尊重問題。你知道的，他們可能只要說「也許可愛小貓咪的動作可以收斂一點，裙襬稍微放長一點，也許有點袖子會更好？」我渾然不知。我真心希望他們家人能夠原諒我的年少無知和不經世事。

　　如安琪拉・貝瑟（Angela Bassett）和黛安・卡洛（Diahann Carroll）之類的傳奇人物和重量級人物也在現場。演唱結束時，威爾・史密斯站在阿里的另一邊，跟我一起協助阿里先生走上舞台迎向節目終場。所有主持人和演出者都齊聚舞台，五顏六色的碎紙從天而降，我挽著我心目中的英雄之一。在一片歡樂的混亂之中，他靠過來在我耳邊低語，「妳很危險」。要知道，那時候他沒有多說，但我聽得一清二楚。我們倆私下都笑了。

　　這位人民冠軍曾打敗世界上最強悍的對手，打破最頑強的種族藩籬，他用他寶貴的呼吸跟我開玩笑說我很危險。在那次經歷後，讚揚一個充滿傳奇色彩的時刻又提升至全新的量級。

—史提夫・汪達—

　　「聖誕樹上面的燈是什麼顏色？長什麼樣子？」我無意間聽到史

提夫‧汪達在哥哥帶他走過美高梅大酒店（MGM Grand）時這樣提問。我們兩人都出席了告示牌音樂大獎（Billboard Music Awards）頒獎典禮，他來頒發近十年最佳藝人（Artist of the Decade）獎項給我。在所有讓我深受啟發的音樂家和音樂當中，史提夫‧汪達一定是我的最愛。身為詞曲創作家，他好比一位深海潛水員。他會一直遊走到靈魂深處，帶回如此豐富、充滿情感的寶藏，用聲音改變你的作品。身為歌手，他以全然的真誠和真心來演繹歌曲。他是我真正的鑽石指標。

我曾有幸與他共事過幾次。有一次，他甚至播放了他正在創作的新音樂素材給我聽，並徵詢我的意見。以音樂家角度來看，史上最偉大的一位詞曲作家居然隨興讓我聽他的作品，而且真心想知道我的反饋。我永遠珍藏的一個音樂時刻是他為我的歌〈Make It Look Good〉所做的即興創作，收錄在《Me. I am Mariah . . . The Elusive Chanteuse》專輯裡。最前面一開始，他用口琴說或吹出「I love you, Mariah!」，接著發出他甜美、燦爛、治癒人心的笑聲，然後音樂就出來了。如同飯前的一個小禱告。他在整首歌裡面展現他獨特的口琴絕技，只有史提夫‧汪達辦得到。

我經常想起他問聖誕樹上掛燈是什麼顏色的那一刻。這個人透過不可思議的音樂力量，帶給全球各地的人那麼多純粹的歡樂，跨越幾個世代。他用他的存在和歌聲照亮世界，為人類做出那麼多的貢獻，卻在詢問閃閃發光的燈飾長什麼樣子。在那一刻，這位「非凡的汪達先生」（Mr. Wonder-full）教會了我，不要把習以為常的小事視為理所當然，並讓我相信，只要是用愛做成的聖誕樹，無論看得見或看不見，都能帶來快樂。

我獲頒告示牌的近十年最佳藝人獎時，在得獎宣言中說：「現在

我終於可以做真正的自己了。」因為我剛完成《*Rainbow*》專輯，正朝向解放自我之路。獲得這項認可是巨大的成就，但我從史提夫‧汪達那裡所獲得的，超越了獎座、榮譽和幾十年的成就。

—王子—

王子給了我一本聖經，深棕色皮革裝訂，上面印有金色浮雕字母。我至今仍留著那本聖書，因為它是一位傑出的天使弟兄送我的，他在我困難時候不只一次伸出援手。王子曾經幫我的歌手身分說話。《*Butterfly*》發行那段期間，有幾家唱片公司的不知名高層（因為我真的不認識他們）在和他交談過程中質疑我的音樂方向。那個時候，他已經達到音樂大師地位。（儘管如此，仍無法阻止唱片公司試圖壓榨他這位唱片歌手。講到金錢和權力，沒有任何事情或任何人是神聖的，即便是音樂版稅也一樣。）

他們問他：「她為什麼要把曲風搞得那麼都會？」和「她在幹什麼？」

「我覺得那就是她屌的地方。那才是她真正喜歡的音樂。」他給了一個超然脫俗的答覆，完全正確！

那就是她屌的地方。Namaste（雙手合十鞠躬），笨蛋們。

我第一次見到王子的時候，他告訴我說他喜歡〈Honey〉，我的天啊！

王子知道我的歌！我在腦中吶喊，開心到快飛上天。這位現代音樂大師居然知道我的歌！後來在派對或夜店的非正式聚會裡，我們繼續談論詞曲創作和「這個行業」的陰謀詭計（王子在外有經常隨意、神祕出入夜店的著名行為），他總是非常慷慨付出他的寶貴時間給

我。

　　某個晚上，他、JD 和我整晚都在聊產業現況，以及身為新的領頭羊，我們如何在工作中獲得更多的獨立性、代理和所有權。然後有一天，我收到前往派斯利公園的邀請。我經常幻想和他一起創作，像溫蒂與麗莎（Wendy and Lisa），或席拉 E（Sheila E.）那樣，她們都是超凡出眾、未得到應有讚譽的音樂家。（我真的真的很想創作並錄製一首〈Purple Rain〉風格的對唱情歌。我的意思是，誰沒想過，但我知道做完一定非常棒。）我記得我抵達派斯利公園時，外觀看起來像一系列不起眼的白色大型建築物，就像大型車行。但後來走進去看到電影《紫雨》裡面那輛華麗的紫色摩托車，我就知道自己已經踏入一個完全不一樣的世界。

　　我把我一直在做的歌的草稿拿給王子。我和夥伴的創作過程是提出一些歌詞概念或旋律草稿，然後來回交換想法。我們聊了很多。我認為有一點考驗的意味。你知道的，畢竟王子是真正的詞曲創作家；很多人都聲稱自己是，但我們心知肚明。我覺得他想看看我的才華和創作本領到哪裡。我當時已經在為「Silk」團體（我在電影《星夢飛舞》中以音樂團體 Vanity 6 為大概原型所組成的女子樂團）想歌了，所以我跟他說，我想用他為 Vanity 6 寫的歌〈Nasty Girl〉作為我目前拍攝的電影的取樣歌曲（類似於我最後取樣自〈I Didn't Mean to Turn You On〉的方式）。王子對我提出質疑。

　　「那是 Vanity 的歌。」他說。

　　他問我為什麼不能從這首歌獲得「靈感」，就像吹牛老爹和大個子作的「You nasty, boy / You nasty」那樣。我讓他知道，我喜歡的不只是裡面朗朗上口的歌詞，也喜歡這首歌的結構與拍子，那種感覺。王子會這樣說一點都不奇怪，他是在保護自己。他讓我上了一課。他

要我先完成我已經開始的歌，然後我們再合作另一首新歌。但我沒有完成那首歌，我們也沒有一起寫我們的歌。我真希望當初能夠合作（翻唱〈The Beautiful Ones〉是最接近兩人合作的一次）。保護你的構想，保護你的音樂，這是我從派斯利公園得到的啟示。

在《星夢飛舞》的災情全力發酵之際，王子向我伸出了援手。他經常打電話給我，他對我說的話我永遠珍藏在心裡。他是非常注重隱私的人，所以我不會透露任何細節。我只能說，他睿智的話語撫慰了我。他像一個我從未擁有過的大哥哥一樣，給予我鼓勵。我幾乎每天都會聽王子的歌（直到現在還是，連瑞克和瑞伊都可以認出他所有的普遍級歌曲！）我不曉得他是否知道，他在那場風暴之中聯繫我對我有多麼重要，讓我在低潮落魄時期有了希望。

王子本身與上帝之間的關係既獨特又奇妙。關於靈性與性愛方面，他有自己的一套想法，跟他本人一樣與眾不同且獨特。但最後，當我的靈魂需要幫助時，王子把神聖的經文、心愛的書籍以及上帝的話語都寄來給我。在我最需要的時候，王子在靈魂層面拯救了我，到現在他每天仍透過音樂拯救我的心。

40 雙胞胎寶寶駕到

Boy meets girl and looks in her eyes
Time stands still and two hearts catch fire
Off they go, roller coaster ride
—— "Love Story"

　　我錯過了許多九〇年代代表性的電視節目。我從沒看過影集《歡樂單身派對》（*Seinfeld*，但現在我是《諧星乘車買咖啡》〔*Comedians in Cars Getting Coffee*〕的鐵粉），也沒有時間看，再加上被隔絕與真正的朋友相聚，更別說是喜劇圈的人了。我所有時間都花在打拼、工作、禱告以及扮演「瑪麗亞・凱莉」上面。小時候我幾乎沒看過什麼兒童節目，所以當然也不知道任何尼克兒童頻道（Nickelodeon）的節目或明星。我完全不知道《*All That*》是什麼，直到二〇〇二年，我看了電影《鑼鼓喧天》（*Drumline*，我很喜歡這部），才知道尼克・卡農（Nick Cannon）是誰。我覺得他演得很棒（我也覺得他很帥，真的）。就這樣而已。

　　幾年後，Da Brat 告訴我：「他超愛妳的，老是講到妳。」「他」指的是尼克。Da Brat 是他在 MTV 主持的嘻哈風即興喜劇小品節目《*Wild'N Out*》的粉絲，我對該節目也一無所知。《*Wild'N Out*》節目的開播與《*The Emancipation of Mimi*》發行同一年，當時我也是忙得精疲力竭，但總算是往好的方面消耗精力。那是令人難以置信的

時刻，終於獲得期待已久的非凡成功。那陣子我每天都能從廣播聽到專輯裡的歌三十次！對我的歌迷來說，那也是相當重要的時刻，這正是他們想看到的，他們想看到我像這樣的回歸。我真心相信，無論好或不好，小羊家族都會與我一起走過風風雨雨。

〈We Belong Together〉這首歌戰果豐碩。它打破了全美和國際上的排行榜與播放紀錄，也是我第十六首拿下告示牌百大單曲榜冠軍的單曲（加上同專輯的〈Shake It Off〉，讓我因此成為第一位同時盤距排行榜冠亞軍的女歌手）。最後它在排行榜前十名停留二十三週，在榜總週數達到四十三週。這首歌與其他美國排行榜史上留榜時間第三長的冠軍單曲並列（僅次於告示牌九〇年代最熱門歌曲〈One Sweet Day〉）。告示牌將〈We Belong Together〉評為二〇〇〇年代的十年代表歌曲（什麼代表歌曲？），並在史上最熱門歌曲中排名第九。我靠這首歌抱走兩座葛萊美、兩座靈魂列車音樂獎（Soul Train Awards），以及 ASCAP[34]獎和 BMI[35]獎（等各大獎）的年度最佳歌曲，甚至贏得青少年票選大獎（Teen Choice Award）的「最佳情歌獎」（Choice Love Song）。我不知道尼克被安排頒發這個獎項給我（顯然是他跟青少年票選大獎製作人要求的）。這個頒獎典禮場面喧鬧、色彩鮮明、而且搞怪，獎座是個衝浪板。我記得第一次見到尼克，他一身古怪特大號的船員風服裝，寬鬆的白色短褲、大大的海藍色 POLO 衫、披掛在肩膀的檸檬黃毛衣，搭配短筒襪和運動鞋。在他頒發衝浪板獎座給我之後，我說：「聽說你一直在講我的好話。」他臉上帶著真誠的微笑，眼裡閃爍著光芒，回答我：「給我一次機會，我會證明一切都是真的。」

34 譯註：美國作曲家、作家與出版商協會。
35 譯註：美國廣播音樂公司。

這個瞬間很帥，真的。

又過了一段時間，Brat 還是不肯罷休，堅稱尼克和我真的很來電。之後我們開始通電話，幾乎天天聊，然後我們終於正式交往，那是無法抗拒的樂趣。那時我只想享受當下，我還沒準備好再次長大。過去不得不快點長大是因為事業，尤其是我的第一段婚姻。（我發誓過永遠不會再結婚。）

我錯過了大部分的青春歲月，但尼克永遠保持著青少年的心靈，令人耳目一新。他也讓我有安全感。聽著，過去我和 Dipset 一起出去玩，雖然很刺激很嗨，但合法的危險因素還是無所不在好嗎？此外，不管多麼出名或優秀、不管他們的押韻有多強，我都謹守「不和饒舌歌手交往」的原則。我非常認真保護自己不被貼上「那種女孩」的標籤。最重要的是，我必須維護我的自尊，同時也要捍衛一群與我合作過的歌手、製作人和經紀團隊對我的專業尊嚴。我曾經和一些很棒（但當時還不出名）的嘻哈歌手合作過，我不希望讓事情在錄音室變得像真人秀一樣混亂。而且「饒舌幫」也會彼此相互議論（得了吧，他們靠嘴吃飯的耶！）。

那時候有太多關於我和饒舌歌手上床的荒唐傳聞，這種事已經夠糟了。一個不小心，所有事情都會成為別人茶餘飯後的八卦話題（就像歌詞寫的，「cause they all up in my business like a Wendy interview」）。溫蒂·威廉斯（Wendy Williams）在廣播突然提到我的事之後，《紐約郵報》刊出一篇報導，我一覺醒來發現標題寫著「性愛冒險」，下方還有我的照片。報導稱我、JD、Q-Tip 以及我的幾位創意團隊為「饒舌跑趴部隊」。真是夠了。我不打算提供媒體真實的素材。重要的是，我知道真相是什麼，而我決定堅守我的原則（不和饒舌歌手交往）到底。

　　但我認為尼克是一名製作人、喜劇演員及演員，我不知道他有志於朝向饒舌歌手發展。他經常開懷大笑，也常常逗我開心。我們在一起很愉快，談論生活大小事、聊音樂，我只是想跟他在一起。有次我甚至丟下了與某位非常英俊的傳奇籃球運動員的約會，只為了和尼克一起坐車，這樣他就可以第一個聽到我的最新專輯《E=MC2》。我很期待，我想和他一起聽。

　　在那段期間，我終於整個人重新振作起來。我經歷了一次精神淨化，接受了洗禮，並繼續接受治療。現在我也開始重視我的身體。和一位很棒的教練派翠夏（Patricia）一起密集的訓練。新專輯第一首單曲是〈Touch My Body〉，所以我必須準備「融入身體」。

　　我覺得自己更堅強了，已經好一陣子沒有這樣自我感覺良好。我打算讓我的新朋友尼克出演〈Touch My Body〉的 MV，由於他是喜劇演員，我們打算加入一些幽默的轉折。（我的意思是，拜託，像這樣的歌詞「Cause if you run your mouth / And brag about this secret rendezvous / I will hunt you down」還能走什麼路線？否則就會真的變成一部跟蹤狂的 MV 了。）MV 裡面的主角是電腦宅男，雖然尼克真的很搞笑，可是由他演宅男沒有說服力。不過呢，傑克‧麥克布萊爾（Jack McBrayer）可是絕佳的人選，我們拍攝的過程非常愉快。

　　感謝我的歌迷們真的很支持這首歌，他們知道它的意義有多麼重大，〈Touch My Body〉成為我的第十八首冠軍單曲。我對小羊家族永遠感激不盡。我也要感謝唱片公司的每一個人，謝謝他們對這張專輯和對我的付出。這首歌是我截至當時為止的最佳成績，它讓我超越了貓王長年保持史上最多冠軍單曲的紀錄，達成了似乎不可能辦到的事。我們最後讓尼克在下一支於安地卡（Antigua）拍攝的〈Bye Bye〉MV 中飾演我的情人。我們之間的化學反應很自然、強烈、而

且親密。畫面捕捉到的自在和親暱感覺都是真實的。拍完那次 MV，我們兩人有很長一段時間沒跟對方說拜拜。

我很享受與尼克擁有一段新鮮、嶄新的浪漫時光。我們甚至開玩笑說該怎麼放慢自己步伐，不要走得太快。有一次我在倫敦，他送來一大束漂亮的鮮花，卡片上署名「來自慢慢走大學的輟學生」，因為一切都進展得太快、太神速了。我們迅速成為感情深厚的朋友，然後又迅速跳上地下戀情的雲霄飛車。我們可以跟對方分享自己的不同層面，在某些非常核心的事情上有共鳴。他是善良的人，擁有信仰基礎，懷抱企圖心。他已經在娛樂圈工作很久，所以他理解這個行業的瘋狂之處。他關心我。我們兩人之間的權力消長感覺是平衡的。

我很清楚告訴尼克，我對於那種再讓身體變得虛弱的事情一點都沒興趣。我不會更進一步，除非許下完全的承諾，在那時候指的是婚姻（顯然我後來必須打破自己說好永不結婚的誓言）。尼克尊重我的立場。

我原本真的以為自己永遠都不會生小孩，但我們的關係轉變了我的想法。我們非常認真討論過關於生小孩的事，然後一切都變了，一起生小孩變成我們的理由。生小孩的渴望自然而然形成一股推力，這也是為什麼我們這麼快就結婚。

Way back then it was the simple things
Anklets, nameplates that you gave to me
Sweet Tarts, Ring Pops
Had that candy bling
And you were my world

—— "Candy Bling"

　　當你沉浸在美好漩渦之中時，整個世界都是粉紫色泡泡，我們也處於甜蜜的漩渦裡。尼克對我的求婚充滿了童心的浪漫色彩。他經常吃糖果，這對「永遠十二歲」的我來說完全可以接受。那天晚上，帝國大廈按照計畫點亮我標誌性的「粉紫色」燈光，慶祝土生土長的紐約客以〈Touch My Body〉創下新紀錄並締造歷史。尼克和我窩在摩洛哥室放鬆，時而聊天、大笑，時而聽聽音樂。尼克臉上掛著燦爛無敵的笑容，拿了一顆大大的戒指糖給我，它被擺在 Hello Kitty 的金屬小餐盒裡面，和其他糖果混在一起。我想，好吧，這個日子特別可愛，我要和他吃點糖果慶祝一下。結果偽裝成戒指糖的是一顆貨真價實的戒指！中間是矩形祖母綠式切割、質地清澈的主鑽，兩側連著半月形鑽石，周圍還有小小粉鑽旁襯。這枚戒指非常耀眼，很符合當時的情境。我穿著淡紫色洋裝搭配粉色開襟羊毛衫，兩人乘坐直升機在城市上空飛行，驚嘆燈光之美，陶醉在我們自己的時刻。那天晚上，尼克和我的閃光彈比帝國大廈還亮。

　　我們的婚禮跟我的第一次婚禮完全相反。這次完全是精神上的慶典，而不是娛樂圈的產物。這是一場私人婚禮，總共只有十幾人參加。我請我的牧師克拉倫斯・基頓從布魯克林前來為我們主持儀式，婚禮辦在我位於巴哈馬伊柳塞拉島（Eleuthera）的漂亮房子裡。我身上穿尼羅・克米洛（Nile Cmylo）為我量身訂做的白絲絨禮服，她是跟我合作多年的獨立女裝設計師，不是哪家知名時裝設計品牌。款式簡單、剪裁合身，齊肩的頭紗不需要有人幫忙拎，幾支髮夾就能固定。我前姊姊的大兒子肖恩陪我走過上面沙粒零落的鮭魚色紅毯。我都說他是我的外甥兼兄弟兼叔伯兼堂表親兼祖父，因為他是一直以各種身分陪伴我的血親，我很疼愛他。儀式結束之後，我脫去 MANOLO 婚鞋，赤腳踩站在淺粉色沙灘旋轉，任由雲白色禮服的裙擺在水藍色的

海水裡搖曳。我們沉浸在巴哈馬落日的餘暉，盡情感受真摯的愛情。這就是我們所擁有和守護的東西，沒有任何過度渲染，連照片怎麼樣都不在乎（可是很諷刺的是，這最後成了《時人雜誌》的封面）。這一次，我和好朋友們一起喝著好喝的香檳，不再有孤獨、苦鹹的淚水夾雜在悲傷、酸甜的黛綺莉酒裡。

※

那時接近聖誕節，而我已經懷孕十週。這是我們的聖誕奇蹟！尼克和我非常興奮。這個小祕密只有我們兩人知道，不過我確實有計劃在聖誕假期把這個祕密公諸於眾，我還打算用聖誕樹裝飾品來告知親友這項消息。但在一次例行產檢時，超音波照不到心跳。我們孩子那神聖、有節奏的心跳消失了，我在一片寂靜中聽到自己心碎裂的聲音。雖然熬過流產的陰影，但我永遠不會忘記。

有過一次傷痛經驗後，我的任務是讓身體準備好，才能健康地孕育新生命。我完全脫離工作機器模式，轉為祕密進行修復與強化身體狀態。這是我職業生涯中第一次回絕工作，專注於自己的幸福上面（我放棄了一些重要的表演機會，在拍完《珍愛人生》以後，更確定這是我真正想要的）。我主要採取非西醫的療法，例如中藥調理或針灸。我也開始進行冥想（這很難），不計一切代價。除了讓自己處於最佳備孕狀態，其他什麼都不重要。

所有的努力讓我得到了雙倍的回報，下一次我們竟然奇蹟般懷上雙胞胎！同時孕育兩個生命對我的身體來說很辛苦，我體重增加了近四十五公斤，身體非常不舒服。我患上中毒性水腫，腫得很厲害，身體充滿有毒液體，還得了妊娠糖尿病。但在所有痛苦當中，最具破壞

性的是孤獨。好玩的派對朋友全都不在附近，因為我不能去城裡閒晃，不能喝酒，也不能深夜狂歡，人又一直不舒服。我身邊再次缺乏一個知道如何提供適當照顧的團隊，所以經常獨自一人。但幸運的是，這次我有個婆婆，她對我的支持勝過一切。尼克的媽媽貝絲（Beth）會過來幫我揉背（背痛到讓人虛脫）和按摩雙腳，孕期體重使腳部承受巨大的壓力。她也會在我巨大且緊繃的孕肚塗抹我和皮膚科醫生研發的特別乳霜（胖了近四十五公斤，肚子卻沒有妊娠紋！），或者只是坐著陪伴我和在肚子裡長大的孫子們。真是幫了個大忙。

反倒是尼克，他沒有完全理解我所經歷的艱鉅痛苦。有一次，我們去找預約的高危險妊娠專家。一台儀器接在我身上，我承受兩個生命的重量和體內滿滿的液體，頓時所有愉快的記憶都拋到九霄雲外。結果那位和藹的老醫生，卻用濃厚的中東口音對著我那位生悶氣的第二任丈夫說：「可憐的尼克，他累壞了。」

錄製《*Merry Christmas II You*》是讓我在凶險四伏的孕期中堅持下去的動力。我非常喜歡製作第一張聖誕專輯的感覺，所以我想，再做一張聖誕專輯可以讓我不再悲傷。我完全沉浸在寫歌和錄音當中。我希望這張專輯更多樣化，製作更加豐富。除了我最喜歡的搭檔藍迪・傑克森、大塊頭吉姆・萊特和 JD 之外，我還找來更多製作人，例如嘻哈團體紮根合唱團（The Roots）的詹姆斯・波森（James Poyser，我們把〈When Christmas Comes〉製作成經典節奏藍調歌曲，這一向是我最喜歡的曲風）、百老匯音樂製作人馬克・沙依曼（Marc Shaiman，合寫了具有五〇年代風格的〈Christmas Time Is in the Air Again〉）。醫生希望我臥床休息，但你說，這樣的身體要怎麼休息？當我被孤獨和滯留的液體弄得虛弱不已的時候，是創作這張專輯讓我重新振作。

　　大部分作品都在我們位於貝艾爾區（Bel Air）的房子裡錄製，前屋主是已故的法拉‧佛西。我小時候幻想扮演過很多角色，其中最喜歡的角色之一是《霹靂嬌娃》裡面的私家偵探吉爾‧門羅（Jill Munroe）。毫不意外，我被她完美的色澤與髮型給迷住了，我職業生涯中曾多次向她致敬。我記得母親曾說她的頭髮有「染過」（frosted），六、七歲的我聽成「結霜」（frosting）。我只知道將來有天我會在頭髮塗上一坨巧克力色和香草色的東西，然後做完看起來就像吉爾。這張專輯的一大亮點是編排了與派翠夏‧凱莉（Patricia Carey）合唱的〈O Come All Ye Faithful / Hallelujah Chorus〉，我在裡面融合了歌劇和福音音樂。我們在我的《ABC Christmas special》聖誕特輯上演唱了這首，偕同完整的管絃樂隊和唱詩班（而且我有孕在身，這是三代同唱！）。這段期間我也和東尼‧班尼特（Tony Bennett）錄製了〈When Do the Bells Ring for Me〉，收錄在他的《Duets II》專輯，這位永遠的偶像還親自來我的家庭錄音室錄製。我頂著孕肚塞進我粉色的小錄音間，然後在錄音間外面的錄音室為班尼特先生設置麥克風，這樣我們的聲音就可以分離獨立且流暢，但又能待在同個房間，這點對班尼特先生很重要。我記得我從錄音間小窗戶望出去，看到一位活生生的傳奇歌手和我一起在我的房子裡唱歌。他妙語如珠地說了句「我以前從來沒有三重唱過」（嚴格來講，那次錄音有四個心跳才是），這段記憶將永遠留存在我腦海裡。

　　就這樣，我在非常危險的懷孕期間宣傳並演出了《Merry Christmas II You》。期間還有一項讓我無法拒絕的邀約，就是為第二十九年度的《Christmas in Washington》特別節目演唱我寫的一首歌〈One Child〉。拍攝地點在雄偉壯麗的國家建築博物館（National Building Museum），我和一群美麗且滿懷希望的年輕人組成的完整

唱詩班合唱。歐巴馬總統、第一夫人、其千金莎夏（Sasha）和瑪麗亞（Malia）坐在前排，直接落在我的視線範圍內，滿臉笑意又不失尊嚴。可以再度為歐巴馬夫婦、乃至於整個國家表演，實在無比榮幸。節目到最後，所有表演者都聚集在舞台上，第一家庭也加入我們行列。尼克稍早建議我告訴第一夫人我們當時的祕密。所以當她和歐巴馬總統準備走下台，感謝我們所有人演出時，她走到我面前，我順勢在她耳邊小聲說我懷了雙胞胎。在我唱完〈One Child〉之後，蜜雪兒·歐巴馬（Michelle Obama）、我們永遠具歷史意義的第一夫人，成為第一個知道我們擁有兩個小孩的人。真是太幸福了！

我會取夢露（Monroe）與摩洛哥（Moroccan）這兩個名字，是因為我希望他們的姓名縮寫跟我一樣是 MC。我的寶貝女兒很明顯是以我兒時偶像來命名（超音波顯示她斜躺在子宮內的貴妃椅，擺出好萊塢明星的架式！）。摩洛哥命名則是因為我和尼克都喜歡「Rakim」這個名字（因為他是史上最偉大的一位饒舌歌手）。「摩洛哥」是個有點複合型的名字：它與「Rakim」押韻，它也是一個美麗而神祕的國度，我在那裡有段特別經歷；它是發生許多創意與美妙時刻的房間名稱，尼克在那裡送了我一枚糖果戒指。

我的寶貝們還是小嬰兒的那段時光很美好且有趣，尼克和我盡可能給予他們最大的快樂、關注以及安全感。但雙倍的快樂帶來的是雙倍的責任。工作很繁忙，而且隨時要在家待命。作為娛樂圈的職業父母，我們採取了一些成年人必要的調整，但這對我們的關係造成傷害，所以我們的婚姻跟開始一樣，來得快去得也快。儘管我們有婚前協議，但離婚仍花了兩年時間才達成最終協議，並耗費數十萬美元的法律費用。

I call your name baby subconsciously
Always somewhere, but you're not there for me

—— "Faded"

老實說，我覺得尼克和我原本可以努力解決問題，但自尊與情緒受到激怒（這點可能讓律師的工作時間變長，最後也確實如此），讓問題變得棘手。我們都想確保我們的家庭一切安好，永遠都是一家人，我們會一起努力。我們仍然擁有快樂、回憶與歡笑。我們也都非常確定瑞克與瑞伊真的是我們的光芒，他們每天都帶給我們新的活力。

I've often wondered if there's ever been a perfect family

—— "Petals"

我不再疑惑了。現在我非常確定，世間從未有過而且可能永遠不會有所謂「完美」的家庭，但我終於在我打造的家庭中找到了安穩。有時候我還是不敢相信，自己曾是住在小屋、總是感到不安、沒人照顧、孤獨、永遠感到恐懼的小女孩。我一直想回到過去，保護並拯救那個被困在危險世界裡的小女孩。而現在，看著我兩個很棒的孩子，夢露與摩洛哥，還有為他們打造的安全與富裕的環境，內心感嘆萬分。他們不必離鄉背井搬家十三次，可以入住各種漂亮、純樸且富麗堂皇的家。樓梯的釘子沒有裸露在外，沒有髒兮兮的地毯，他們可以自由自在地在長長、閃亮的大理石走廊上奔跑，穿著襪子滑來滑去，開心尖叫。他們不用坐在三支腳、搖晃不穩的沙發，而是坐在穩定、客製鵝絨坐墊的豪華椅，用戲院風格的螢幕觀看電影，空間比我第一

套公寓還大。

　　我的孩子們被我不間斷的愛圍繞著。我從來沒有離開他們超過二十四小時，在我工作的時候，他們則由一群如家人般的親朋好友和專業人員來照顧守護，從未讓他們落單過。他們從來不會納悶我在哪裡，或是他們父親是否知道他們的生活怎麼樣，因為他們擁有許多和兩位慈愛父母相聚的記憶和印象。他們的生命從未遭受威脅，警察從來沒有衝進我們的房子。他們可能有三百件衣服可以輪替與捐贈，甜美柔軟的捲髮也深得人們理解。他們不用生活在恐懼之中，不需要逃跑，也不會試圖摧毀對方。我的孩子們過得很開心，一起玩耍、學習、開玩笑、大笑、彼此生活在一起。無論如何，他們永遠擁有彼此，他們是永遠的瑞克與瑞伊。

　　上帝賞賜給我的所有禮物當中——我的歌、我的嗓音、我的創造力、我的實力——我的孩子們是我從未想過的美好景象。一個與別人格格不入的孩子（小時候說過永遠不會生小孩），她的小孩竟是如此幸運，這是神的旨意。雖然努力了那麼久，但對我而言仍然是奇蹟，我的混雜血統竟能在有生之年出現一大轉變。我們打破了一個破碎的循環。

　　在恩典的指引下，我逐漸從過去家庭關係失衡的束縛中解脫出來，並且重新規劃我的人生軌跡，以純粹的愛為根基，幸福開始不斷湧現。二十五年前，出於對家庭歡樂與和平的深切期盼，我為聖誕節寫了一首情歌，如今我實現了我想要的一切，最重要的是那盛大、快樂、節日氣氛濃厚的家族假期慶祝活動。

41 幸福的水晶球

　　二〇一九年，在我完售的麥迪遜花園廣場的聖誕演唱會上，我以一襲炫閃奪目的紅色亮片禮服登場，靈感來自於瑪麗蓮·夢露在《紳士愛美人》裡面演唱〈Two Little Girls from Little Rock〉時的裝扮。我的臉因這一刻的喜悅而容光煥發，但這主要歸功於合作多年的化妝師奇奇（kiki），也就是我的知己兼好友克里斯多福·巴克爾的巧手。瑞克與瑞伊穿著小聖誕裝站在旁邊（他們當晚以獨特的方式詮釋了〈Rudolph the Red-Nosed Reindeer〉！），田中站在另一邊。身後是我的「伴唱兄弟姊妹」：我的兄弟特雷、我的姊妹托絲與泰卡（Tekka），他們陪伴我度過所有四季，走過風風雨雨。而我的面前，沒！錯！在我面前的就是數萬粉絲，令人驚嘆、形形色色、充滿愛的歌迷大家族。

　　向外望去，我看到一群穿著亮片連身裙和其他耀眼華麗服裝的小羊們（現場到處是亮片、亮飾和水晶！），他們舉著牌子、手牽著手。有些小女孩穿著天鵝絨洋裝，坐在父親寬大的肩膀上面；有些童山濯濯的老人；有些包著頭巾的年輕女人；有黑人、白人、原住民、亞洲人、中東人、還有眾多混血和多重混血後代；有同性戀、異性戀、性別流動者、跨性別者、非二元性別者；也有自由派、保守派、虔誠派、未知論者、無神論者、殘疾人士；所有想像得到的不同類型、膚色、信仰以及宗教人士都有。

　　我凝視著眼前非凡的人群，彷彿有顆孤獨而明亮的星映照在她的

臉，我看到了里倫（Liron），一名十二歲時將〈Looking In〉歌詞寫在她特拉維夫（Tel Aviv）家臥室門上的女人，現在是我核心團隊不可估量的成員，是我珍惜且忠實的朋友。我也看到女性友人和同事們的眼神，她們都是和我工作過、在我人生每個階段陪我歡笑和哭泣的人。我的全球歌迷家族，從第一天開始就給予我無與倫比、無法抵擋、無條件的支持，他們在我面前散開成一片清澈透明的愛之海。

我長久以來一直期盼聖誕節能讓家族五人和睦團聚，但此刻我站在這裡，身邊有數萬小羊、粉絲、朋友和所有人組成的家族，齊聲同唱〈All I Want for Christmas Is You〉！他們和我一起唱歌，他們為我唱歌。我們的歌聲嘹亮而歡樂，整個紐約市都能聽見並加入我們。這一刻，我們都在自己的聖誕精神宇宙中團結起來，大量白色碎紙從天花板飄落到我們身上，好像整個世界和我都在一個歡樂的水晶球裡面！翌日，我醒來看到《告示牌》雜誌的頭條新聞：「美夢成真：瑪麗亞凱莉的〈All I Want for Christmas Is You〉等了二十五年終於登上百大單曲榜冠軍。」整個人雖精疲力竭卻興奮不已。

等等，什麼？

在二〇一九年尾聲，我拿到了生涯第十九首冠軍單曲！小羊們讓奇蹟再度發生！我的歌迷讓這首歌成為全球單日最受歡迎的歌曲！我和我的小團隊一起努力，為這首歌在銀色閃亮的週年紀念之際注入更多能量，但要能夠登上冠軍單曲，背後的推動力可不只這些。光是行銷策略不夠，只有真正的歌迷才能夠達成。

〈All I Want for Christmas Is You〉旋風精彩落幕後，我按照慣例準備前往我自己的冰雪國度亞斯本。帶著親人和自己選的家人：瑞克和瑞伊、田中，肖恩和他的太太、我的兩隻狗恰恰（Cha Cha）和穆特利（Muttley），我準備好窩在那裡展開我們新的傳統節慶！在

我們溫馨而寬敞的小木屋外頭，草地上已堆滿晶瑩剔透的厚雪，彷彿閃爍發光的雲朵躺在我們家後院入睡。孩子們和我喜歡整天穿著舒服的睡衣，直接在睡衣外面套上蓬鬆的外套和滑雪靴，然後衝進鬆軟如毯的雪地裡做雪天使。抬頭望著明亮的藍天，任憑清新的松樹味道飄過我們的臉龐、搔過鼻間。在屋內，一家人忙進忙出的景象溫暖了整棟房子。從韓德爾（Handel）的《彌賽亞》（Messiah）到傑克森五人組，循環播放的聖誕音樂是我們的背景配樂（還有歡笑聲、狗吠聲、孩子們嬉戲奔跑的聲音當陪襯）。大廳、牆壁到處都佈置精美，壁爐裡的火也燒得猛烈。擺在客廳的巨大聖誕樹上掛了白燈、金球、小天使、金色蝴蝶吊飾，樹端有顆漂亮的天使星和金色翅膀，還有奶油色的薄紗帶從上面垂落。（起居室總是有一棵老派風格的聖誕樹，掛著五顏六色的彩燈，給人一種更豐富、更快樂的查理布朗氛圍。我們用自製飾品和彼此喜歡的拍立得照片來裝飾這棵聖誕數，我還掛上了多年來世界各地小羊們送我的珍藏飾品。）壁爐架和門口都吊滿聖誕花環與彩燈，周圍擺有白色蠟燭和聖誕紅。杯子裡是濃郁的熱可可和美味的奶油糖琴酒。

在聖誕假期，我就有時間做我最喜歡的料理：我父親的蛤蠣白醬細扁義大利麵（當然是為了平安夜）和鑲餡貝殼麵。聖誕老人會來我們家散播歡樂，我們騎著兩匹馬拉的雪橇唱歌。嘿！我們高唱聖誕頌歌，還跑到雪地嬉戲。一切都是那樣真實、喧鬧、愉悅、歡樂，這就是我的世界。

我滿懷感激之情（而且有熱可可和琴酒）在亞斯本度假的期間，《告示牌》雜誌出現了另一則頭條：「託〈All I Want for Christmas〉的福，瑪麗亞凱莉成為第一位分別在四個不同十年間登上百大單曲榜冠軍的歌手。」真的，謝謝你們這麼喜愛我的聖誕小情歌，讓它在排

行榜佔據冠軍寶座長達三週，讓它成為二〇一九年的最後一首和二〇二〇年的第一首冠軍單曲，新一個十年的開始……話說回來，十年到底什麼？

　　經過所有翻滾、乾杯、唱歌和慶祝活動之後，大家紛紛退到自己舒適的地方睡覺。孩子們依偎在起居室看電影，其他人待在自己臥室。我躡手躡腳走到客廳，坐在壁爐旁邊。四周一片漆黑，只有大窗戶外面掛在深藍色天空上閃爍的星光，還有爐火散發出來的溫暖琥珀光。我陶醉在與自己獨處的甜蜜、靜謐、私人時光。我把一切珍藏在心底。

　　我感覺很平靜。

　　我感覺自己很完整。

後記

Lord knows
Dreams are hard to follow
But don't let anyone
Tear them away

—— "Hero"

　　在猛烈的動盪風暴之中，年紀還很小的我就隱約感受到上帝對我的願景。夢想從兒時萌芽以來，我比任何人早一步一直堅信自己命中注定要做什麼事和想成為什麼樣的人，我需要投入一切堅持這個信念。一路上，我看見希望的跡象，但大多數時候，我面對的是阻礙我的混亂與災難、心碎以及殘酷的背叛。有些人差點毀掉我，或者更糟糕的是差點毀掉我的精神。最難接受的事實是最愛的人傷我最深，與我最親近的人竟是最可能剝奪我夢想的人。如果說這輩子有什麼值得分享的經驗教訓，那就是保護好你的夢想。即使面臨任何不利劣勢和家庭失能，都不能讓任何人去定義、控制或剝奪你對自己人生的願景——無論是你的老媽、兄弟、姊妹、老爸、配偶、男女朋友、假閨蜜、老闆、惡霸、偏執狂、經紀人、夥伴、助理、評論家、堂表親、叔伯、三姑六婆、同學、大人物、罪犯、輿論影響者、總裁、偽傳教士、假老師、同事、偽裝朋友的敵人、拿相機的懦夫或是躲在鍵盤後

面的膽小鬼，都不行。

✼

耶穌說：是因你們的信心小。

我實在告訴你們，你們若有信心，像一粒芥菜種，

就是對這座山說，「你從這邊挪到那邊」，他也必挪去。

並且你們沒有一件不能做的事了。

馬太福音 17:20

　　自始至終，對我來說一切都與信仰有關。我無法定義信仰，但信仰定義了我。

致謝

這本書沒有上帝慈愛的指引是不可能完成的。

紀念親愛的拉維尼亞・柯爾（Lavinia Cole），也就是「表親維尼」。感謝妳保存我們的家族史並講述給我聽。妳對於本書的貢獻以及參與我的生命彌足珍貴。

感謝我在天堂的親友們：艾爾弗德・羅伊、艾迪・梅・柯爾（Addie Mae Cole）、瑞斯奶奶、曾祖母艾瑪・卡萊特（Emma Cutright）以及牧師。我感覺到你們每天都與我同在……帶我展翅高飛。

還有很多人、很多珍貴的人，他們每天為我打氣、扶持我。感謝你們大家為我做的一切，讓我的生命充滿活力。

我永遠心存感激。（如果我漏掉你的名字，請原諒我，你永遠在我心裡。）

我的外甥兼兄弟兼叔伯兼堂表親兼祖父的肖恩與麥克，我永遠珍惜你們。

集美貌與聰明於一身的克里斯多福・巴克爾。充滿愛心與關懷的艾倫・格林女士（Ellen Greene）。「我說晚安了」的 G.G.。可靠且穩重的艾爾・馬克（Al Mack）、「討厭平凡無奇」的麥可・理查森（Michael Richardson），以及出色的布萊恩・葛特恩和他寬容的家人。你們的共同支持與愛護對我非常重要，永遠感激不盡。

若沒有對我這麼了解的友人凱倫 G、郎達・考恩（Rhonda

Cowan）、史蒂芬‧希爾（Stephen Hill）、李‧丹尼爾斯（又名小棉花），我不會成功。

我的表親希希與克里斯（Chris）——我們的美好回憶就像當時美味的米飯和豆子，依然愛你們。

致我多年來的「四足家人」，牠們給了我無條件的愛：Princess、Duke、從未離開的 Jackson P. Mutley Gore III（我永遠愛你）、Good Reverend Pow、Jill. E. Beans、Squeak. E. Beans、J.J. 又名 Jack Jr.Dat Boy，還有穆特利！！！！！Jackie E. Lambchops、Pipity、Dolemite、乖女孩恰恰女王（QUEEN CHA CHA），以及我的朋友 SWYWT（Shit Where You Want To）來自中央港的 O.G. Clarence。

還有與眾不同的田中，感謝你提供美好且安穩的肩膀讓我依靠（我他媽的超愛你）。

Jay-Z，感謝你的信任、你的引領，並感謝傑‧布朗爵士（Jay Brown）、漢克（Hank）先生以及整個搖滾國度（Roc Nation）音樂團隊；感謝創新藝人經紀公司（CAA）的羅伯‧萊特（Rob Light）與同仁們，艾倫‧格魯柏曼（Allen Grubman）、喬‧布恩納（Joe Brenner）、施圖爾特（Stewarts）夫婦；感謝我的整個法律團隊，伯特‧德克斯（Burt Dexler）、萊斯特‧肯尼斯佩（Lester Knispel），以及布諾瓦財務管理公司（Boulevard Management）的羅斯瑪莉‧瑪赫塔沃希恩（Rosemary Mahtawossian）。非常感謝你們為我所做的一切。

我非常特別的出版商兼節慶友人安迪‧柯恩（Andy Cohen），太愛你了！我的編輯詹姆斯‧梅利亞（James Melia）（親愛的！），以及在亨利沃爾出版公司（Henry Holt）的所有人。感謝你們在過程

中的耐心、勤奮與善良。

　　還有感謝我的共同執筆麥卡拉·安琪拉·戴維斯，姊妹情誼非常強大、珍貴、神聖且充滿力量。我們靠著這份情誼一起講述這個故事。

　　感謝里倫，感謝你的才華出眾、激勵人心，而且最重要的是，你是真正的朋友，一個很棒的人。謝謝你鼓勵我聽自己的歌，更感謝你用我的音樂重新燃起我的熱情，那就是一切。

　　最後，也是永遠最重要的，我對於歌迷家族的感激真的難以言喻，但我會試著說出來。很多人不理解我們之間的關係多麼真實，但對我來說，這是我所知最真實的關係。你們真的給了我生命，一次又一次拯救了我的人生。你們永遠不知道我多麼珍惜你們給我的每封信、每首詩、每本書、每段影片、每張海報、每一件為我做的東西，以及每一個紋在身上的刺青。謝謝你們陪伴我哭泣、為我哭泣。謝謝你們鼓勵我、為我打氣加油。這本書是獻給你們的，我的真實是獻給你們的，我希望它能夠激勵你活出真實的你。

曾祖母艾瑪·卡萊特

拿著手提袋、站在教堂前面的瑞斯奶奶

四歲的艾爾弗德·羅伊

捧著聖經的瑞斯奶奶

我的外婆

光采動人的艾迪

歌劇女伶時期的派特

軍旅時期的艾爾弗德・羅伊

小時候的我

第一次與聖誕老人合照

帶著小熊抱抱和父親去爬華盛頓山

表親維尼三歲的樣子

霍黛爾與父親送的花

我與晚期波西米亞風的派特

擺好姿勢讓同志叔叔拍照

演唱曲目〈離開我心愛的家園〉

髮結梳開，任海風吹拂

與艾爾弗德・羅伊下棋

Early on you face . . .

與克林坐在鋼琴旁唱〈Lullaby of Birdland〉

跟周遭人群格格不入的小孩

小瑪麗亞與派特

希希、我以及克里斯

九年級

讀美容學校的時候！五百個小時！

凝視遠方

〈The Distance〉

與喬瑟芬合影，在紐約市實現夢想

我、麥克與肖恩（左）只是在搞笑　　與肖恩在亞斯本過聖誕節

在幕後與舉世無雙的惠妮‧休斯頓女士共度真正的天后時光

與黛安娜‧羅絲女士身
穿同款禮服同台演出

與精神寄託莫里斯合影

由左至右，劇場製作人克米特‧布隆加登
（Kermit Bloomgarden）、亞瑟‧米勒以
及瑪麗蓮‧夢露，旁邊是夢露的白色鋼琴

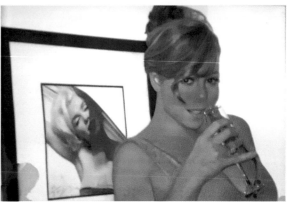

與瑪麗蓮‧夢露的「合影」

與靈魂歌后同台

花蝴蝶世界巡迴演唱會台北場的後台

摩洛哥世界音樂獎（World Music Awards）
後台捕捉到的「瞬間」

克里斯陪我走過《星夢飛舞》時期

和好友特雷蒙擺出跳舞姿勢

穿著拉格斐禮服的我、蕾蕾（左）與克里斯（右下）

釘在我位於卡布里島佛朗哥花園留言板上面的照片

在倫敦蘭斯堡飯店與小狗貝里斯

不同風格的我——「麗亞」（Riah）

與「拉丁歌王」路爾斯・米格爾

在義大利設計師品牌Roberto Cavalli的遊艇上，
享受隨性不羈的豪華假期

黑暗面的我 —— 碧安卡

早期青澀的戀愛……

前總統歐巴馬在逗瑞伊笑

凱莉小姐與總統及其夫人

與曼德拉

在我最需要的時候，傳奇歌手王子拯救了我的靈魂；透過音樂，他每天都在拯救世界

與我最愛的歌手史提夫·汪達

笑開懷的我和里倫

肖恩和我在最後一個父親節為艾爾弗德·
羅伊獻上向日葵

瑞克與瑞伊在義大利學游泳

艾爾弗德·羅伊坐在保時捷上

我兒子瑞克坐在他外公艾爾弗德·羅伊的車上

音樂版權

- "Petals" written by Mariah Carey, James Harris, Terry Lewis, and James Wright © 2000 Universal Tunes (ASCAP), on behalf of itself and Beyondidolization & Kobalt Songs Music Publishing (ASCAP), administered by Kobalt Songs Music Publishing
  All rights reserved. Used by permission.
- "Looking In" written by Mariah Carey and Walter Afanasieff © 1995 Universal Tunes (ASCAP), on behalf of itself and Beyondidolization, Sony/ATV Music Publishing LLC (ASCAP) and Tamal Vista Music (ASCAP), administered by Sony/ATV Music Publishing LLC & Kobalt Songs Music Publishing (ASCAP), administered by Kobalt Songs Music Publishing
  All rights reserved. Used by permission.
- "Can't Take That Away (Mariah's Theme)" written by Mariah Carey and Diane Warren © 1999 Universal Tunes (ASCAP), on behalf of itself and Beyondidolization & Realsongs (ASCAP)
  All rights reserved. Used by permission.
- "Close My Eyes" written by Mariah Carey and Walter Afanasieff © 1997 Universal Tunes (ASCAP), on behalf of itself and Beyondidolization, Sony/ATV Music Publishing LLC (ASCAP), administered by Sony/ATV Music Publishing LLC & Kobalt Songs Music Publishing (ASCAP), administered by Kobalt Songs Music Publishing
  All rights reserved. Used by permission.
- "Make It Happen" written by Mariah Carey, Robert Clivilles, and David Cole © 1994 Universal Tunes (ASCAP), on behalf of itself and Beyondidolization & WC Music Corp. (ASCAP) and David Cole Pub Designee (ASCAP), all rights on behalf of David Cole Pub Designee administered by WC Music Corp.
  All rights reserved. Used by permission.
- "I Am Free" written by Mariah Carey and Walter Afanasieff © 1995

- "Butterfly" written by Mariah Carey and Walter Afanasieff © 1997 Universal Tunes (ASCAP), on behalf of itself and Beyondidolization, Sony/ATV Music Publishing LLC (ASCAP), administered by Sony/ATV Music Publishing LLC & Kobalt Songs Music Publishing (ASCAP), administered by Kobalt Songs Music Publishing
- "Everything Fades Away" written by Mariah Carey and Walter Afanasieff © 1993 Universal Tunes (ASCAP), on behalf of itself and Beyondidolization Wallyworld Music (ASCAP) and WC Music Corp. (ASCAP), all rights on behalf of Wallyworld Music administered by WC Music Corp.
- "The Roof " written by Mariah Carey, Mark Rooney, Kejuan Muchita, Albert Johnson, Samuel Barnes, and Jean Olivier © 1997 Universal Tunes (ASCAP), on behalf of itself and Beyondidolization, Songs Of Universal, Inc. (BMI), on behalf of itself and Second Generation Rooney Tunes, Inc., Universal Music –MGB Songs (ASCAP), on behalf of itself and Juvenile Hell, Universal Music— Careers (BMI), on behalf of itself and P. Noid Publishing, Jelly's James LLC (ASCAP) and Jumping Bean Songs (BMI), administered by Sony/ATV Music Publishing LLC & Cloud 9 Holland Music Publishing, Next Era, Slam U Well (ASCAP), and Twelve and Under Music (BMI)
- "My All" written by Mariah Carey and Walter Afanasieff ©1997 Universal Tunes (ASCAP), on behalf of itself and Beyondidolization Sony/ATV Music Publishing LLC (ASCAP), administered by Sony/ATV Music Publishing LLC & Kobalt Songs Music Publishing (ASCAP), administered by Kobalt Songs Music Publishing

- "Honey" written by Mariah Carey, Kamaal Fareed, Mohandas Dewese, Bobby Robinson, Stephen Hague, Malcolm McLaren, Larry Price, Ronald Larkins, Sean Combs, and Steven Jordan © 1997 Universal Tunes (ASCAP), on behalf of itself and Beyondidolization, Universal Music −Z Tunes LLC (ASCAP) on behalf of itself and Jazz Merchant Music, EMI April Music Inc. (ASCAP), EMI Songs LTD (ASCAP), Justin Combs Publishing Company Inc. (ASCAP), and Charisma Music Publishing Co LTD (ASCAP), all rights administered by Sony/ATV Music Publishing LLC, Steven A. Jordan Music, Inc. (ASCAP), all rights on behalf of Steven A. Jordan Music, Inc. administered by WC Music Corp., Peermusic (UK) Ltd. (ASCAP), administered by Songs of Peer Ltd., Songs of Reach Music (BMI) & Bobby Robinson Sweet Soul Music (BMI)
- "Justin Playin (Dreams)" by Christopher Wallace and Rashad Smith. © 2004 EMI April Music Inc. (ASCAP), EMI Blackwood Music Inc. (BMI), Big Poppa Music (ASCAP), Justin Combs Publishing Company Inc. (ASCAP), Janice Combs Publishing Inc. (BMI), & Sadiyah's Music (BMI), all rights administered by Sony/ATV Music Publishing LLC
- "Fly Away (Butterfly Reprise)" written by Mariah Carey, Elton John, Bernard Taupin, and David Morales ©1997 Universal Tunes (ASCAP) on behalf of itself and Beyondidolization, Universal Songs Of PolyGram Int., Inc. (BMI), on behalf of HST Publishing Ltd., Universal PolyGram Int. Publishing, Inc. (ASCAP), on behalf of Rouge Booze, Inc. & EMI Music Publishing LTD (ASCAP), administered by Sony/ATV Music Publishing LLC

- "Through the Rain" written by Mariah Carey and Lionel Adam Cole © 2002 Universal Tunes (ASCAP), on behalf of itself and Beyondidolization & Songs Of Universal, Inc. (BMI) on behalf of Rye Songs

- "Subtle Invitation" written by Mariah Carey, Marcus Aurelius, Irving Lorenzo, Randy Jackson, Kenneth Crouch, Robert Bacon, and Trey Lorenz © 2002 Universal Tunes (ASCAP), on behalf of itself and Beyondidolization, Sony/ATV Music Publishing LLC (BMI), EMI April Music Inc. (ASCAP), D J Irv Publishing (BMI), and Eekobolishasha Soundz (ASCAP), all rights administered by Sony/ATV Music Publishing LLC, Dream Merchant 21 (ASCAP), administered by BMG Rights Management (US) LLC, Reservoir Media Music (ASCAP), published by Reservoir Media Management, Inc., ChandLora Music (ASCAP) & Smitty's Son Productions (SESAC)

- "Faded" written by Mariah Carey, Michael Williams, Marquel Middlebrooks, and Denisia Andrews, © 2014 Universal Tunes (ASCAP), on behalf of itself and Beyondidolization, Sounds From Eardrummers LLC (ASCAP), administered by WC Music Corp., Marquel Middlebrooks BMI Pub Designee (BMI), Warner-Tamerlane Publishing Corp. (BMI), WC Music Corp. (ASCAP), and Eardrummers Entertainment LLC, administered by Warner-Tamerlane Publishing Corp., & BU Music Publishing LLC (SESAC), administered by Kobalt

- "Fantasy" written by Mariah Carey, Tina Weymouth, Christopher Frantz, Steven Stanley, Adrian Belew, and Dave Hall © 1995 Universal Tunes (ASCAP), on behalf of itself and Beyondidolization, Universal PolyGram

本書僅獲歌詞原文刊載授權，故在內文中皆以原文呈現。

照 片 版 權

所有照片皆由作者提供，下列除外。

■ 凝視遠方：courtesy Denis Reggie
■ 在幕後與舉世無雙的惠妮‧休斯頓女士共度真正的天后時光：courtesy Daniel Pearl
■ 與黛安娜‧羅絲女士身穿同款禮服同台演出：New York Daily News Archive/ Getty
■ 由左至右，劇場製作人克米特‧布隆加登（Kermit Bloomgarden）、亞瑟‧米勒以及瑪麗蓮‧夢露，旁邊是夢露的白色鋼琴：photographer/artist: Robert W. Kelley/ Getty
■ 與靈魂歌后同台：photographer/artist: Kevin Mazur/INACTIVE/ Getty
■ 摩洛哥世界音樂獎（World Music Awards）後台捕捉到的「瞬間」：courtesy of Kristofer Buckle
■ 花蝴蝶世界巡迴演唱會台北場的後台：courtesy of Kristofer Buckle

- 克里斯陪我走過《星夢飛舞》時期：courtesy of Kristofer Buckle
- 穿著拉格斐禮服的我、蕾蕾與克里斯：courtesy of Kristofer Buckle
- 和好友特雷蒙擺出跳舞姿勢：courtesy of Kristofer Buckle
- 在倫敦蘭斯堡飯店與小狗貝里斯：courtesy of Kristofer Buckle
- 不同風格的我──麗亞（Riah）：courtesy of Kristofer Buckle
- 與「拉丁歌王」路爾斯・米格爾：photographer/artist: Dave Allocca/ Getty
- 黑暗面的我──碧安卡：courtesy of Kristofer Buckle
- 凱莉小姐與總統及其夫人：Beatrice Moritz Photography
- 前總統歐巴馬在逗瑞伊笑：photographer/artist: Saul Loeb/ Getty
- 在我最需要的時候，傳奇歌手王子拯救了我的靈魂：photographer/artist: Patrick McMullan/ Getty
- 與我最愛的歌手史提夫・汪達：photographer/artist: Paul Morigi/ Getty
- 笑開懷的我和里倫：Bill Boatman
- 我兒子瑞克坐在他外公艾爾弗德・羅伊的車上：courtesy of Bryan Tanaka

New Black 010

花蝴蝶回憶錄：瑪麗亞‧凱莉的真情告白
THE MEANING OF MARIAH CAREY

作　　　者	瑪麗亞‧凱莉（MARIAH CAREY）、
	麥卡拉‧安琪拉‧戴維斯（MICHAELA ANGELA DAVIS）
譯　　　者	陳珮榆

堡壘文化有限公司
總 編 輯　簡欣彥
副總編輯　簡伯儒
責任編輯　張詠翔
行銷企劃　陳品伶、曾羽彤、許凱棣
封面設計　陳恩安
內頁排版　新鑫電腦排版工作室

讀書共和國出版集團
社　　　長　郭重興
發行人兼出版總監　曾大福
業務平臺總經理　李雪麗
業務平臺副總經理　李復民
實體通路組　林詩富、陳志峰、郭文弘、吳眉珊
網路暨海外通路組　張鑫峰、林裴瑤、王文賓、范光杰
特販通路組　陳綺瑩、郭文龍
電子商務組　黃詩芸、李冠穎、林雅卿、高崇哲、沈宗俊
閱讀社群組　黃志堅、羅文浩、盧煒婷
版 權 部　黃知涵
印 務 部　江域平、黃禮賢、林文義、李孟儒

出　　　版　堡壘文化有限公司
發　　　行　遠足文化事業股份有限公司
地　　　址　23141 新北市新店區民權路 108-2 號 9 樓
電　　　話　02-2218-1417
傳　　　真　02-2218-8057
Ｅｍａｉｌ　service@bookrep.com.tw
郵撥帳號　19504465 遠足文化事業股份有限公司
客服專線　0800-221-029
網　　　址　http://www.bookrep.com.tw
法律顧問　華洋法律事務所　蘇文生律師
印　　　製　韋懋實業有限公司
初版 1 刷　2022 年 4 月
定價　新臺幣 550 元
ISBN 978-626-7092-10-1（平裝）
EISBN 9786267092187（EPUB）
　　　　9786267092170（PDF）

國家圖書館出版品預行編目資料

花蝴蝶回憶錄：瑪麗亞‧凱莉的真情告白 / 瑪麗亞‧凱莉 (Mariah
Carey), 麥卡拉‧安琪拉‧戴維斯 (Michaela Angela Davis) 作；
陳珮榆譯 . -- 初版 . -- 新北市：遠足文化事業股份有限公司堡壘文化，
2022.04
　　面；　公分 . -- (New black；10)
譯自：The meaning of Mariah Carey
ISBN 978-626-7092-10-1（平裝）. --
ISBN 978-626-7092-22-4（精裝）
1.CST: 凱莉 (Carey, Mariah.) 2.CST: 歌星 3.CST: 傳記 4.CST: 美國
785.28　　　　　　　　　　　　　　　111001852